KB077684

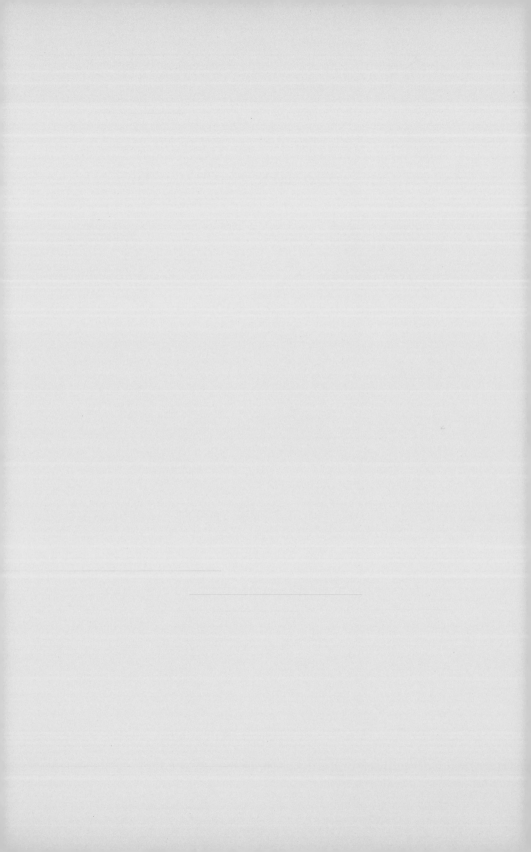

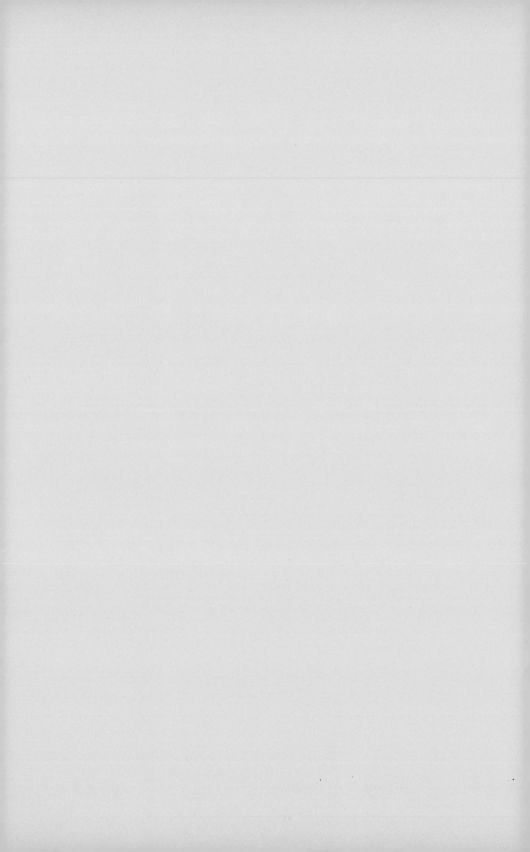

세일즈 멘탈에 답이 있다

들어가는 말

 광의적 개념에서 우리는 모두가 세일즈맨이다.
각자가 판매하는 상품이 다를 뿐이지 넓은 의미에서 세일즈맨이 아닌
사람은 없다. 보험설계사나 자동차 영업사원처럼 좁은 의미의 세일즈
활동뿐 아니라 교사나 의사, 성직자, 재능기부자, 자원봉사자, 정치인,
공무원, 학생 등도 넓은 의미에서 모두 세일즈맨이라고 할 수가 있다.

 예를 들어 대학교수는 자신의 지식을 판매하고 의사는 사람을 살리
거나 치료하는 의료기술을 판매한다. 연예인은 자신의 재능을 판매하
며 정치인은 자신의 리더십과 철학을 판매한다. 재능기부나 자원봉사
자도 CR의 물질적 보수를 받지 않을 뿐이지 자신이 가진 상품을 다른
사람들에게 나누어 주고 NCR의 정신적인 자기만족이라는 보상을 받
는다. 판매하는 것이 상품이나 물건일 수도 있고 지식이나 기술일 수도
있다. 그리고 이미지나 인기, 가치일 수도 있다. 때로는 자기 자신을 상
품으로 판매하는 경우도 있다.

 자기 자신이라는 상품을 가치있게 팔기 위해서 우리는 새로운 공부
를 하고 자기계발을 위한 노력과 투자를 계속한다. 나 자신의 상품을
가치 있게 만들어 다른 사람들에게 선택되어질 수 있도록 해야 하는
것이다. 이 책의 내용은 저자가 멘탈코칭과 상담을 진행하며 축적된 지
식과 사례들을 응용하여 세일즈 상황에 맞게끔 정리하였다. 특히 고객
의 구매 전략과 행동에 영향을 미치고 세일즈맨의 가치를 높이는 멘탈
적 화법에 대해 주로 다루게 된다.

소비자의 구매 행동에는 심리적인 상태변화와 언어가 직접적인 영향을 미친다. 고객의 구매 전략에 맞는 고객의 행동을 유도하기 위해 필요한 정보를 제공해줄 때 NLP나 최면적인 언어패턴을 활용한다면 고객과 세일즈맨 모두가 만족하는 결과를 얻을 수 있다.

세일즈맨은 제품의 우수성과 탁월성을 알리는 능력도 필요하지만 소비자와의 라포관계 속에 마음을 훔치는 언어적 기술능력도 함께 갖추는 것이 무엇보다 중요하다. 그렇기 때문에 세일즈맨의 대화는 표면적으로는 일상적이면서도 실제로는 일상적이지가 않는 경우가 많다.
오히려 고객이 눈치채지 못하는 가운데 설득이나 협상에 가까운 최면적 언어를 많이 사용한다.

사람들의 모든 말에는 어떤 목적이 있으며 세일즈 상황에서의 대화는 고객과 세일즈맨 모두가 서로 다른 분명한 목적을 갖고 있다.
고객의 목적은 품질 좋고 가격이 저렴한 상품을 구매하여 효용가치를 높이는 것이다. 반대로 세일즈맨의 목적은 상품 판매를 통하여 실적을 올리는데 있다. 이러한 서로의 분명한 목적의 차이를 일치시키는 것이 세일즈맨의 역할이다.

성공한 세일즈맨의 공통적인 언어패턴을 분석해보면 그들은 대부분 최면과 비슷한 언어적 패턴을 사용하고 있다는 사실이다. 고객의 의식적 이해와 판단을 우회해서 잠재의식에 바로 접근하여 세일즈맨의 말에 영향을 받아 구매 행동이 일어나게 하는 것이다. 탁월한 세일즈맨은 성공한 세일즈 고수들이 갖고 있는 우수성과 탁월성의 언어패턴을 모델링하여 트랜스 유도와 라포를 형성한다. 그들은 라포형성을 통해 고객의 마음을 훔쳐 구매 행동이 일어나게 하는 멘탈적 언어패턴을 학습하고 활용하는 능력을 가지고 있다.

'누군가 할 수 있다면 나도 할 수 있다'는 것이 NLP와 멘탈의 원리이자 교훈이다. 이 책은 저자의 경험을 바탕으로 최면과 NLP의 멘탈적인 탁월한 기술과 화법들을 활용하는 구체적인 기법으로 구성되었으며 이 책과의 만남을 통하여 세일즈 현장에서 세일즈맨 자신이 원하는 성취를 이룰 수 있는 능력을 향상시키기고 나아가 이 책이 성공의 길잡이 역할을 충분히 할 수 있기를 바란다.

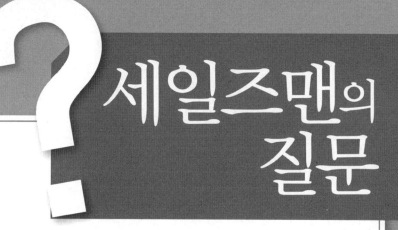

세일즈맨의 질문

① 오늘 난 고객에게 사랑하는 마음을 전하였는가?

② 오늘 난 고객을 위해 정보를 전해주었는가?

③ 오늘 난 고객에게 진심으로 친절하게 대했는가?

④ 오늘 난 고객에게 인내심을 보였는가?

⑤ 오늘 난 고객에게 칭찬의 말을 하였는가?

⑥ 오늘 난 고객에게 자만하거나 교만하지 않았는가?

⑦ 오늘 난 고객에게 무례한 행동을 하지 않았는가?

⑧ 오늘 난 고객에게 주도적으로 행동하지 않았는가?

⑨ 오늘 난 고객에게 구매 의사를 드러내지 않았는가?

⑩ 오늘 난 고객에게 최선의 서비스를 제공했는가?

⑪ 오늘 난 고객과의 라포형성을 위해 어떠한 노력을 하였는가?

⑫ 오늘 난 고객의 행복을 위해 무엇을 했는가?

⑬ 오늘 난 고객과의 약속을 지켰는가?

⑭ 오늘 난 고객의 마음에 빚을 얼마나 지웠는가?

⑮ 오늘 난 고객을 위해 나 자신을 더 발전시켰는가?

Part 1

세일즈의 이해

세일즈 전략

세일즈의 출발점과 목적지는 고객이며 고객과의 라포를 형성하여 소통하는 기술이 세일즈맨의 지속적인 성장을 위한 원동력이 된다.

오늘날 유망고객들은 과거보다 더 비교분석을 많이 하고 세일즈맨과 상품에 대한 의심도 많아졌다. 그래서 고객들은 새로운 상품 구매나 서비스를 이용할 때 디테일한 부분까지 챙기며 자신의 효용가치를 높이는 선택을 위해 노력한다. 세일즈맨은 이러한 고객의 니즈를 파악하여 고객의 마음을 훔칠 수 있는 상품과 서비스를 개발하고 세일즈맨으로서 고객과의 라포형성을 위한 상담과 소통능력을 충분히 갖추어야 하는 것이다.

세일즈 고수는 고객의 마음을 읽을 수 있는 능력을 갖추고 있으며 고객과의 라포형성을 통해 기존 고객을 효율적으로 관리하고 새로운 고객을 확보하는 관계능력도 매우 탁월하다. 무작정 고객에게 상품을 판매하는 것이 아니라 고객의 마음을 읽고 상품 구매를 도와주어 고객의 만족감을 높여주는 역할을 하는 것이다.

고객은 자결성과 자유의지를 갖고 필요한 상품을 충분히 관찰하고 분석한 후에 세일즈맨의 안내를 받아 귀하게 대접받는 존재로서 상품 구매를 원한다. 그렇기 때문에 세일즈맨은 고객을 소중한 존재로 대해주고 고객의 결정에 도움을 주는 역할을 해야 한다. 만약 상품 판매 의사를 먼저 드러내면 고객은 도망갈 마음의 준비를 하게 된다.

고객은 결코 세일즈맨의 실적을 올려주는 대상이 아니라는 사실을 명심해야 한다. 세일즈의 출발점과 목적지가 고객이라면 고객의 마음을 훔칠 수 있는 세일즈맨의 차별화된 멘탈언어기법과 성공전략이 필요하다. 세일즈 고수는 고객의 마음을 읽어내고 조종할 수 있는 전문적인 세일즈 전략과 기술을 가지고 있어야 한다.

미인공격화비불

인간의 뇌는 본능적으로 편안함과 즐거움을 추구하기 때문에 다른 사람의 관심과 격려, 공감, 긍정적인 피드백을 바란다. 그리고 본능적으로 고통을 회피하려 하기 때문에 비난과 비판, 강요를 받게 되면 도피하거나 똑같이 갚아주려 한다. 세일즈맨에게는 고객과의 갈등해결을 위한 전략도 필요하지만 먼저 고객이 좋아하는 자신의 상태를 만드는 인간관계 능력 및 언어소통 능력을 갖추는 것이 더 중요하다.

∴ 고객이 좋아하는 것

<u>미소짓기</u>

세일즈맨의 얼굴은 자기 자신보다 고객이 더 많이 본다.
세일즈맨의 웃는 얼굴이 고객과의 친밀감을 높여 상품 구매에 긍정적인 영향을 미친다.

인사하기

세일즈맨이 먼저 솔선수범하는 자세와 태도로 인사할 수 있는 적극성을 가질 때 고객의 긍정적 반응을 이끌어낼 수 있다.

공감하기

고객과 함께 같은 방향을 보고 같은 느낌을 가질 때 일체감이 형성되며 라포가 강화되어 이끌기가 가능해진다. 고객은 수용과 공감을 원하기 때문에 공감하기는 라포형성을 통한 세일즈맨의 영향력을 키우는 좋은 선택이 된다.

격려하기

고객의 자존감과 자부심을 증대시켜 긍정적인 심리상태를 만들어 상품 구매를 위한 자결성을 갖도록 도와준다.

∴ 고객이 싫어하는 것

화내기

세일즈맨이 짜증을 부리거나 신경질과 화를 내게 되면 고객과의 관계가 멀어지게 된다. 고객은 존중받는 분위기에서 상품 구매를 통한 효용 가치를 높이고자 하는 심리를 가지고 있다.

비난·비평하기

세일즈맨은 어떠한 경우라도 고객의 단점이나 무지에 대해 비난하거나 비평해서는 안 된다. 세일즈맨은 고객의 장점을 파악하여 긍정적 피드백을 제공해주어야 한다.

불평·불만하기

세일즈맨의 주관적인 세상모형으로 고객을 대하게 되면 고객에 대한 불평, 불만을 표출할 수도 있다. 모든 불평, 불만의 요인은 고객에게 있는 것이 아니라 세일즈맨 자신에게 있는 것이다.

세일즈와 트랜스(최면)

트랜스란 최면과정에서 체험하는 고도로 집중된 이완 상태이며 강한 몰입 상태로 볼 수 있다. 이 상태에서는 나머지 주변 간섭 정보를 모두 차단하게 되어 고객이 세일즈맨의 말에만 초점을 모으고 반응하게 된다. 그래서 트랜스를 최면이라고 정의하기도 한다.

트랜스는 일상적 생활 속에서 누구나 경험하는 상태이지만 사람들은 그것이 트랜스 상태인 줄을 알지 못할 뿐이다. 트랜스를 활용한 멘탈화법은 누구나 사용할 수 있으며 관심을 갖고 더 많은 훈련을 한다면 언어의 마술사가 될 수도 있다. 트랜스 상태는 수용성과 민감성이 매우 증대된 상태이기 때문에 암시나 이미지에 큰 영향을 받는다.

트랜스는 3단계로 구분할 수 있다.

첫째, 얕은 트랜스 상태이다. 일상생활 속에서 흔히 느낄 수 있는 얕은 트랜스 상태는 약간의 집중만으로도 쉽게 경험할 수 있으며 고객과의 소통과정에서 가장 많이 사용하는 트랜스 단계이다.

심신이 이완되어 편안한 상태에서 상상할 때와 비슷하며 고객과의 접촉에서 얕은 상태의 트랜스만으로도 충분한 라포를 형성하여 원하는 변화를 얼마든지 이룰 수 있게 된다. NLP의 밀턴화법은 멘탈적인 언어를 활용하여 얕은 트랜스 상태에서도 상대의 변화를 이끌어내는 탁월한 성과를 나타낸다. 세일즈맨이 가장 많이 활용할 수 있는 단계가 바로 얕은 트랜스 상태이다.

둘째, 중간단계의 트랜스다. 특정한 공간과 조건 속에서 깊은 집중과 몰입 상태를 경험할 수 있다. 주변의 불필요한 간섭정보에도 초점이 흩어지지 않고 몰입 상태를 유지하며 고객이 세일즈맨의 말에만 반응하는 상태이다. 최면유도과정에서 이 단계는 몸이 나른하고 편안한 상태에서 눈이 반쯤 풀리고 깊은 신체적 이완이 일어나며 신체적 반응을 의식하지 못하기도 한다. 이러한 중간단계의 트랜스는 고객과 세일즈맨의 라포가 강력할 때 나타나는 현상이다.

셋째, 깊은 단계의 트랜스이다. 가장 깊은 단계의 트랜스이며 트랜스 상태에서의 경험을 기억하지 못하는 일시적인 기억상실이 나타날 수도 있다. 암시를 통해 신체적 감각과 반응을 바꾸는 것도 가능하다.

자기 내면의 모든 자원과의 접촉을 통해 그 자원을 증폭시킬 수도 있으며 일정 시간 동안 감각을 상실하게 하여 마취 없이 수술까지 가능한 상태이다. 고객과의 라포를 바탕으로 서로의 목적을 추구하는 세일즈맨에게는 굳이 필요하지 않는 트랜스 단계이다.

고객이 어떤 채널을 통해서 외부정보를 수용하든 상관없이 특정 상품을 구매했다면 고객의 심리상태는 얕은 트랜스 상태나 중간단계의 트랜스 상태에 머물러있다고 볼 수 있다. 트랜스 상태는 세일즈맨이 전달하고자 하는 메시지를 더욱 효과적으로 전달할 수 있게 도움을 준다. 그 이유는 고객의 구매행위를 도와주는 세일즈맨의 서비스나 유익한 정보를 고객에게 저항 없이 전달하기 위해서는 트랜스 상태에 있는 것이 도움이 되기 때문이다.

트랜스 상태에서는 구매 욕구를 자극하여 실제 구매행위를 쉽게 유도하기 때문에 세일즈맨과 상품에 고객이 몰입할 수 있게 해주고 구매행위 이후에도 라포관계를 지속하여 재구매를 유도하게 된다.

이해와 분석, 비판의 기능을 가진 의식이 분명히 있지만 의식이 제 기능을 하지 못하고 잠재의식이 활성화된 상태를 트랜스라고 한다.

트랜스를 잘 활용할 수 있는 세일즈맨은 고객에 대한 영향력을 증폭시킬 수 있는 단단한 라포가 형성되어 더 많은 실적을 올리는 능력있는 세일즈맨이 될 수 있다.

세일즈와 최면

일반적으로 최면이라는 단어를 듣게 되면 먼저 부정적인 선입관을 가지는 사람들이 많다. 그래서 최면이라는 용어 대신에 트랜스라는 용어를 사용하기도 한다. 트랜스는 최면 유도과정에서 일어나는 현상이기 때문에 최면과 같은 개념으로 이해할 수 있다. 최면은 의식의 활동이 둔화되고 잠재의식이 활성화된 상태에서 의식을 우회하여 잠재의식에 바로 접근할 수 있는 수용적인 상태이다.

잠재의식은 이해와 분석, 판단을 하지 않고 그것이 무엇이든 그대로 받아들이는 수용성과 저장용량을 갖고 있다. 인간의 감각기능과 자율신경계는 잠재의식에서 종합적으로 운용하고 있으며 잠재의식에 바로 접근할 수 있는 방법을 알아내기만 한다면 원하는 그 어떤 변화와 성취도 이룰 수 있는 상태를 만들 수 있게 된다.

미국의 심리학자 윌리엄 제임스는 "당신의 잠재의식 속에는 세계를 움직이는 힘이 있다"라고 말했다. 자신과 상대, 환경을 움직이는 힘이 잠재의식에 이미 존재하고 있다는 것이다. 그래서 잠재의식에 명령을 전달하기만 하면 그 어떤 명령이라도 반드시 실행시킨다. 최면은 고도로 집중된 이완 상태에서 잠재의식에 바로 입력되기 때문에 뇌에 굵은 전용신경회로를 구축한다. 하지만 최면에 대해 사람들이 갖고 있는 세 가지 오해가 있다.

첫째, 최면은 인간의 뇌를 지배한다는 오해이다. 간혹 TV에서 쇼 최면을 본 사람들 중에는 최면이 인간의 뇌를 조종해 꼭두각시로 만든다는 오해를 하기도 한다. 그러한 오해는 최면상태에서도 의식이 존재하고 있다는 사실을 모르고 하는 말이다. 최면상태에서도 자신의 도덕적 가치나 신념에 어긋나는 암시에 대해서는 받아들이지 않기 때문에 그런 걱정은 하지 않아도 된다. 예를 들어 최면상태에서 도둑질을 하게 하거나 사람을 해치는 강도짓을 하게 하는 것은 불가능하다.

둘째, 최면은 의식을 완전히 잃게 한다는 오해이다. TV의 영향으로 왜곡된 최면에 대한 고정관념에는 소파에 앉아 의식을 잃고 조종당하는 모습을 떠올리게 된다. 그래서 최면에 대한 거부감을 갖고 있는 경우가 많다. 하지만 현대의 최면은 NLP나 에릭슨 최면기법과 같이 다양한 언어패턴을 통해 얕은 단계와 중간 단계의 트랜스를 유도하는 것이 가능하다. 이 단계는 의식이 작동되고 있기 때문에 완전히 의식을 잃어 통제당하는 이상한 상상을 하지 않아도 된다.

셋째, 최면은 음침하고 비윤리적이라는 오해이다. 깊은 최면상태에 대해 부정적이고 어둡게 바라보는 오해는 사람을 꼭두각시로 만들어 조종하여 부정적인 암시를 통해 비도덕적인 영향력을 행사할 수 있다는 데서 생긴다.

이상과 같이 최면에 대한 부정적인 오해가 있는 것은 사실이지만 그것은 우리가 최면을 제대로 알지 못해 생기는 것일 뿐이다. 최면을 세일즈에 이용한다고 해서 고객을 무엇인가에 홀린 사람으로 만들어 구매의사가 전혀 없는 고객에게 제품을 판매할 수는 없다.

세일즈는 우수한 제품을 구매하고 싶은 의향이 있는 사람에게 판매하는 것이다. 최면을 활용한 세일즈 전략은 상품을 구입하려는 고객의 효용가치를 높이고 고객의 욕구를 충족시켜주는데 긍정적 기능을 하게 된다. 탁월한 능력을 가진 세일즈맨은 구매의사가 있는 고객에게 더 나은 서비스를 통해 구매결정과 행위를 쉽고 편하게 할 수 있도록 도움을 주는 역할을 하는 것이다.

∴ 세일즈맨의 멘탈언어

■ 모델링 기법을 활용하여 성공한 세일즈 고수들이 갖고 있는 우수성과 탁월성의 멘탈적 언어패턴을 학습하고 그들이 이룬 위대한 성취를 자신의 삶에서 실현시키는 성취도구로 활용할 수 있는 실행 능력을 가져야 한다.

■ 트랜스 유도와 라포형성을 통해 고객의 비판과 저항을 최소화할 수 있는 멘탈적 언어패턴을 활용하여 고객의 선택과 구매결정을 도와주어야 한다.

■ 제품의 우수성을 고객에게 전달하고 소비자의 효용가치를 높일 수 있도록 하기 위해서는 고객과 가장 효과적으로 소통할 수 있는 멘탈적 언어패턴을 학습하여 고객의 마음을 훔칠 수 있는 언어의 마술사가 되어야 한다.

■ 고객의 마음을 훔칠 수 있는 멘탈적 언어패턴을 활용하여 고객과의 라포를 형성한다.

■ 고객이 주체가 되어 자결성을 가질 수 있도록 멘탈적 언어패턴을 활용하여 질문한다.

세일즈맨의 태도

사람의 마음은 언어와 태도로 표출된다. 세일즈맨의 언어뿐 아니라 유연하면서도 당당하고 자신감 넘치는 태도가 고객에게 믿음을 전해준다. 고객과의 라포는 세일즈맨의 멘탈언어능력과 세련되고 자신감 넘치는 태도에서 형성된다. 그래서 세일즈맨은 언어능력이 탁월해야 할 뿐만 아니라 마음과 행동에도 여유가 묻어있어야 하는 것이다.

고객은 세일즈맨의 말과 감정, 행동을 관찰하며 라포의 강도를 설정하기 때문에 세일즈맨의 여유 있는 태도가 중요하다.

만약 세일즈맨이 상품을 빨리 판매해야 한다는 조급한 마음과 감정을 갖게 되면 세일즈맨의 언어와 태도에 묻어나게 되고 그러한 조급한 마음이 고객에게 그대로 전이되어 고객이 저항하거나 도피하려는 부정적인 태도를 갖게 만든다. 작은 그릇은 큰 내용물을 담을 수 없듯이 상품 판매에만 눈이 먼 세일즈맨의 조급한 마음과 태도는 고객의 마음을 온전히 담을 수 없다.

세일즈맨은 언제나 일관성을 갖추고 상품에 관하여 최고의 전문가적 지식과 여유 있는 태도로 고객을 대해야 하는 것이 기본이다.

그래서 세일즈맨은 고객에 대한 따뜻한 관심 기울이기와 수용적인 자세, 공감적 태도를 가지는 것이 필요하다. 세일즈맨이 상품 판매로 얻는 눈앞의 작은 이익보다 작은 손해를 보더라도 고객과의 친밀한 인간관계와 라포형성을 최고의 우선 가치로 생각하고 고객을 존중하는 여유 있는 태도를 갖추어야 하는 것이다.

세일즈맨의 의상

옛말에 옷이 날개라고 했다. 특히 세일즈맨에게는 옷이 날개이면서 고객과의 강한 연결을 만드는 끈이 되기도 한다. 고객과의 첫 만남에서 어떤 이미지를 심어주는가에 따라 라포의 강도가 결정되기 때문이다. 첫 만남에서 세일즈맨이 보여주는 이미지와 의상이 '초두효과'로 작용하여 이후의 긍정적인 관계 발전에 중요한 필터 기능을 한다.

∴ 정장

직종에 따라 다르겠지만 전통적인 관점에서 보면 세일즈맨의 정장은 안정감과 신뢰감을 높이고 품격을 유지해주는 가장 좋은 도구이며 강력한 후광효과를 낸다. 그리고 세일즈맨의 깔끔한 정장이 고객에 대한 최소한의 에티켓이 되는 이유가 세일즈맨의 품격 있는 옷차림은 고객의 품격까지 높여주기 때문이다.

∴ 유니폼

유니폼은 세일즈맨의 정체성을 나타내고 전문가적인 이미지를 전해주기 때문에 고객과의 라포를 형성하는데 도움이 되며 직종에 따라 유니폼이 세일즈맨에게 최고의 정장이 될 수 있다.

유니폼에 소속 단체의 배지나 마크, 상표, 상호 등을 부착하면 고객과의 신뢰감을 형성하는데 도움이 된다.

∴ 기타

행사나 전시장에서 콘셉트에 맞는 파격적인 의상이 필요할 때도 있다. 세일즈맨과 제품의 콘셉트를 이해하게 만드는 옷차림이라면 어떤 것이든 상관없으며 고객과의 절대적인 라포를 형성하는데 도움이 되는 것이 중요하다. 좋은 의상의 선택은 세일즈맨 자신이 상품이 되는 것과 마찬가지이다. 세일즈맨이 어떠한 옷차림을 하는가에 따라 고객과의 라포형성, 전문가적인 이미지, 친밀감을 전해주기 때문에 세일즈맨의 옷차림은 또 다른 상품이 되는 것이다.

첫째, 좋은 의상으로 고객과의 깊은 라포를 형성할 수 있으며 좋은 의상은 세일즈맨의 존재감과 영향력이 결정되는 중요한 문제이다.

둘째, 좋은 의상이 고객에게 전문가적 이미지를 전달함으로써 세일즈맨의 말에 대한 신뢰와 충성도를 높이게 된다.

셋째, 세일즈맨의 좋은 옷차림만으로도 고객에게 안정감과 친밀감을 느끼게 만들어 라포를 강화하는데 도움을 준다.

세일즈맨의 이미지

세일즈맨의 의상뿐만 아니라 얼굴도 중요한 상품이다. 세일즈맨의 자연스러운 얼굴 표정이 고객의 마음을 편안하게 해주기 때문이다.

만약에 세일즈맨의 얼굴 표정이 경직되어있거나 부자연스럽다면 고객도 불편해진다. 그렇기 때문에 반복적인 훈련을 통해 자연스러운 표정을 연출할 수 있어야 한다. 훈련을 통해 자연스러운 표정 연출이 지속적으로 반복되면 새로운 이미지가 창조되는 경험을 할 수 있다.

탁월한 세일즈 고수가 되기 위해서는 긍정의 자기 확신 암시와 멘탈 트레이닝을 통하여 여유로운 얼굴 표정과 자연스러운 미소를 연출할 수 있어야 한다. 편안하고 여유로운 세일즈맨의 얼굴 표정에는 고객의 마음을 끌어당기는 힘이 있으며 얼굴 자체가 최고의 언어가 되어 고객과의 강한 라포가 형성된다. 그래서 세일즈맨의 얼굴 표정은 고객을 끌어당기는 자성을 가지고 있을 뿐 아니라 고객과의 라포형성과 소통의 통로가 되는 것이다.

세일즈맨 자신의 편안하고 여유 있는 얼굴 표정이 창조될 수 있을 때 고객의 감정을 수용하고 이입할 수 있는 공감의 통로를 갖게 되며 자신의 얼굴 표정을 고객에게 일치시킬 수 있는 융통성과 맞추기 능력을 가지게 된다. 고객은 세일즈맨의 얼굴 표정에 따라 마음의 문을 얼마나 열어줄 것인가를 결정한다.

그리고 세일즈맨은 상품에 대해 설명할 때도 내용에 따른 얼굴 변화로 고객이 세일즈맨 자신과 상품에 감정이입이 되고 몰입할 수 있도록 자연스럽게 유도할 필요가 있다. 특히 스토리텔링에 따른 세일즈맨의 유연한 표정 변화는 고객을 몰입하게 하고 잠재의식 차원에서 강한 라포를 형성하여 고객의 긍정적인 변화를 이끌어낸다.

시선처리

세일즈맨의 얼굴 표정 못지않게 중요한 것이 시선처리이다.

눈은 마음을 비추는 창이라고 할 정도로 고객과의 소통과 라포를 형성하는데 큰 비중을 차지한다. 낯선 사람을 처음 볼 때 제일 먼저 얼굴을 보게 되지만 그 중에서도 상대의 눈빛을 먼저 보게 된다.

그것은 시신경이 뇌 회로에 직접적으로 연결되어 있어 눈을 통해 그 사람의 마음에 쉽게 접근할 수 있기 때문이다. 그래서 첫인상이 그려질 때 눈빛에 따라 이미지가 달라지게 되는 것이다.

첫인상이 '초두효과'로 작용하여 고객과의 상담과 구매결정에 지속적으로 영향을 미치게 된다. 첫인상을 결정하는데 큰 비중을 차지하는 눈은 마음을 전하는 빠른 통로이다. 고객과의 기본적인 시선교환은 보통 5~7초간이 적당하며 전체적으로 고객이 부담을 느끼지 않게 80~90% 정도로 시선을 마주치고 나머지는 시선을 자유롭게 해주는 것이 고객의 입장에서는 편안하게 느껴진다. 대화중에 자연스럽게 10~20% 정도로 시선을 전환해주며 편안한 분위기를 연출해주는 배려가 필요하다.

시선처리를 잘하기 위해서는 평소에 시선 전환과 초점 맞추기 트레이닝을 반복해야 한다. 거울 앞에서 자기 눈동자 응시하기, 정면 바라보기, 상하 바라보기, 측면 바라보기 등으로 시선을 부드럽고 자연스럽게 전환할 수 있도록 트레이닝을 반복하게 되면 고객과의 라포를 형성할 수 있는 편안하고 온화한 눈빛을 가질 수 있다.

세일즈맨이 시선처리를 편안하고 부드럽게 할 수 있게 되면 상담과정에서 자연스럽게 고객의 시선을 상품으로 유도할 수 있는 능력을 갖게되면서 구매 행동을 유도할 수 있게 된다. 눈빛만으로도 최면상태로 유도하는 방법이 있을 정도로 눈빛에는 사람의 마음을 움직이게 하는 강력한 힘이 있다. 그렇기 때문에 세일즈맨의 눈빛은 부드럽고 따뜻하면서도 항상 살아있다는 느낌을 줄 수 있을 정도로 힘이 있어야 한다.

메모하기

인간은 학습과 경험한 것을 뇌에 기억 형태로 저장한다.
그리고 기억한 것 중에 중요하지 않거나 오래된 것은 정보간섭에 의해회상을 하지 못하거나 망각하게 된다. 그래서 세일즈맨에게는 평소에메모하는 습관이 중요하다. 기억은 쉽게 지워질 수 있지만 기록은 지워지지 않기 때문이다. 모든 성공한 세일즈 고수들은 자신만의 노하우와비법이 담긴 노트를 가지고 있다.

인간의 망각 능력은 중요한 성공의 핵심 기법 조차 망각하게 만든다.
중요한 세일즈 상황에서 회상을 하지 못해 새로운 기회를 놓칠 수도 있기 때문에 평소의 메모 습관이 중요하다. 아무리 기억력이 좋고 두뇌가 우수한 세일즈맨이라고 해도 모든 상황에 적절하게 대처할 수 있는완벽한 기억 시스템을 갖고 있지는 않다. 그렇기 때문에 탁월한 능력을발휘하는 세일즈 고수들은 자신만의 세일즈 노트를 만들어 상담과 세일즈에 적극 활용한다.

고객과의 관계에서 취득한 모든 정보들을 메모해두면 상담과정에서 아주 요긴하게 활용할 수 있다. 전화상담이나 현장에서의 상담 전에 예상되는 상황들을 미리 살펴보고 고객도 기억하지 못하고 있는 고객과 관련된 중요한 정보가 메모되어 있는 내용을 활용하여 이야기하면 고객과의 친밀한 라포를 형성하는데 큰 도움이 된다.

시뮬레이션하기

낯선 사람과의 처음 만남은 세일즈맨에게 어색하고 불편할 수도 있다. 이럴 때 고객과의 직접적인 만남 이전에 만남을 가상하여 시뮬레이션을 하는 것이 도움이 된다. 인간의 뇌는 낯설음에 대해서는 본능적으로 경계하고 각성상태가 되기 쉽다. 그것은 인류의 진화과정에서 낯설고 부정적인 정보에 민감하게 반응할 수 있어야 생존하는데 유리하기 때문에 형성된 것이다. 이것은 인간의 장기유전형질에 저장된 패턴이며 자연스러운 기전이라고 할 수 있다.

고객과의 실제 만남이 부자연스럽거나 두려운 상황이 아닌데도 불구하고 낯설은 만남에 대한 자신의 좁혀진 경계로 존재하지 않은 불안과 부자연스러움을 만들어 고객과 멀어지게 될 수도 있다. 이처럼 고객을 만나는 것에 대한 심리적 부담이나 부자연스러움은 세일즈맨이 갖고 있는 마음의 경계에서 만든 제한이다. 이러한 부자연스러움과 마음의 제한을 벗겨내고 고객과의 편안하고 자연스러운 만남을 위해서 시뮬레이션을 통해 자신의 상태를 바꾸는 것이 도움이 된다.

인간의 뇌가 가진 별명이 '착각의 챔피언'이다. 뇌는 두개골 안에 안전하게 자리 잡고 있어 세상과 직접 접촉할 수 없기 때문에 오감을 통해서 간접적으로 세상과 접촉한다. 그렇기 때문에 뇌는 상상과 현실을 구분하는 기능이 없다. 뇌는 오감적으로 상상한 것에 대해서도 실제 경험과 동일하게 기억시키기 때문이다. 기억된 것은 그것이 상상이든 현실적 경험이든 구분하지 않고 같은 신경망에 저장되기 때문에 같은 기억으로 남게 되는 것이다.

고객과의 만남 전에 시뮬레이션을 통해 고객과의 좋은 만남과 성과를 얻는 긍정적인 경험을 오감적으로 생생하게 상상하면 실제 만남에서 더 편안함과 친밀감을 쌓을 수 있다. 시뮬레이션 효과가 실제 경험과 비슷한 효과를 얻을 수 있는 이유는 생생하게 상상한 것은 그것이 어떤 것이든 뇌에 흔적을 남기기 때문이다. 고객과의 만남 전에 시뮬레이션을 통해 자연스러운 편안한 만남과 대화 모습을 떠올리고 서로에 대한 라포가 형성된 긍정적인 심상을 반복하면 고객과의 실제 만남에서 아주 오래된 친구 사이처럼 편안함과 친밀감을 느낄 수 있게 된다.

고객은 세일즈맨의 협력자이면서 손님이다. 세일즈맨의 마음에 먼저 좋은 협력자가 되는 고객의 이미지를 만들 수 있는 상상을 해야 한다. 그리고 고객과의 긍정적인 관계와 원하는 구매결정에 대한 시뮬레이션을 하게 되면 기억이 뇌에 프로그래밍되고 그것은 현실에서 그대로 실현될 가능성이 더 높아지게 된다. 그것은 마음에 선명하게 프로그래밍된 것에 대해서 현실로 실현시키는 뇌의 기능이 작동되기 때문이다.

라포형성을 위한 태도

고객과의 강한 신뢰관계를 형성하는 탁월한 능력을 가진 세일즈맨은 고객의 마음을 훔치는 특별한 기술과 능력을 가지고 있다.

- 상황 주도 능력이 탁월하다.
- 당당하게 말하고 행동한다.
- 성공에 대한 강한 확신이 있다.
- 공감능력이 뛰어나다.
- 감정표현이 풍부하다.
- 언어전달 능력이 뛰어나다.

고객에게 신뢰받는 세일즈맨의 공통적인 특징이 있다.

첫째, 고객에게 맞추어주기를 잘하면서도 대부분의 상황을 주도할 수 있는 리더십을 가지고 있다.

둘째, 자신의 분명한 가치와 생각에 대해서 당당하게 표현하고 행동하는 용기와 자신감을 보여준다.

셋째, 작은 실수나 실패에 좌절하거나 포기하지 않고 성공에 대한 확고한 신념으로 도전을 계속한다.

넷째, 경청과 수용능력을 바탕으로 공감을 통한 고객에게 맞추어주기 능력이 뛰어나다.

다섯째, 균형적인 표상능력과 감정 표현능력이 풍부하여 고객과 감정적 이입이 잘 된다.

여섯째, 상품의 우수성과 고객의 구매 욕구를 일치시켜 구매결정을 유도하는 언어표현능력이 탁월하다.

일반적으로 세일즈맨은 고객과의 관계 설정에서 '을'의 위치에 있다고 볼 수 있다. 하지만 능력 있는 당당한 세일즈맨은 을의 위치에서 '갑'처럼 행동할 수 있다. 둘 이상의 사물이 있을 때 그중 하나를 가리키는 말로써 차례나 등급을 매길 때 첫째를 '갑'이라 하고 둘째를 '을'이라 한다. 힘의 중심을 어느 쪽에서 많이 가지고 있느냐에 따라 세일즈맨이 독립변인인 '갑'이 되기도 하고 종속변인인 '을'이 되기도 하는 것이다.

고객과 세일즈맨의 관계는 일반적으로 고객이 갑이 될 수밖에 없다. 그러한 갑과 을의 관계 속에서도 고객과의 라포가 형성된 세일즈맨의 특징은 을의 위치에서 갑처럼 행동하고 당당한 자신감으로 소비자를 대하는 것이다. 세일즈맨이 갑처럼 행동한다는 것은 상황 주도 능력에 대한 역설적인 표현이지 고객을 무시하고 세일즈맨 마음대로 한다는 뜻은 아니다. 왜냐하면 세일즈맨이 어떠한 위치에 있든 고객은 언제나 존중의 대상이기 때문이다.

Part 2

마음의 이해와
멘탈언어

마음의 이해

우수한 능력을 가진 세일즈의 고수는 고객의 마음을 훔치는 능력을 가진 사람이다. 고객의 마음을 훔치기 위해서는 마음에 대해 이해하고 마음을 사용하는 방법을 배워야 한다. 마음은 뇌라는 공장에서 만들어낸 산물이다. 뇌는 마음을 만들어내는 생산 공장이며 마음은 뇌라는 공장에서 만들어낸 상품으로 비유할 수 있다. 그래서 뇌가 없다면 마음도 존재할 수 없는 것이다.

천억 개가 넘는 뉴런에 저장된 수많은 기억들이 마음을 만들어내는 자원이다. 하나의 뉴런이 수많은 다른 뉴런들과 전기적 신호를 병렬적으로 주고받으며 정보를 교환하고 그 연결을 강화한다. 반복적으로 자극되거나 강하게 들어온 정보는 강한 신경회로를 만들어 개인의 주관적인 마음의 지도를 만든다. 이 지도가 세상과 소통하는 세상모형이 되고 가치관이 되며 마음이 되는 것이다.

이 마음은 외부의 새로운 자극이나 정보의 입력에 의해 계속적으로 변화하는 가소성을 가지고 있다. 마음을 만드는 뇌는 실제 경험과 상상한 것에 대해 의식 차원에서는 구분을 할 수 있지만 잠재의식 차원에서는 그 차이를 알지 못한다. 그래서 반복적으로 생각하거나 상상한 것에 대해서도 장기기억에 고스란히 저장하여 마음을 만들고 행동을 일으키게 되는 것이다.

마음을 만들어내는 자원인 기억은 뉴런에 언어로 부호화되어 저장되어 있다. 경험과 학습이 뉴런에 입력될 때 감정이 덧입혀져 언어로 저장되며 이 특정한 언어는 특정한 신경적 반응을 일으키도록 프로그래밍되어 함께 기억된다. 그래서 과거의 특정한 기억을 떠올리거나 저장된 언어를 자극하기만 해도 과거의 생생한 경험과 감정을 현재 상태에서 그대로 재경험할 수 있게 되는 것이다.

반복적인 생각이 마음을 만들고 마음이 행동을 일으킨다.
인간의 모든 행동은 말과 생각, 마음이 뇌에 프로그래밍된 결과이다.
뇌에 프로그래밍된 말과 생각, 마음을 바꾸면 행동을 바꿀 수 있으며 행동을 바꾸면 습관이 바뀌고 성격이 바뀌게 되어 운명까지도 바꾸는 힘을 가지게 된다. 이 모든 것이 마음에서 시작되고 그 마음이 말을 만들고 그 말이 마음을 바꾸는 힘을 가지고 있는 것이다.
세일즈맨은 탁월성을 창조하는 힘을 가진 멘탈적인 언어를 사용하여 고객의 마음을 훔치는 전문 기술자이다.

의식과 잠재의식의 구조

마음은 크게 의식과 잠재의식으로 이루어져 있다. 의식은 깨어있는 상태에서 나 자신과 타인, 환경에 대해 인식할 수 있는 각성된 상태이다. 의식의 기억 체계는 단기기억 영역을 담당하고 있으며 비판, 분석, 인지, 판단, 이해의 기능을 맡고 있다. 예를 들어 학교에서 수업을 통해 학습하는 의미기억 과정은 의식적 차원에서 일어나는 것이다.

의식의 범위는 매우 제한적이라서 한순간에 7개 정도의 정보만을 처리하며 지속시간도 15초 정도 밖에 되지 않는다. 반면에 잠재의식은 의식 아래 가라앉아 있어 의식의 지배를 받지만 모든 의사결정과 정서, 감정 등에 관여하여 의식을 조종하고 신체를 컨트롤하는 실질적인 뇌의 주체라고 할 수 있다.

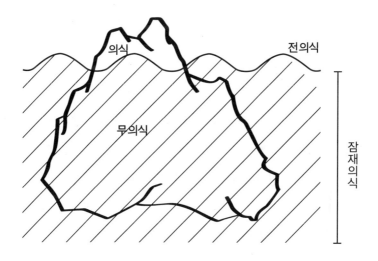

잠재의식의 기억 체계는 장기기억 영역을 담당하고 있으며 감정, 자기보존, 습관 등은 잠재의식적 차원에서 일어난다. 우리는 생활 속에서 비록 의식하지 못하지만 잠재의식 차원에서 일어나는 수많은 행동과 반응 덕분에 좀 더 자연스럽고 편리한 생활을 영위할 수가 있게 된다.

잠재의식은 한 사람의 인생 전반에 걸쳐서 사고와 감정, 행동을 조종하고 있으며 건강과 생존을 가능하게 하는 신체 운영까지 지배하고 있다. 세일즈에서는 고객과의 의식적인 만남도 중요하지만 잠재의식에 접촉할 수 있는 능력을 갖는 것이 더 중요하다. 표면적으로는 의식적 차원에서 구매가 결정되는 것처럼 보이지만 실제 구매를 결정하고 행동하게 만드는 것은 잠재의식의 절대적인 영향을 받게 되기 때문이다.

세일즈맨이 잠재의식의 작동원리와 활용방법을 제대로 알고 세일즈 현장에 접목하여 사용할 수 있다면 더 큰 성취의 결과를 얻게 된다.

우뇌와 좌뇌

뇌는 좌뇌와 우뇌로 이루어져 각 반대편에 있는 몸의 운동과 지각 기능을 담당한다. 좌뇌는 말을 하고 계산하는 논리적인 기능과 몸의 오른쪽 신경을 맡고 있으며 우뇌는 그림, 음악을 보고 듣고 이미지를 떠올리는 기능과 몸의 왼쪽 신경을 맡고 있다. 그래서 좌뇌를 언어 뇌라고 하고 우뇌를 이미지 뇌라고 부르기도 하는 것이다.

좌뇌는 추리, 계산 등의 논리적 기능을 주로 관장한다. 사람들의 이름을 잘 기억한다거나 대화를 할 때 다양한 단어를 많이 사용하는 것은 좌뇌가 발달한 사람의 특징이다. 분석적 능력, 수학적 능력, 합리적 사고능력은 좌뇌와 관련이 있다.

우뇌는 이미지 뇌라고도 하며 그림이나 음악 감상, 스포츠 활동 등

빠르게 전체 상황을 파악할 수 있는 직관과 같은 감각적인 분야를 담당한다. 감정과 상상 능력 등은 우뇌와 관련이 있으며 기억용량과 연산 능력은 좌뇌보다 우뇌가 훨씬 뛰어나다.

사람에 따라 좌·우뇌의 발달이 다르지만 좌·우뇌는 상호 연결되어 도움을 주고받는 상보성을 가지고 있다. 그리고 좌·우뇌의 기능과 발달에 대해서도 관점에 따라 다양한 해석과 정의를 내리고 있기 때문에 너무 고착화된 관점을 갖기보다 개인의 특성을 파악하여 그 사람을 이해하고 맞추어줄 수 있는 유연성이 필요하다.

∴ 좌뇌의 특성

- 언어적 지시 선호
- 언어에 의한 사고
- 비판적이고 분석적인 말과 글
- 몸짓언어에 대한 이해 부족
- 문제를 부분으로 나누어 논리적 해결
- 객관적 판단
- 정확하고 확실한 정보 선호
- 감정의 자제
- 논리적, 이성적, 분석적 관점
- 순차적으로 일을 처리
- 꼼꼼하고 느린처리

- 냉정하고 비판적인 사고
- 현실적이고 계획적 일의 수행
- 합리적 문제해결
- 선택형 질문 선호
- 이성적인 뇌

∴ 우뇌의 특성

- 상징적 지시 선호
- 이미지에 의한 사고
- 그림 그리기와 조작
- 몸짓언어를 잘 이해
- 문제를 전체로 보고 직감적으로 해결
- 주관적 판단
- 추상적이고 불확실한 정보 선호
- 감정의 표현
- 직관적, 감성적, 종합적 관점
- 동시에 일을 처리
- 빠른 판단과 빠른 처리
- 유연하고 창의적인 사고
- 몽상적이고 충동적인 일의 수행
- 주관식 질문 선호

■ 감정적인 뇌

말의 중요성

말은 사람의 마음에서 나온다. 그래서 말이 곧 그 사람의 마음과 같다고 생각하기도 한다. 마음은 말로 표현되며 표현된 말에는 그 사람의 마음이 묻어있다. 그래서 그 사람의 말을 들어보면 마음을 헤아릴 수 있는 것이다.

아울러 말을 바꾸면 마음을 바꿀 수가 있다. 그것은 우리의 말과 생각, 마음, 행동이 뇌신경과 연결되어 있으며 어느 한 가지를 바꾸게 되면 나머지 것도 함께 변화하게 되는 비국소성을 가지고 있기 때문이다. 즉, 말을 바꾼다는 것은 마음과 행동을 바꿀 수 있는 핵심적인 실마리를 찾는 것과 같은 것이다.

■ 언어는 존재의 집이다.

■ 말 한마디로 천 냥 빚을 갚는다.

■ 입 밖으로 나간 말은 어떠한 말이든 힘을 갖고 있다.

■ 세 번 생각하고 한번 말하라.

■ 그 무엇이든 반복해서 말하면 현실이 된다.

긍정의 말은 긍정의 신경망을 활성화시켜 관련된 뇌의 화학물질을 분비시키고 긍정의 생각과 감정을 연합시킨다. 이렇게 만들어진 긍정의 마음이 반복되면 믿음이 되어 스스로를 통제하여 상관성이 있는 외부 연결을 만들어 긍정의 현실적인 결과를 얻게 된다. 마찬가지로 부정의 말은 부정의 신경망을 활성화시켜 관련된 뇌의 화학물질을 분비시키고 부정의 생각과 감정을 연합시킨다. 이렇게 만들어진 부정의 마음이 믿음이 되어 스스로를 통제하여 상관성이 있는 외부연결을 만들어 부정의 현실적인 결과를 얻게 된다.

우리가 흔히 사용하는 '말씨'의 '씨'는 태도, 모양을 뜻하는 접미사로서 말씨는 마음의 씨앗이 되기도 한다. 어떠한 말이든 말은 마음에 뿌려진 씨앗이 되어 자란다. 그래서 말을 바꾸면 마음이 바뀌게 되며 밖으로 표현되는 말과 듣는 말이 모두 뇌신경과 연결되어 있기 때문에 말을 바꾸면 마음속 프로그램이 바뀌게 되는 것이다.

말을 바꾼다는 것은 마음을 바꾸는 것과 같은 것이며 마음이 바뀌면 행동이 바뀌게 되고 말과 마음, 행동이 함께 바뀌어 일치될 때 변화를 위한 강력한 힘을 가진다. 이처럼 말이 힘을 가지고 있기 때문에 자신이 한 말이 먼저 자신의 뇌신경회로에 피드백되어 영향을 미치고 듣는 상대에게도 같은 영향을 미치게 되는 것이다.

말은 뇌신경과 연결되어 있어 결정적인 말 한마디에 신경회로가 바뀌거나 새롭게 형성되면서 마음이 순식간에 변할 수 있다. 우리의 삶에서 새로운 변화를 원한다면 일상적으로 사용하는 말을 바꾸는 작은 습관부터 만들어야 한다. 말을 바꾸면 우리 삶의 결과가 바뀌는 것은 말이 우리의 마음과 행동을 일으키는 씨앗이 되기 때문이다.

미국의 작가이자 경영학자인 피터드러커는 "인간에게 있어서 가장 중요한 능력은 자기표현이며 현대의 경영이나 관리는 커뮤니케이션 능력에 의해 좌우된다"고 했다. 인간은 사회적 관계 속에서 자신의 존재와 정체성이 증명되며 모든 사회적 관계는 커뮤니케이션 능력을 바탕으로 형성되는 것이다.

말은 커뮤니케이션의 중요한 도구이다. 인간의 존재 현상에 관한 실존주의적 존재 이론을 전개한 독일의 철학자 하이데거는 "언어는 존재의 집이다"라고 했다. 그래서 상대가 어떠한 언어패턴을 가지고 있는가를 파악하면 상대의 세상모형과 행동을 유추할 수 있게 된다. 그것은 말에 그 사람의 마음이 묻어있기 때문이다.

어리석은 사람은 다른 사람을 변화시키려는 사람이고 더 어리석은 사람은 세상을 변화시키려는 사람이다. 하지만 지혜로운 사람은 다른 사람과 세상이 쉽게 바뀌지 않는다는 것을 잘 알고 있다. 그래서 자기 자신을 먼저 바꾸기 위해 자원과 에너지를 일치시키는 것이 중요하다. 바뀐 자신이 보는 다른 사람과 세상은 이미 다르게 보이고 바뀐 자신의 역량으로 다른 사람과 세상의 변화까지도 이끌어낼 수가 있으며 그 변화의 시작이 일상적으로 사용하는 말을 바꾸는 것이다.

히포크라테스는 의사에게 세 가지 무기가 있다고 했다. 첫째가 언어이고 둘째가 메스이며 셋째가 약이다. 이 말은 의사의 수술과 약보다 병이 나을 것이라는 희망을 심어주는 따뜻한 치유의 말 한마디에 환자의 치료 효과가 더 크게 나타난다는 사실을 강조한 것이다.

세일즈맨은 탁월한 몇 마디의 말로써 고객의 마음과 행동을 변화시켜 놀라운 성과를 만들어내는 멘탈언어의 원리와 기법을 활용할 수 있는 능력을 갖고 있어야 한다. 언어중추신경이 우리 몸의 모든 신경계를 다스리며 인간의 뇌세포 중 98%가 말의 영향을 받는다.

이렇듯 세일즈 상황과 대상에 맞는 멘탈적 언어를 활용하여 고객이 원하는 목표를 이룰 수 있도록 도움을 주는 것이 세일즈맨의 역할이다.

세일즈맨의 언어패턴

세일즈맨의 대화는 일상적인 실재 차원에서보다 비일상적인 실재 차원에서 주로 더 많이 이루어진다. 물질적이고 현실적이며 감각으로 직접 접촉할 수 있는 것을 CR이라고 하며 가상적이고 비물질적이며 직접 접촉할 수 없지만 분명히 사실로 존재하고 있는 것을 NCR이라고 한다. 일상적 실재인 CR은 현실적이고 물질적인 차원의 대화이지만 비일상적 실재인 NCR은 가상적이고 비물질적으로 실재하는 마음의 변화를 일구어내는 대화이다.

세일즈맨의 대화는 NCR적이라고 할 수 있는 것이 일상적 대화와 다르게 설득이나 협상에 더 가깝기 때문이다. 비일상적 대화는 의식적 차원의 이해와 분석, 비판을 받지 않기 때문에 가랑비에 옷 젖는줄 모르는 것처럼 고객의 마음에 조용히 스며들어 고객에게 영향력을 행사하게 된다. 세일즈맨의 대화는 설득이나 협상의 효과를 얻을 의도와 목적이 있음에도 불구하고 편안한 일상에서의 대화 패턴을 사용한다.

이처럼 세일즈맨의 화법은 NCR적이지만 일상적인 CR의 세계에서 성과를 얻게 해주는 힘을 가지고 있는 것이 특징이다.

세일즈맨과 고객은 서로가 다른 분명한 긍정적 의도와 목적을 지향하고 있으며 세일즈맨의 긍정적 의도와 목적은 고객 유치와 판매 실적을 올리는 것이고 고객의 긍정적 의도와 목적은 만족감을 얻는 구매에 있다. 그래서 양쪽의 목적이 구매행위를 통하여 달성될 수 있도록 이끌기를 할 수 있는 세일즈맨의 일치시키는 화법이 필요한 것이다.

만약 세일즈맨의 판매 목적이 성급하게 말로 표출되면 고객은 심리적 저항을 나타내거나 도피하게 된다. 고객은 언제나 자기를 방어하기 위해 저항하거나 도피할 준비가 되어있다는 사실을 명심해야 한다. 세일즈맨이 고객을 판매 대상으로 대하는 순간 고객은 멀리 도망갈 준비를 하기 때문에 판매 목적을 고객에게 직접적으로 드러내지 않는 것이 중요하다.

세일즈로 크게 성공한 사람들이 가진 우수성과 탁월성을 분석해보면 그들에게는 공통된 패턴이 발견된다. 모두가 저마다 성격은 다르지만 그들의 언어패턴이 최면과 유사하다는 것이다. 최면적 언어패턴은 고객의 의식적 필터를 우회하여 잠재의식에 바로 접촉하게 되는데 이 상태에서는 의식은 있지만 의식이 크게 작용하지 않기 때문에 세일즈맨의 영향력이 강해진다.

세일즈맨이 자신의 판매 목적을 달성하기 위해서는 고객의 의식적 장벽을 우회하여 잠재의식에 바로 접촉할 수 있는 트랜스를 유도하는 언어패턴을 찾아야 한다. 그것이 고객과의 라포를 형성할 뿐만 아니라 세일즈맨의 말이 고객의 상태를 긍정적으로 변화시킬 수 있는 영향력을 증대시켜 서로의 목적을 달성할 수 있는 최선의 선택을 하게 만든다.

라포형성을 위한 언어패턴

라포는 모든 인간관계의 전제이며 세일즈의 시작이면서 핵심이다. 고객과의 라포는 구매를 위한 세일즈맨의 영향력을 행사하는 필수적 전제조건이 된다. 라포는 프랑스어원의 수익, 이익, 관계라는 뜻을 갖고 있으며 신뢰관계, 협응관계, 촉진관계 등의 의미를 갖고 있다.

세일즈맨이 고객과의 라포를 형성하는 목적은 구매결정과 행동을 위한 긍정적인 영향력을 행사하기 위해서이다. 고객과의 라포형성은 언어적인 부분과 비언어적인 부분으로 강화시킬 수 있다. 언어적인 부분으로는 유목화 기법, 메타모델, 밀턴모델, 선호표상체계, 맞장구치기, 경청하며 반응하기, 피드백, 공감하기, 노출하기, 질문하기 등이 있으며 비언어적인 부분으로는 호흡, 자세, 태도, 시선, 표정, 반응 일치시키기, 눈동자 접근단서, 캘리브레이션 등이 있다.

라포형성의 핵심적 기술은 인식과 일치시키기이며 고객의 의도를 인식하는 능력과 언어적, 비언어적으로 얼마나 일치시킬 수 있느냐에 따라 라포형성의 핵심적 성과가 달라진다. 고객과의 라포를 강화하기 위해서는 고객을 먼저 배려하고 고객과의 일치시키기나 공통점을 많이 만들어야 한다. 라포는 고객의 의심과 저항을 최소화시켜 세일즈맨의 암시를 고객이 수용하기 쉬운 상태로 발전시키는 것이다. 그래서 고객을 대상으로 하는 설득과 협상에서 고객이 세일즈맨의 말을 무비판적으로 받아들이게 만드는 라포형성 과정이 필요하다.

오감적 언어패턴

인간의 모든 학습과 경험, 행동은 오감적으로 구성되는 신경계의 영향을 받으며 특정한 신경적 반응을 일으키는 프로그래밍이 되어 뇌에 저장된다. 모든 학습과 경험이 언어로 부호화되어 뇌에 기억되고 출력되며 특정한 언어를 통하여 특정한 신경적 표상이 창조되는 것이다.

인간은 언어로서 의미를 부여하며 기억하고 언어로서 의미를 전달한다. 모든 언어는 오감적으로 입력되고 저장되어 필요시 출력된다.

시각적 언어, 청각적 언어, 촉각적 언어, 후각적 언어, 미각적 언어로 신경과 연결되어 뇌에 언어지도를 갖게 되는 것이다. 그래서 신맛이 나는 레몬을 먹었던 경험이 있는 사람은 '레몬'이라는 말만 들어도 입안에 침이 고이고 과거에 개에게 물렸던 기억이 있는 사람은 '개'라는 말만 들어도 두려운 정서가 느껴진다. 이것은 언어가 특정한 신경적 반응을 일으키도록 뇌에 프로그래밍되어 있기 때문에 나타나는 현상이다.

세일즈맨의 오감적 언어 사용은 고객의 구매 욕구를 높인다.

인간의 뇌는 오감적으로 제공되는 강한 자극과 정보에 대해 그것이 가상적이든 현실적이든 구분하지 않고 그 말과 관련된 특정 신경망이 활성화되고 화학물질이 분비되어 마음과 행동의 반응이 일어나게 된다. 세일즈맨의 오감적인 언어는 고객의 감정을 자극하고 그와 관련된 마음이 일어나면서 구매 욕구가 생기도록 만든다.

오감을 자극하여 시각적인 면과 감정의 상태를 생생하게 경험시키게 되면 우뇌를 자극하여 더 강하게 각인된다. 그렇기 때문에 세일즈맨의 언어패턴은 고객의 상상력과 감정상태를 유도하여 구매 욕구를 불러일으킬 수 있도록 전달되어야 한다.

암시와 잠재의식

고객이 상품에 대한 구매 욕구를 가질 수 있도록 메시지를 효과적으로 전달하기 위해서는 의식적 차원의 분석적이고 비판적인 장벽을 우회하여 잠재의식에 바로 접촉할 수 있어야 한다. 의식은 외부자극이나 정보에 대해 필터링 과정을 거쳐 본인과 맞지 않는 자극과 정보를 거부하게 된다.

세일즈맨에게 필요한 것은 고객의 구매행위를 결정짓는 잠재의식에 바로 접근하는 방법이다. 고객의 구매 욕구를 직접적으로 자극하여 구매 행동을 일으키기 위해서는 암시를 통한 멘탈적 접근방법이 유효하다. 암시는 가랑비에 옷 젖는 줄 모르듯이 의식에서 전혀 체크하지 못한 상태로 잠재의식에 전달되어 암시와 관련된 신경망을 활성화시켜 고객의 구매 욕구를 자극하고 행동을 유도하게 된다.

암시는 언어적인 것 외에도 많이 찾아볼 수 있다. 예를 들어 길을 걷던 중 화려한 조명으로 장식된 전시장에 진열된 멋진 자동차를 보는 순간 마음이 이끌리고 그 차를 구매하고 싶은 충동을 느꼈다면 이것은 누군가의 의도된 암시에 영향을 받은 것이다. 전시된 차를 사라고 직접 권유한 사람은 없었지만 영업점에서 간접적이고 함축적인 암시 기법으로 차를 구입하라는 메시지를 보내기 위해 의도적으로 차를 전시해둔 것이기 때문이다.

이처럼 암시는 고객이 직접 의식하지 못하지만 잠재의식에 작용하여 선택과 판단에 크게 영향을 미친다. 간접적으로 잠재의식에 접근하기 때문에 암시를 받는 고객의 입장에서는 거부하거나 저항하지 못하고 암시를 보낸 세일즈맨의 의도를 수용하면서 통제를 받게 되는 것이다. 암시는 고객의 의식을 우회하여 잠재의식에 바로 접근하기 때문에 의식적인 차원에서 일어나는 분석, 이해, 비판을 거치지 않고 암시내용을 고객이 그대로 수용하고 따르게 만든다.

다양한 암시의 활용

첫째, 트랜스를 활용한 암시 기법이다.

트랜스 상태에서 간접암시를 통해 고객의 의식적 여과기를 우회하면 잠재의식에 바로 접촉할 수 있다. 트랜스 상태에서 세일즈맨의 암시는 고객이 눈치채지 못하는 가운데 간접적으로 이루어지는 접촉 방법이기 때문에 효과가 크다. 세일즈 고수는 트랜스 상태에서 암시를 통해 의식의 여과기를 거치지 않고 잠재의식에 바로 접촉하여 고객의 마음을 변화시킬 수 있는 능력을 가지고 있다.

둘째, 신체언어를 활용한 암시 기법이다.

커뮤니케이션에서 말이 차지하는 비율이 7% 정도이고 목소리가 38%, 신체언어가 55%를 차지하고 있다. 세일즈 고수는 언어 구사능력뿐 아니라 신체언어를 활용하는 능력도 탁월하다. 제스처나 얼굴 표정 등을 통해 암시를 할 수 있으며 고객에게 시선을 마주치고 반갑게 미소 짓는 것은 대표적인 신체적 암시로 작용한다. 고객과의 친밀감과 동질감을 얻기 위하여 고객과 비슷한 신체적 움직임을 보여주는 맞추기를 통해 라포가 형성된다.

셋째, 언어적 암시 기법이다.

말은 신경과 연결되어 있어 세일즈맨의 멘탈적 언어는 고객의 뇌에 흔적을 남기게 된다. 뇌에 남겨진 흔적은 기존의 신경망에 새로운 변화를 일으켜 고객을 변화시키는 힘을 갖고 있다. 이 힘은 말 자체에 숨어 있는 암시에 의해 생긴다. 말할 때의 감정상태나 톤, 억양의 강약, 어조의 변화 등을 통해 암시의 효과를 높여준다. 같은 내용의 말이라 해도 내적 언어를 활용한 암시에 따라서 전혀 다른 의미가 전달되고 결과도 달라진다.

넷째, 복합적 암시 기법이다.

언어와 제스처, 목소리 톤, 어조 등을 복합적으로 연합하여 이루어지는 암시를 말한다. 여러 가지 암시가 조합되어 복합적으로 작동시키게 되면 시너지 효과를 내어 더 큰 메시지를 고객에게 전달할 수 있다.

복합적 요소는 비판과 분석, 이해의 요소가 거의 없기 때문에 고객이 도피하거나 저항하기가 쉽지 않다. 상품 구매 결정과정에서 고객의 행동은 고객의 자결성에 의한 결단과 행동이라고 착각하기 쉽지만 대부분 세일즈맨의 암시에 영향을 받고 있는 것이다.

Part 3

세일즈 5단계

세일즈맨의 마음가짐

세일즈의 시작은 고객의 마음을 여는 것이고 세일즈의 마지막은 고객의 마음을 훔치는 것이다. 고객의 마음을 훔쳐 고객의 구매 욕구를 자극하여 구매 행동이 일어나게 하는 것이 세일즈맨의 역할이다.

그래서 구매 행동으로 마무리하기 위한 세일즈 5단계 과정이 필요하다.

다섯 가지 세일즈 과정에서 제일 중요한 것은 고객의 마음을 훔치는 커뮤니케이션 기술과 라포형성 능력이다. 고객과의 라포를 형성하기 위한 커뮤니케이션을 가장 잘하는 세일즈맨은 자신의 말을 많이 하는 것이 아니라 고객의 말을 잘 들어주는 공감적인 태도를 가지고 있다.

경청은 단순히 고객의 말을 듣는 차원을 넘어 고객을 진심으로 존중하고 공감하기 위한 가장 적극적인 의사표현방식이다.

세일즈맨은 자신이 말을 하면서도 고객의 언어적, 비언어적 반응과 심리상태를 세밀히 캘리브레이션 하여 고객을 분석하고 수용하는 태도를 가져야 한다. 경청과 수용을 통하여 고객과 세일즈맨의 심리가 일치된 상태는 마치 똑같은 두 장의 종이를 겹쳐 한 장처럼 보이는 것과 같은 것이다. 이처럼 고객과 세일즈맨의 심리상태를 일치시켜 동일하게 만드는 것을 '매칭'이라고 한다. 고객과의 완전한 매칭을 이루게 되면 공감과 라포관계가 형성되어 영향력을 행사할 수 있게 된다.

세일즈맨이 고객의 심리상태에 매칭될 수도 있고 고객이 세일즈맨의 심리상태에 이끌려와 매칭될 수도 있다.

매칭은 고객에게 맞추어주는 방법으로 활용하지만 궁극적으로는 고객의 구매결정과 행동을 이끌기 위한 유도전략이다. 효과적인 매칭을 위해 행동, 언어, 목소리 톤 등 여러 가지 방법을 통해 일치시키기를 하게 되면 고객과의 라포가 형성되어 구매로 이어질 가능성이 그만큼 높아진다. 이러한 여러 가지 기법보다 더 중요한 것은 고객에 대한 세일즈맨의 진심 어린 마음가짐이다. 고객을 존중하고 배려하며 진심 어린 호감을 가지는 태도가 고객과의 상호 라포를 증대시켜준다.

가장 탁월한 능력을 가진 세일즈 고수는 언제나 고객을 진심으로 존중하고 배려하며 가족으로 대하는 마음의 자세를 가지고 있다.
고객과의 관계에서 제일 중요한 것은 세일즈맨이 보여주는 신뢰와 존중의 마음가짐이라는 사실을 명심하고 실천할 수 있을 때 진정한 세일즈의 달인이 될 수 있는 것이다.

상담 프로세스

상담단계는 고객과의 원만한 커뮤니케이션을 통해 원하는 결과를 얻기 위한 절차이다. 고객과의 만남, 대화, 상담을 할 때 일정한 과정을 거쳐 구매결정을 하도록 유도하는 정해진 상담과정이라고 할 수 있다. 고객의 구매결정에 긍정적인 영향을 미쳐 원하는 결과를 얻기 위한 세일즈맨의 상담 프레임이다.

상담단계의 필요성을 살펴보면 첫째, 고객은 표면적으로는 이성적이고 논리적으로 판단하여 구매결정을 하는 것처럼 보이지만 실제로는 잠재의식의 구매 욕구에 영향을 받아 구매결정을 내리고 의식적 차원에서 집행을 하는 것일 뿐이다.

둘째, 고객은 상품 자체만으로 구매결정을 할 수 없다. 상품은 욕구를 자극하거나 동기가 될 수 있지만 그것만으로 구매결정까지 하지는 않는다. 욕구와 동기만으로 구매결정을 할 수 있다면 마음에 드는 모든 상품을 전부 구매해야 한다. 상품은 고객의 마음에 작은 파동을 일으킬 뿐 구매결정으로 연결되지 않는다.

셋째, 고객은 구매의 필요성을 결정하는데 일정한 시간이 필요하다. 고객이 상품을 본 순간 마음에 든다고 모든 상품을 전부 구매할 수는 없는 것이다. 합리적 구매결정을 내리기 위해 내면의 결정 전략과정을 거쳐야 한다.

넷째, 고객의 구매 욕구는 단계에 걸쳐 올라간다. 물이 낮은 온도에서 데워져 100℃가 될 때 끓으면서 수증기를 만들듯이 고객의 구매 욕구는 상품과 세일즈맨의 서비스에 의해 단계별로 올라간다. 상담 프로세스가 진행되면서 고객의 구매 욕구가 올라가게 되는 것이다.

세일즈맨은 상담 프로세스를 통하여 고객의 구매 욕구를 상승시켜 상품 판매에 성공하여야 한다. 세일즈 고수는 고객과의 상담과정에서 수준 있는 컨설팅을 유지하여 라포관계를 강화하게 됨으로써 상품에 대한 원활한 프리젠테이션 효과를 높일 수 있게 된다. 고객과의 작은 문제도 소홀히 할 수 없는 것이 세일즈맨의 마음자세이다.
그렇기 때문에 고객의 문제 상태를 확인하고 해결하기 위해 세일즈맨의 지속적인 서비스가 필요하다.

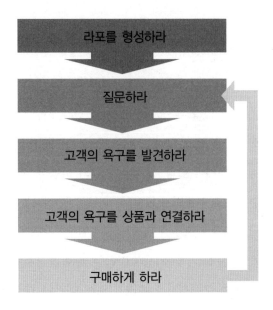

∴ 1단계 : 라포를 형성하라

세일즈맨의 가장 우선적인 과제는 고객과의 라포를 형성하는 것이다. 고객과의 든든한 신뢰감은 구매 행동과 유대관계의 핵심적인 키워드가 된다. 고객에게 영향력을 행사하는 세일즈 고수가 되기 위해서는 라포 형성이 우선이다.

'유유상종'이란 말이 있다. 비슷한 사람들끼리 잘 어울린다는 뜻이다. 인간은 동질성의 원리에 의해 닮은 사람들끼리는 서로 좋아하는 경향성을 가지고 있다는 사실을 기억해야 한다. 고객과의 라포형성을 위해 가장 쉽게 할 수 있는 것이 고객에게 맞추기를 하는 것이다. 고객은 자신과 비슷한 자극과 정보에 대해서는 친밀감과 동질감을 느끼며 마음의 경계를 허물고 쉽게 라포의 끈을 연결하게 된다.

- ■ 생리
    - ☞ 신체적, 생리적인 맞추기
- ■ 목소리
    - ☞ 커뮤니케이션에서 목소리의 비중 38%
- ■ 표상체계
    - ☞ 시각, 청각, 신체감각, 내부언어
- ■ 호흡
    - ☞ 패턴, 리듬
- ■ 핵심 단어
    - ☞ 직업, 연령, 학력, 종교

고객과의 관계에서 가장 기본적으로 전제가 되어야 하는 것이 라포를 형성하는 것이며 라포형성을 위해 다섯 가지에 대한 맞추어주기를 실천한다.

첫째, 라포를 형성하기 위해 고객의 생리적, 신체적 반응을 캘리브레이션하고 일치시킨다. 고객의 눈빛, 습관, 자세, 표정, 움직임에 그대로 맞추어줌으로써 일치시키기가 되어 친밀감과 동질감을 느끼게 된다.

둘째, 고객의 목소리에 귀를 기울이고 높낮이, 음량, 감정 등을 파악하여 고객이 편안하게 대화할 수 있도록 맞추기를 한다.

의사소통에서 목소리가 차지하는 비율이 38%가 될 정도로 목소리는 중요하다. 고객의 잠재의식에서는 목소리가 비슷하거나 자신을 편안하게 해주는 목소리로 받아들이게 되면 일치감을 느끼며 고객과의 라포를 쉽게 형성하게 된다.

셋째, 고객의 선호표상체계를 파악하고 맞추기를 한다. 인간의 모든 경험은 오감을 통해서 이루어지는 신경계통의 작용이며 어떤 경험 과정에서 선호하는 감각은 사람마다 다를 수 있다. 사람들마다 특별히 우선적으로 사용하는 선호감각이 있으며 이것을 선호표상체계라고 한다. 표상이란 외부의 어떤 상황이나 대상, 경험내용 등을 마음속에서 생생하게 그려내고 표현하는 것을 말한다. 고객의 선호표상체계를 캘리브레이션하여 맞추어주게 되면 심리적으로 일치시키기가 되어 라포를 쉽게 형성하게 된다.

넷째, 고객의 호흡패턴과 리듬에 맞추어주게 되면 잠재의식 차원에서 일치가 되어 편안함과 안정된 느낌을 갖게 된다. 단순히 고객의 호흡에 자연스럽게 맞추는 방법과 고객이 숨을 내쉴 때만 특정한 암시를 보내는 방법 등이 있다. 고객과의 호흡패턴과 리듬이 일치하면 자연스럽게 라포가 형성된다.

다섯째, 고객이 사용하는 핵심 단어를 파악하여 세일즈맨이 함께 반복 사용하면 언어적 동질감을 느끼게 된다. 말은 뇌신경과 연결되어 있기 때문에 언어를 맞춘다는 것은 고객의 마음과 일치시키는 것과 마찬가지이다. 직업과 나이, 문화, 종교, 학력에 따라 사용하는 핵심 단어가 다르다. 군인은 군인이 많이 사용하는 핵심 단어가 있고 교수는 교수가 많이 사용하는 핵심 단어가 있다. 맞추어주기를 통해 세일즈맨과 고객의 언어가 일치되면 동질감이 높아져 라포가 쉽게 형성되고 그만큼 고객에 대한 세일즈맨의 영향력이 커지게 된다.

라포형성은 고객과의 첫 만남에서 결정

상담 프로세스의 시작은 고객과의 첫 만남에서부터 이루어지며 고객과 접촉하는 순간을 MOT(Moment Of Truth)라고 한다.

고객과의 처음 만난 15초가 상담 전체의 만족도와 결과를 좌우하며 먼저 입력된 정보가 강한 신경망을 형성하여 이후의 정보를 간섭하거나 왜곡시키는 것을 '초두효과'라고 하며 첫인상이라고도 부른다.

첫인상이 그 사람을 판단하고 평가하는 기준이 되며 첫인상은 한번 형성되면 쉽게 잘 변화하지 않는다. 사람들과의 소통이나 관계에서 기존의 기억 시스템을 활용하기 때문에 고객과의 처음 만나는 순간에 형성된 신경회로는 잘 바뀌지 않게 된다.

라포형성은 실제 상담에 들어가기 전 고객과의 신뢰관계를 형성하는 첫 단계이다. 이 라포형성 단계는 말이 차지하는 비중보다 말투나 톤, 외모, 자세, 태도 등이 더 많은 영향을 미친다. 첫 만남에서 고객과의 라포를 형성하기 위해 세일즈맨은 자신의 전문가적인 이미지를 강화시키는 것이 필요하다. MOT는 짧은 시간에 고객과의 신뢰와 접촉을 이끌어내는 중요한 과정이다. 고객을 언제 어디서 만날지 모르기 때문에 세일즈 고수가 되기 위해서는 고객과의 어떠한 만남의 순간에도 라포를 강화할 수 있는 자신의 준비 상태를 갖추고 있어야 한다.

연합과 분리

마음의 모든 분아는 긍정적인 의도와 목적이 있다.
하지만 분아가 통합되지 못하고 오래 지속되면 고객은 구매결정을 하지 못하는 혼돈 상태를 겪게 된다. 분아로 인해 마음의 부조화 상태에 빠진 고객을 갈등 상황에서 분리시킨 후에 세일즈맨 자신과 상품에 연합시킬 수 있어야 한다.

공간적 분리를 통해 고객의 주의를 모으고 시간적 분리를 통해 과거 상품과 비교가 가능하게 할 수도 있다. 고객에게 현재의 상황을 진실하게 말하고 내면의 분아에서 오는 갈등으로부터 분리될 것과 세일즈맨 자신과 상품에 연합할 것을 간접적으로 요구하여야 한다.

【예문】

- 고객님, 이쪽에 진열된 것은 이월상품으로서 고객님이 원하는 수준에 약간 떨어져 보입니다. 진열된 많은 상품이 눈에 들어오시겠지만 고객님께 가장 잘 어울리는 상품이 따로 있다는 것을 특별히 말씀드립니다. (분리)
  아마 고객님은 제가 추천해드리는 상품을 보시게 되는 순간 지금보다 훨씬 더 마음이 흡족해지실 것입니다. 일단 이쪽으로 이동해보실까요? 그리고 이 상품을 자세히 보세요. (연합)
  이 상품의 주인이 되는 선택을 하는 순간 이 상품이 주는 혜택이 무엇인지를 이해하실 수가 있을 것입니다.

시간왜곡

아름다운 미인과 함께 하는 시간은 하루가 한 시간보다 빨리 지나가지만 뜨거운 난로 위에 얹은 손은 1초가 한 시간보다 더 길게 느껴진다. 과거와 미래에 대한 이야기를 하며 고객의 시간선을 바꾸어 주게 되면 시간적인 왜곡 상태에 빠지게 된다.

고객의 즐거운 과거경험에 대해 회상을 시키는 것은 긴 시간을 짧게 느끼도록 하는 아주 좋은 유도 방법이다. 또한 긍정적인 미래에 대한 상상을 통해서도 고객이 시간왜곡을 느낄 수 있게 만들 수 있다.

고객이 심리적 간섭 없이 빠른 결정을 할 수 있도록 유도하기 위해 가속 학습법인 모델링 기법을 활용하기도 한다. 다른 고객의 사례를 이야기하는 것은 모델링이다.

【예문】

■ 지금부터 고객님께 소개드리는 이 상품은 고객님이 원하는 기능이 모두 있을 뿐만 아니라 풍부한 추가 서비스까지 제공됩니다.

제가 고객님께 설명해드릴 이 상품을 먼저 구입하신 다른 고객님께서 직접 사용해보시고 너무 만족한다는 행복한 메시지를 보내주었습니다. 특히 이 상품에 대한 저의 설명이 그 고객님의 현명한 상품 선택에 큰 도움이 되었다고 칭찬을 해주셔서 너무나 행복했습니다. 오늘도 이렇게 좋은 고객님께 상품설명을 간단하게 할 수 있어 매우 기쁩니다. 저의 설명이 먼저 구매하신 고객님처럼 고객님께도 좀 더 나은 선택을 하시는데 도움이 되었으면 좋겠습니다. 이 상품의 우수성과 차별화된 기능에 대해서는 손님이 잘 아실 것으로 믿고 간단하게 말씀드리겠습니다.

시간감각의 전환

세일즈맨은 자신과 상품에 대한 장황한 설명으로 고객의 귀중한 시간을 허비해서는 안 된다. 탁월한 능력을 가진 세일즈 고수는 자신의 생각이나 상품의 우수성보다 고객의 관심사와 상품을 연합하는 이야기를 들려준다. 상품에 대한 설명이 길어지는 순간 고객은 도망갈 준비를 한다는 사실을 명심해야 한다. 고객이 느끼기에 상품 구매를 위해 자신을 재촉하거나 압박하는 것처럼 보이게 되면 라포를 회수하고 저항하거나 도망가게 된다.

【예문】

■ 고객님, 짧은 시간에 고객님께 도움이 될 좋은 정보를 드릴 수 있도록 하겠습니다. 5분 안에 이 상품의 좋은 점과 고객님께 드릴 혜택에 대한 중요한 핵심 내용만 간단하게 설명드리겠습니다.
(상품설명과 혜택안내)
고객님, 제가 고객님께 정말 유익하고 꼭 필요한 핵심 내용을 간단하게 설명드리는데 딱 5분 걸렸습니다. 저의 설명을 듣고 더 궁금하신 점이나 물어보시고 싶은 것이 있으신가요?

∴ 2단계 : 질문하라

인간의 뇌는 어떠한 질문에도 답을 하게끔 세팅되어 있다.
그래서 고객에게 어떠한 질문을 하는가에 따라 고객의 마음과 행동이
변화하게 된다. 질문은 고객에 대한 관심의 표현이기도 하지만 자신이
의도하는 방향으로 고객을 이끌거나 유도하기 위한 세일즈맨의 의도도
함께 숨어있다.

세일즈맨의 좋은 질문이 고객의 좋은 반응과 행동을 이끌어낸다.
세일즈맨이 던지는 질문은 고객의 관심사나 일과 직접 관련된다.
고객의 언어로 말하고 고객이 주로 관심을 갖는 언어로 질문을 한다.
고객의 언어가 전문용어를 많이 사용하면 자신도 전문용어에 대해 관
심을 갖고 전문용어로 질문하는 것이 좋다.

- 고객님은 어떤 스타일을 원하십니까?
- 고객님은 무엇에 관심이 있습니까?
- 어떤 목적으로 고객님은 이 상품을 원하십니까?
- 이 상품이 고객님의 성공을 더욱더 빛나게 해줄 것입니다.
  성공하면 무엇이 떠오르나요?
- 이 상품을 본 순간 무엇이 떠오르나요?
- 이 상품을 선택하시는 특별한 이유가 있으신가요?
- 고객님이 가장 중요하게 생각하는 것은 무엇인가요?
- 고객님은 어떤 일을 하시나요?

- 고객님은 외부 활동을 활발하게 하시나요?
- 고객님은 어떤 취미활동을 하시나요?
- 고객님이 생각하시는 최고의 가치는 어떤 것인가요?

이와 같이 다양한 질문을 활용하여 고객의 핵심적인 정보를 빨리 얻어야 한다. 세일즈맨은 고객의 욕구와 문제를 파악하기 위해 고객의 현재 상태와 상황을 먼저 알아야 할 필요가 있다. 그래서 고객의 현재 문제와 욕구가 무엇인지를 알아낼 수 있는 기초정보에 대한 질문이 중요한 것이다. 고객의 직업과 수입 상황, 가족관계, 취미, 특기, 사명, 꿈 등에 대한 정보를 파악하면 고객의 구매능력과 구매의사를 간접적으로 확인할 수 있다.

질문을 통한 상황파악은 추궁하는 느낌이 들지 않게 최대한 짧은 시간에 간결하게 이루어지는 것이 좋다. 고객에 대한 상황파악이 길어지면 취조당하는 기분이 들거나 대화의 맥락이나 초점이 분산되어 개인적인 사담이나 잡담 수준으로 진행될 수 있기 때문에 상담 전 미리 고객의 정보를 최대한 수집하는 것이 도움이 된다.

간접적 질문하기

고객의 심층적인 갈등 요인과 욕구에 대한 정확한 정보를 수집하고자 할 때 필요한 질문 기법이다. 고객의 수입, 친구, 가족, 직위, 건강상태 등에 대한 질문을 간접적으로 한다.

- 직접적 질문

  ☞ 고객님은 한 달 수입이 얼마인가요?

- 간접적 질문

  ☞ 고객님의 한 달 수입이 상품을 구매하시는데 부담이 되는 정도는 아닐 것으로 생각됩니다. 괜찮으시겠어요?

- 직접적 질문

  ☞ 저희 상품이 갖고 있는 장점이 뭔지 알고 계시나요?

- 간접적 질문

  ☞ 저희 상품의 장점이 뭔지 잘 알고 계시겠지만...

  ☞ 상품의 장점에 대해서 많은 손님들이 만족해한다는 사실은 잘 알고 계시죠?

구매패턴 파악하기

사람들은 반복된 행동에 의해 습관화된 패턴을 반복해서 사용한다. 칫솔질을 할 때 순서나 동작도 매일 반복되는 패턴을 사용하고 목욕이나 밥을 먹을 때도 비슷한 패턴을 사용하고 있다. 상품 구매 행위도 대부분 누적된 습관에 의해 소비패턴이 형성된다. 고객은 과거의 소비행동에서 형성된 패턴을 갖고 있기 때문에 잠재의식 차원에서 구매에 대한 자신만의 일정한 패턴과 습관을 가지고 있는 것이다.

한번 형성된 고객의 구매패턴과 습관은 특별한 자극이나 반복적인 정보가 제공되지 않는 이상 잘 변화하지 않는다.

그래서 고객의 구매패턴을 파악하는 것이 중요하다. 이처럼 구매패턴이 반복되는 것은 뇌가 가진 관성과 일관성에 의해 그 이전에 소비패턴을 반복할 가능성이 매우 높기 때문이다. 충성고객, 단골이라는 말은 고객의 구매패턴이 반복되고 있다는 것을 증명하는 것이다.

파악된 고객의 구매준거와 가치들의 우선순위를 파악한 후 구매패턴에 따라 상담과 판매를 진행하면 판매 실적을 올리는데 도움이 된다.

- 고객님께서 오랫동안 잘 운행하셨던 그 차를 처음에 선택하실 때 어떻게 구매하시게 되었는지 궁금합니다.
- 지금 타고 있는 차는 어떤 부분이 마음에 드셔서 구매하게 되셨는지 여쭈어봐도 될까요?

문제 파악하기

질문을 통해 고객의 불만이나 문제를 파악한다. 이 과정은 고객의 욕구를 파악하기 위한 중간단계이다.

- 이 문제가 고객의 입장에서도 충분히 수용되는 문제인가?
    - ☞ 아무런 준비 없이 미래에 어려운 일이 닥친다면 그때가서 후회해도 수용이 없지 않을까요?
- 이 문제는 세일즈맨이 해결 가능한가?

☞ 고객님이 미래에 겪게 될 문제를 해결하고 불확실한 미래에 대한 준비를 미리할 수 있는 도움을 드릴 수 있을까요?

■ 이 문제가 상품을 통해 해결이 가능한가?

☞ 이 상품이 현재 고객님의 문제를 해결할 수 있는 최고의 선택이라고 자신 있게 추천을 합니다. 문제가 해결된 상태를 떠올려보면 마음이 어떤가요?

고객이 세일즈맨과 상품을 소유하지 못해서 생긴 불편한 점이나 문제점이 무엇인지 파악을 한다. 파악된 문제들이 고객의 미래경험을 회상시켜 부정적인 감정을 일으킬 수 있게 유도하게 되면 회피적 동기가 고객을 상품 구매 쪽으로 이동하게 만든다. 즉, 고객의 부정적 감정은 구매 행동을 유발하는 가장 강한 동기가 되는 것이다.

∴ 3단계 : 고객의 욕구를 발견하라

흔히 고객은 왕이다라는 말을 한다. 그만큼 고객을 존중하고 최선을 다하라는 의미이다. 하지만 초점이 잘못된 상담에 시간과 에너지를 소비하는 것은 고객이나 세일즈맨 서로에게 아무런 의미가 없다.

대부분의 세일즈맨이 80%의 시간을 상품 구매를 하지 않을 고객에게 소비한다. 세일즈 고수는 시간의 80%를 구매할 고객에게 소비하여 고객이 더 많은 돈을 지불할 수 있게 유도하는 능력을 가지고 있다.

결국 세일즈맨은 'NO' 상태를 지속할 가능성이 높은 고객을 빨리 찾아내어 주도적인 상담을 통해 정보간섭을 차단한 상태에서 곧바로 결정을 내릴 수 있도록 유도해야 한다. 'NO'라는 대답이 '좀 더 생각해 보겠습니다'라는 대답보다 더 나을 수 있다는 사실을 깨달아야 하는 이유는 세일즈맨의 시간은 구매 가능성이 높은 새로운 고객을 찾아 초점을 전환해야 하기 때문이다.

욕구가 없는 고객 앞에서 침을 튀기며 설명해도 공허한 메아리가 될 뿐이다. 그러한 고객에게는 '고객님은 이 상품에서 어떤 가치를 볼 수 있습니까?'라고 질문해야 한다. 그리고 캘리브레이션하여 고객의 욕구가 없음을 알아차렸다면 그 상태에서 멈추는 것이 현명하다.

또 다른 고객을 찾는 것이 더 지혜로운 선택이 되는 이유는 더 나은 고객은 얼마든지 있기 때문이다. 현명한 세일즈맨은 새로운 고객을 찾아 고객의 욕구를 자극하고 고객과 상품의 가치를 만들어 고객의 문제를 상품 구매로 해결할 수 있도록 도움을 주어야 한다.

- 고객의 구매 욕구를 만들어라.
- 고객과 상품의 가치를 만들어라.
- 고객의 문제에 대한 해결을 제시하고 질문하라.

인과관계적 화법으로 고객과의 조건부 타결을 시도한다.
'고객님은 이 상품에서 어떠한 가치를 발견할 수 있습니까?', '우리가 이 부분의 문제를 해결한다면 그것은 고객님에게 가치 있는 일이라고 말해도 좋은 일이겠죠?' 그리고 부가의문문을 사용하여 상품 구매심리를 강화한다. '그렇다면 상품 구매를 통해 이 일을 해결하는 것이 고객님에게 매우 가치가 있겠군요. 그렇지 않아요?'

문제 강조

모든 답은 문제에 있으며 모든 문제에는 답이 있다. 고객이 가진 현재의 문제 때문에 무엇이, 어떻게 불편한지를 알아야 한다. 그 불편함은 뇌에서 반드시 해소하려 하기 때문에 심리적 변화가 일어나게 된다. 그래서 고객이 상품 구매를 하지 않는 상태에서 느끼는 불편함이나 문제를 인식할 수 있도록 고객의 심리를 부정적인 상태로 유도한다.

인간의 뇌는 본능적으로 고통을 회피하고 즐거움과 편안함을 추구하기 때문에 부정적 정서와 심리상태를 만드는 문제 상황에서 벗어나기 위한 선택과 행동을 하게 된다. 그렇기 때문에 세일즈맨은 고객이 자신의 문제 상황으로부터 벗어나고 싶은 욕구를 느끼도록 유도하는 것이 필요하다. 이것은 문제해결의 욕구를 상품을 구매하는 욕구로 이어가기 위한 중요한 단계이다.

- 고객이 상품 구매를 하지 않은 상태에서의 문제 상황을 충분히 인식할 수 있게 설명했는가?
- 부정적 상황을 고객이 체험하도록 유도했는가?
- 고객이 부정적 심리상태를 충분히 체험한 후 변화를 위한 필요성을 충분히 느끼는가?

고객의 문제가 파악이 되었다면 고객이 문제를 인식할 수 있도록 이야기해 주어야 한다. 고객의 심리는 상품을 원해서 구매하는 지향적 동기도 가지고 있지만 상품 구매를 통해 고통에서 벗어나려는 회피적 동기도 가지고 있기 때문에 고통을 생생하게 인식하도록 해주면 고통에서 도피하기 위한 선택과 행동을 하게 된다. 고객이 자신의 문제를 인식할 수 있게 되면 부정적 상황에서 벗어나고자 하는 회피적 동기를 가지게 되면서 이것이 직접적인 구매 욕구로 이어지게 되는 것이다.

세일즈맨은 고객이 문제 상황에 적극적으로 동참하도록 유도하며 문제 상황을 직접 경험하거나 상상할 수 있게 해주어야 한다.

일반적으로 문제에 대한 이성적인 설득이 효과가 적은 이유는 의식의 방해를 받기 때문이며 잠재의식에 바로 접촉할 수 있는 멘탈화법을 활용하는 것이 효과적인 선택이 된다. 고객의 문제 상황에 대해 의식적인 이해보다 잠재의식적 차원의 감정적 경험을 할 수 있도록 유도한다.

트랜스 상태에서 부정적인 상황을 강렬하게 체험할 수 있도록 상황을 설정하여 오감적으로 경험할 수 있게 해주는 것이 필요하다.

- 문제 상황에서 시각적으로 보게 만들기
- 문제 상황에서 청각적으로 듣게 만들기
- 신체감각적으로 느끼게 만들기
- 문제 상황에 대하여 상상하게 만들기
- 문제 상황으로 진입하기
- 문제 상황으로 몰입하기

미래의 문제 상황을 상상하고 문제에 몰입하도록 유도한다. 미래에 고객 자신과 가족의 병든 몸 상태를 상상할 수 있게 한다. 사랑하는 가족이 병원에 누워있는 상황에서 치료비 때문에 모두가 걱정하는 말을 듣고 병원비가 없어 치료를 포기해야 하는 고통을 느끼게 유도하여 회피적 동기를 자극한다.

【예문】

- 사람의 앞날은 아무도 모릅니다. 질병이라는 것이 꼭 경제적으로 어려울 때 찾아오는 경우가 많지 않나요?

  생로병사는 누구도 피할 수 없는 운명이며 어떤 사람에게는 그것이 더 빨리 찾아오기도 합니다. 만약 사랑하는 가족이 아파서 병원에 입원했다고 생각해보세요. 병원에 누워서 창백한 얼굴로 축 쳐져있는 모습을 보는 것이 얼마나 마음 아프겠습니까?

  주변의 많은 사람들이 위로의 말을 하고 병문안도 오지만 어느 누구도 경제적인 도움을 줄 수 있는 사람은 없습니다.

  만약 그때 고객님의 통장에 잔고가 없고 현금도 없다면 치료도 못하고 병원에서 쫓겨나야 할지도 모릅니다. 막상 큰일이 닥치고 보면 제일 중요한 것이 돈인데 미리 준비해둔다면 그 힘든 상황을 헤쳐나가는데 얼마나 큰 도움이 되겠습니까?

  돈도 나이 들면 잘 모아지지 않는다고 합니다.

  미래에 언제 닥칠지 모르는 불행은 고객님이 지금 어떤 준비를 하는가에 따라 얼마든지 극복할 수가 있지 않을까요?

경험의 연합

고객의 부정적 경험을 불러내는 쉽고 간단한 방법이 오감을 자극하는 것이다. 오감적으로 자극을 받게 되면 과거의 부정적 경험이 기억될 때 느꼈던 신경적 반응을 다시 느끼게 되면서 문제에서 벗어나고자 하는 회피적 심리가 생긴다.

질문하기를 통해 파악된 고객의 정보를 활용하여 과거의 부정적인 경험을 불러내게 한다. 보통 사람들이 일반적으로 한 번쯤 겪었을만한 보편적인 경험을 당연히 겪었을 것이라는 기본 전제를 활용해 부정적 감정을 느끼게 유도한다. 이 방법은 고객의 욕구를 파악하는데 도움을 줄 뿐만 아니라 고객의 욕구를 상품에 연결하는데도 도움이 된다. 만일 고객이 갈등상태에서 선뜻 결정을 내리지 못하는 상황이라면 과거의 경험을 감각적으로 환기시켜 결단을 내릴 수 있게 할 수 있다.

【사례】

(고객) 잘 봤습니다. 제품이 아주 훌륭합니다.

　　　 좀 더 생각해보고 결정하겠습니다.

(세일즈맨) 고객님, 혹시 예전에 컴퓨터가 갑자기 말썽을 일으켜 굉장히 스트레스를 받은 경험이 있지 않나요?

(고객) 네, 당연히 있죠. 그런데요?

(세일즈맨) 네, 고객님이 컴퓨터 문제 때문에 받는 스트레스 외에도 생활 속에서 더 많은 스트레스를 받고 있다면 정신건강

에 얼마나 나쁠까요? 생활 속의 스트레스 때문에 하루의 건강한 기분을 망치기도 하죠.

(고객) 맞아요. 별것 아닌 스트레스가 하루를 망치기도 하죠.

(세일즈맨) 고객님께서 중요한 업무를 하던 중 컴퓨터 사양이 좋지 않아 버벅되거나 다운되어 자료가 날아가 버린 끔찍한 경험을 생각해보세요. 성능이 떨어지는 현재의 컴퓨터가 고객님의 업무능력을 뒷받침해 주지 못하는 상황이라면 얼마나 짜증이 나고 스트레스를 받을지 생각해보면 컴퓨터 성능은 너무나 중요하죠.

(고객) 네, 그렇죠. 요즘은 모든 일이 컴퓨터로 이루어지니까요.

(세일즈맨) 고객님께서 컴퓨터 때문에 스트레스 받아 컴퓨터를 바꾸고 싶다는 생각을 언제 하셨는지 잘 모르겠지만 지금이 어떤 시대입니까? 시간의 개념이 광속으로 비유되는 시대에 사양이 떨어지는 컴퓨터 때문에 고객님의 귀한 시간과 능력을 허비한다면 너무나 안타까운 일이 될 뿐만 아니라 경제적 손실 또한 크다고 생각되지 않으십니까?

저희 고객 중에 한 분은 오래된 컴퓨터로 작업을 하다 자료가 날아가 버려 중요한 입찰에 참여를 못해 막대한 경제적 손실을 보았습니다. 그 일을 겪은 후 고객님은 사무실의 모든 컴퓨터를 최신 제품으로 모두 교체하였습니다.

(고객) 아~ 그래요?

(세일즈맨) 문제 있는 컴퓨터를 바꾸지 않는 한 다음에도 계속 해서

답답함을 느끼시겠지요.

지금 고객님께서 컴퓨터를 보러 오셨다는 것은 지금 느끼는 스트레스와 문제에서 하루라도 빨리 벗어나게 해주게 될 최신 컴퓨터를 갖고 싶다는 것이겠죠?

앞으로 몇 년간 업무능률도 올리고 스트레스도 덜 받는 최신 컴퓨터로 선택할 수 있도록 최신 컴퓨터에 대한 설명을 3분만 더 드려도 될까요?

고객님께서 보고 계신 이 제품은 최신 컴퓨터로서 기능과 가격면에서 고객님을 만족시켜드릴 것입니다.

(고객) 네, 좋습니다. 그럼 설명을 들어볼까요?

일단 설명을 듣고 난 후에 결정하겠습니다.

∴ 4단계 : 고객의 욕구를 상품과 연결하라

1~3단계까지의 과정은 4단계를 하기 위한 작업이고 4단계는 1~3단계 과정을 활용하는 것이다. 좀 더 쉽게 설명하면 4단계는 고객의 욕구를 상품과 서비스에 링크시키는 것이라고 할 수 있다.

이 단계에서 세일즈맨은 자신의 상품과 서비스가 앞에서 밝혔던 문제나 결핍을 해결할 수 있음을 분명하게 제시해야 한다. 어떻게 그렇게 할 수 있을지는 분명하게 말해주되 상세히 설명할 필요는 없다.

과유불급이라는 말이 있듯이 지나침은 부족함만 못하다. 고객이 구매할 수 있을 정도로만 말해주어야 하며 지나친 설명은 구매결정에 심리적 방해가 될 수도 있기 때문에 말을 절제할 수 있는 능력을 가지고 있어야 한다.

- 만약 ...한다면 어떤 일이 일어날까요? (인과관계)
- ...에 비해서 (비교화법)
- 왜냐하면... (근거제시)
- 그렇습니다. (공감하기)
- ...과 같은 것이죠. (복문등식)
- 그것이 우선이죠. (수행자상실)

다음과 같이 고객의 욕구를 상품과 연결할 수 있다.

- 고객님이 이 상품을 구매하여 사랑하는 가족에게 선물한다면 어떤 일이 일어날까요?
- 고객님은 지금 다른 상품과 비교가 안 될 정도로 우수한 상품을 보고계십니다.
- 많은 사람들이 이 상품을 선택했습니다. 왜냐하면 이 상품은 부담 없는 가격에 최고의 기능을 갖추고 있기 때문이죠.
- 네, 맞습니다. 바로 그겁니다.
- 고객님이 보신 디자인은 특별한 가치를 가지고 있습니다. 이 디자인은 세계적인 디자이너의 작품이죠.
- 가족들이 바라는 것은 결국 안전이 우선이죠. 이 차량은 안전뿐

아니라 성능도 동급 최고죠. 충분히 만족하실 겁니다.

문제해결

고객의 잠재된 욕구발견을 통해 현재 상태에서 고객이 겪고 있는 부정적 상태를 해소할 수 있도록 세일즈맨 자신과 상품에 초점을 일치시킨다. 고객이 갖고 있는 현재의 문제 상황을 해결할 수 있다는 믿음을 심어주는 것이 필요하다. 고객이 느끼는 문제해결의 방법을 찾아 고객을 긍정적인 상태로 유도한다. 이 방법은 고객의 긍정적 상태를 구매결정으로 이어가기 위한 중요한 단계이다.

- 문제가 세일즈맨 자신과 상품을 통해 해결되었는가?
- 고객이 해결 상황을 직접 경험하도록 유도하였는가?

사람은 누구나 마음의 고통이나 스트레스에서 벗어나고자 하는 보편적인 심리를 가지고 있다. 고객이 문제점에 대해서 인식하고 공감했다면 그 문제 상황에서 벗어나고 싶은 회피적 욕구와 동기를 가지게 된다. 이러한 문제 상황에 몰입한 상태의 고객에게 세일즈맨의 서비스와 상품 구매를 통해 문제 상황을 벗어나게 도와준다.

욕구발견과 문제해결을 통한 상품의 연결은 상호 유기적인 상관성을 가지고 있으며 문제해결을 위해 문제강조가 앞서 선행되는 것이다.

때로는 문제 강조를 위해 문제해결이 강조되기도 한다. 그리고 고객의 욕구와 상품의 연결은 세일즈맨의 권유와 유기적으로 연결된다.

미래기억 만들기

사람의 뇌는 두개골 깊은 곳에 안전하게 자리 잡고 있기 때문에 감각을 통해서 외부와 접촉할 수밖에 없다. 그렇기 때문에 뇌는 생생하게 감각적으로 입력되는 정보에 대해 현실적인 실제 경험과 마음으로 하는 상상을 구분하지 못한다.

미래에 대해 오감적으로 생생하게 상상하면 잠재의식 차원에서 미래에 대한 기억이 만들어지게 된다. 미래기억은 상품 구매를 고민하는 고객의 판단과 행동에 도움을 주어 잠재의식 차원에서 구매결정을 할 수 있도록 작용하는 효과가 있다. 상품 구매로 문제 상황이 해결된 후의 만족한 상황으로 감각적인 유도를 한다.

미래기억은 지향적 동기와 회피적 동기를 갖게 하여 고객의 욕구가 상품과 서비스에 연결되어 구매결정을 쉽게 할 수 있도록 도와준다. 고객이 미래에 어떤 문제가 발생한 상황이 해결되는 선명한 이미지를 지금 여기에서 실제처럼 느낄 수 있게 유도하는 것이다. 문제 상황이 해결되는 것은 세일즈맨이 제공하는 서비스와 상품을 통해서 이루어지며 생생하게 미래 이미지를 떠올리고 느낄 수 있게 이야기를 들려준다. 미래기억을 만드는 과정은 미래상태이지만 기억될 때는 과거기억이 된다. 그래서 미래기억이 현재 상태를 통제하게 되는 것이다.

【사례】

(세일즈맨) 정년퇴직 후 일정한 수입이 없어 경제적으로 어려움을 겪는 미래에 대해 생각해보셨나요?

나이가 들면 수입은 줄고 지출은 더 많아지죠.

만약에 해고를 당하거나 하는 일이 잘 되지 않아 경제적으로 많이 힘든 생활을 한다고 생각해보세요.

매우 힘든 상황이 되지 않을까요?

(고객) 그럴 수 있죠.

(세일즈맨) 그러나 미래를 위해 미리 준비하셨다면 아무 걱정 없이 안심할 수 있지 않을까요?

앞으로 얼마 후에 다가올 그때를 생각해보세요.

그때는 지금처럼 많은 수입이 들어오지 못하겠죠?

나이 들어 제일 서럽고 처량한게 돈이 없어 소외된 삶을 살아가는 것이죠.

(고객) 맞아요. 참 걱정이네요.

(세일즈맨) 하지만 걱정하지 않아도 되는 방법이 있습니다.

내 통장에 돈이 없어도 미리 준비한 보험에서 부족함 없이 정기적으로 돈이 나온다면 고객님은 여유 있게 웃을 수 있지 않을까요?

고객님이 돈 걱정 없이 행복하게 살아갈 수 있는 미래에 대한 선택을 지금 하실 수가 있습니다. 고객님께 딱 맞는 맞춤형 상품을 소개해드립니다. 고객님의 더 나은 행복한 미래를 준비해줄 마음 든든한 통장을 가질 수 있는 현명한 선택을 바로 지금 하는 것이죠.

∴ 5단계 : 구매하게 하라

마지막 5단계는 고객이 구매 행동을 통해 세일즈맨의 수입이 생기는 과정이다. 4단계 후 고객이 상품 구매에 대해 '예'라는 대답이 나오면 미래예측과 재확신의 닻을 발사한다.

- 미래예측
- 재확신 닻
- 다른 고객 소개받기

5단계에서는 멘탈화법을 활용하여 미래예측을 하고 고객이 재확신을 가질 수 있도록 앵커를 발사하여 다른 고객 소개를 요구한다.

고객이 상품구입 후의 효용가치를 높여줄 수 있는 미래예측을 한다.

"이 상품을 구매함으로써 고객님의 품격이 훨씬 더 높아질 것입니다."

그리고 고객의 결정이 현명했다는 피드백을 제공하기 위하여 재확신의 닻을 발사한다. "탁월한 식견으로 최고의 선택을 하셨습니다. 고객님은 어딘가 모를 품격과 결단력이 있습니다."

마지막으로 재구매와 고객을 확장하기 위해 다른 고객을 소개받는다.

"좋은 것은 좋은 사람과 나누거나 함께 하면 그 기쁨이 두 배가 된다고 하지 않습니까? 주변에 고객님처럼 좋은 분 한분만 소개 부탁드려도 될까요?"

구매 마무리

고객에게 구매를 직·간접적으로 권유하여 스스로 상품의 가치와 이득을 느낄 수 있게 해주어 판매를 달성한다.

- 결재방식은 어떤 것이 편안한가?
- 전체 결제가 어려우면 일부 비용을 지불하게 할 수 있는가?
- 고객이 느끼는 불안과 거절 요소를 차단하였는가?

4단계에서 고객의 욕구와 상품이 연결되었다면 5단계는 구매를 권유하여 결제까지 마무리하는 과정이다. 처음부터 노골적으로 구매를 강요받는다는 느낌이 들면 고객은 부담을 느끼거나 저항하는 심리가 생긴다. 고객이 주도적으로 구매하게 만들기 위해서는 충분한 라포관계가 형성되었는지를 먼저 확인해야 한다. 고객이 세일즈맨이나 상품에 라포가 형성되지 않았다면 마무리를 위해 절대로 고객을 궁지로 몰아넣어서는 안 된다. 라포가 형성되지 않은 상태에서의 구매 강요는 고객의 도피 심리를 자극한다.

고객과의 라포가 형성되었다면 상품 구매를 위한 결제나 계약은 고객의 마음이 바뀌지 않도록 바로 진행해야 한다. 고객이 심리적으로 문제와 해결 상황에 몰입되고 있을 때 결제와 계약이 이루어져야 하는 것이다. 바로 마무리를 해야 하는 이유는 시간이 지나면 고객의 마음은 심리적 간섭에 의해 언제든지 변화할 수 있기 때문이다.

구매 행동 대응

고객의 구매 행동을 이끌어낼 수 있는 화법을 통해 적극적인 권유를 하는 기법이다. 고객의 결정이 구매행위로 이어질 수 있도록 적극적인 대응을 한다.

- 소극적 대응
  ☞ 지금 구매하실 수 있으신가요?
- 적극적 대응
  ☞ 상품이 마음에 흡족하셨다면 바로 결정을 내리시죠.
  결제를 편하게 도와드리도록 하겠습니다.

- 소극적 대응
  ☞ 저희 상품이 어땠나요?
- 적극적 대응
  ☞ 고객님께서 저희 상품에 대한 호감이 생겼다면 결정하시는데
  큰 도움이 될 것입니다.

- 소극적 대응
  - ☞ 다른 상품과 비교해서 저희 상품이 어떤가요?
- 적극적 대응
  - ☞ 수준이 낮은 다른 상품을 구매하신 후 후회하거나 손해 보는 것보다 지금 바로 품질이 보장된 이 상품을 선택하는 현명한 결단이 필요하지 않을까요?

논쟁 피하기

　세일즈맨도 사람이기 때문에 때로는 고객과 감정적인 대립이나 논쟁을 벌이는 경우도 있다. 고객의 말이 일관성이 없거나 언행이 일치되지 않을 때 논쟁이 생길 수 있기 때문이다. 하지만 어떤 경우에도 고객의 가치관과 의견에 정면으로 맞서는 말이나 행동을 해서는 안 된다. 고객과의 논쟁은 이겨도 지는 것이고 오히려 적을 만들게 될 뿐이다.

　논쟁은 고객을 놓치는 가장 쉬운 선택이 된다. 고객은 논쟁의 대상이 아니라 존중과 수용의 대상이다. 그렇기 때문에 탁월한 능력을 가진 세일즈 고수는 고객의 의견을 먼저 인정해주고 수용과 공감을 통해 라포를 형성한다. 고객이 주장하는 문제가 해결가능한 일이라는 수용적이고 공감적인 자세와 그것이 상품 구매를 통하여 문제가 되지 않게 된다는 것을 고객이 느끼도록 자연스럽게 반응하는 것이 필요하다. 논쟁을 준비한 고객에게 수용과 존중을 전해주면 오히려 충성고객으로 전환될 가능성이 높아진다.

【사례】

(고객) 네, 상품을 잘 봤습니다. 이곳에 진열된 상품은 괜찮은데 가격이 다른 곳보다 더 비싼 것 같네요.

(세일즈맨) 그러세요? 고객님은 마음에 드는 좋은 상품을 합리적인 가격에 구입하기를 원하시는군요.

(고객) 네, 그렇죠.

(세일즈맨) 네, 고객님. 가격에 관한 말씀을 해주신 것에 대해 충분히 공감합니다. 네, 맞아요. 고객님이 잘 알고 계시는군요.

저희 상품이 조금 더 비싼데도 불구하고 소비자분들이 선택하는 이유가 무엇일까요?

그것은 이 상품만이 가진 특별한 가치가 있기 때문에 많은 고객분들이 합리적인 선택을 해주셨습니다.

많은 고객분들이 저희 상품을 합리적이라고 말하는 가치가 궁금하지 않으신가요?

(고객) 무슨 특별한 가치가 있나요?

(세일즈맨) 네, 그것은...

지속적 라포형성

감자나 땅콩줄기를 뽑아올리면 땅 속에 묻혀있던 감자와 땅콩이 서로 엉킨 채 함께 뽑혀 올라온다. 5단계에서 구매와 결제가 완료된 이후에 사후관리를 어떻게 하느냐에 따라 고객과의 관계가 결정된다.

고객과의 지속적인 관계 형성과 발전을 위해 상품을 한번 판매한 것이 끝이 아니라 새로운 판매를 위한 시작이라고 봐야한다.

고객에게 감사의 마음과 호감을 계속적으로 전달할 수 있는 연결을 만들어 관리하는 노력이 필요하다. 한번 고객은 영원한 고객이라는 신념으로 호혜성의 원리를 적용하여 고객의 마음에 빚을 지워야 한다.

그렇기 때문에 고객과의 소중한 관계를 일회성에 그치는 것이 아니라 끈끈한 라포를 형성하여 장기적으로 지속적인 관계를 맺을 수 있는 관리가 필요한 것이다.

지속적 관계 형성의 목적이 단순히 재판매, 관련 상품 판매 등 세일즈맨의 영업이익만을 추구하는 방향으로 흘러가서는 안 된다. 그런 가식적이고 이해관계적인 모습은 고객이 먼저 알아차린다. 인간적인 관계 형성이 먼저인 이유는 사람 따라 모든 것이 이끌려오기 때문이다.

고객과의 인간적인 라포가 강하게 형성되면 재판매, 관련 상품 판매는 자동적으로 이어지며 추종하는 충성고객이 생기게 된다.

- 향후 재판매가 가능해진다.
- 관련 상품 판매가 가능해진다.
- 충성고객이 입소문을 내준다.
- 충성고객이 판매원 역할을 해준다.

세일즈맨은 '고객이 먼저다', '한번 고객은 영원한 고객이다'는 마음가

짐과 태도로 고객을 존중하고 최상의 서비스를 제공해야 한다.

현실적으로는 상품 판매가 세일즈맨의 목표이지만 세일즈맨의 마음과 태도는 언제나 고객행복이 최고의 가치가 되어야 한다. 세일즈맨이 단기적 성과에 집착하여 돈을 먼저 생각하는 순간 작은 돈을 벌 수 있을지 모르지만 큰 돈은 멀어진다. 한번 고객은 영원한 고객으로 관계를 이어갈 수 있는 고객과의 지속적인 라포형성을 통해 충성고객을 만들 수 있어야 한다.

고객의 마음을 빚진 상태로 만들어 줄 수 있는 세일즈맨의 인간적인 태도에 의해 고객과의 라포가 끈끈하게 형성될 때 큰 돈은 고객의 등 뒤에 숨어서 소리 없이 들어온다. 마음이 빚진 상태에 있는 고객은 어떠한 방법으로든 빚진 마음상태를 편안하게 만들기 위해 노력하게 된다. 호혜성의 원칙에 의해 마음의 빛을 진 고객의 구전이 세일즈맨의 성공에 도움을 주게 되는 것이다.

Part 4

라포형성과 이끌기

라포

고객과 세일즈맨 사이에 형성된 신뢰, 협응, 촉진관계를 라포라고 한다. 세일즈의 기본적인 성공전략은 고객과의 라포를 단단하게 형성하는 것이다. 라포형성은 고객의 구매 욕구를 자극하여 구매행위가 일어나도록 영향력을 행사할 수 있는 절대적인 전제이다. 판매가 이루어지기 위해서는 상품의 우수성도 중요하지만 세일즈맨의 라포형성 능력과 서비스도 매우 중요하다.

세일즈맨의 역할과 형성된 라포의 강도에 따라 상품의 가치와 우수성이 고객과 연결되어 구매를 결정하는 기준이 된다. 세일즈맨이 자신의 시간과 서비스를 고객에게 제공해주고 고객으로부터 인정을 받게 되면 고객은 마음의 빗장을 풀고 라포를 형성한다. 다른 상품과 다른 세일즈맨을 찾지 않고 충성고객이 되는 핵심 키는 고객과의 단단한 라포형성에 있는 것이다.

사람들의 심리는 자신과 비슷하거나 공통적인 부분을 공유하고 있는 상대에 대해 편안함과 친밀감을 느끼게 된다. 멀리 타지에서 고향 사람을 만나거나 외국에서 한국 사람을 만나면 오래전부터 알고 지내던 사람처럼 친밀감을 느끼며 상호 신뢰를 형성하기 쉬워진다. 이것은 서로가 하나로서 느끼는 공통점이 있기 때문이다.

고객과 라포를 형성하기 위한 최고의 방법은 고객에게 관심을 기울이고 경청해주며 공감하는 것이다. 고객의 마음과 말, 행동을 그대로 수용하고 보조를 맞추어주게 되면 일치가 되어 감정이 이입되고 동질감을 느끼게 되면서 라포가 쉽게 형성된다. 고객의 문제와 욕구가 세일즈맨의 문제와 욕구가 되는 일치된 상태가 될 때 영향력이 전해지는 진정한 라포관계가 형성되는 것이다.

고객과 일치된다는 것은 세일즈맨 자신이 또 다른 고객이 되는 것으로 '세일즈맨은 존재하지 않고 두 명의 고객만 있는 상태'라고 할 수 있다. 궁극적으로 라포를 형성하는 목적은 고객의 구매 욕구를 충족시켜 고객이 더 만족하고 행복할 수 있도록 세일즈맨이 긍정적인 영향력을 행사하는 것이다.

고객에게 일치시키기

라포는 일치시키기를 통해 하나로 느껴질 때 형성된다.
고객과의 일치시키기를 위해서 고객의 언어적, 비언어적 반응에 세일즈맨이 동일하게 맞추어주면서 하나가 되는 것을 '매칭'이라고 한다.
매칭은 언어와 비언어적인 부분을 통합해서 복합적으로 이루어진다.
고객과의 호흡을 맞추거나 신체적인 움직임, 표정, 언어, 감정상태까지 동일하게 공유하면서 일치시켜나간다. 효율적인 매칭을 위해서는 캘리브레이션을 통해 현재 일어나고 있는 고객의 변화나 상황에 대한 정보를 연속적으로 제공받아야 한다.

■ 고객의 자세와 반응에 일치시키기

- 고객의 움직임에 일치시키기
- 고객의 음성에 일치시키기
- 고객의 호흡에 일치시키기
- 고객의 선호표상체계에 일치시키기
- 고객의 말에 일치시키기
- 고객의 가치관에 일치시키기
- 고객의 감정에 일치시키기
- 고객과 유목화하여 일치시키기

이상과 같이 고객에게 맞추어주며 일치시키는 과정에서 매칭이 되는 기법을 '페이싱'이라고 부른다. 페이싱을 위해서 고객을 캘리브레이션하여 고객을 모델링 할 수 있어야 한다.

절대적인 사실에 근거하여 고객이 반론이나 저항을 하지 못하도록 맞추어주게 되면 세일즈맨과 일치된 언행을 통해 고객이 동질감을 느끼게 된다. 고객이 자신과 닮은 세일즈맨의 반응과 태도를 보며 신뢰를 형성하게 되는 이유는 자신과 동일하게 비치는 상대에 대해서는 잠재의식 차원에서 경계를 해제하여 라포를 쉽게 형성하기 때문이다.

【예문】
- 고객님이 오랫동안 운동을 하셔서 강한 기운이 느껴집니다.
  저도 운동을 많이 했지만 고객님처럼 강한 기운을 갖고 있지는 못합니다.

- 고객님과 저는 생각도 비슷하고 성장환경도 비슷한 것이 공통점을 너무 많이 갖고 있어요.
- 저는 항상 고객님의 이익을 최우선적으로 생각합니다.
- 저도 고객님과 같은 생각이며 고객님의 판단을 존경합니다.
- 저는 어려움을 해결해나가는 고객님의 도전정신과 열정을 좋아합니다. 제가 고객님을 좋아하는 만큼 고객님을 위해 제안하는 방식도 고객님께서 마음에 들어 할 것입니다.
- 그동안 저와 함께 했던 귀한 시간과 인연이 고객님께 큰 도움이 되었으며 좋겠습니다.
- 타향에서 고향 사람을 만나면 무척 반갑죠.
  특히 고객님은 저의 이웃 마을에서 함께 자랐고 어릴 때 학교도 같은 곳을 나왔군요. 너무 반갑습니다.

페이싱의 실천

고객을 이끌기 위해서는 바람직한 목표를 설정하고 그 방향으로 가기 위한 세일즈맨의 서포터 역할이 필요하다. 고객의 변화를 이끌기 위해 맞추기를 통한 라포형성이 먼저이다. 라포가 형성되면 고객을 변화시키는 것이 쉬워진다.

- 고객과의 호흡패턴 맞추기

- 고객과의 언어패턴 맞추기
- 고객과의 행동 맞추기
- 고객의 생각 맞추기
- 고객과의 감정 맞추기

∴ 호흡

사람은 잠시라도 숨을 쉬지 않고 살 수는 없다.

이렇게 중요한 호흡은 잠재의식에서 통합적으로 조정하고 유지한다.

고객마다 각자의 호흡패턴이 있다. 호흡패턴은 잠재의식에서 통제하고 있기 때문에 호흡을 맞추게 되면 고객의 잠재의식에 접근할 수 있는 통로를 찾게 되는 것이다. 고객의 호흡이 빠른지 느린지 깊은지 얕은지를 파악하고 호흡패턴을 분석하는 것이 필요하다.

고객의 호흡패턴을 캘리브레이션하여 속도와 깊이를 맞추어야 한다. 고객이 숨을 들이쉴 때 함께 들이쉬고 내쉴 때 함께 내쉬기를 반복하면 호흡의 흐름이 매칭된다. 호흡은 잠재의식에서 통제하고 있기 때문에 호흡을 맞춘다는 것은 잠재의식 차원에서 고객과 하나가 되는 것과 같은 것이다.

∴ 언어

우리의 경험이 뇌에 기억될 때는 감정이 연합되고 언어로 부호화되어 저장된다. 그래서 특정한 언어를 불러내면 특정한 정서가 함께 불려나오게 된다. 말은 마음을 만드는 뇌신경과 연결되어 있어 말을 일치시키게 되면 고객의 마음을 쉽게 만날 수 있다. 그래서 고객이 어떤 말을 반복적으로 사용하는지를 분석하여 많이 사용하는 핵심적인 말을 함께 사용하면 라포형성에 도움이 되는 것이다.

고객과 쉽게 라포를 형성하기 위해서 고객의 말투나 높낮이, 억양을 유사하게 맞추어준다. 대부분의 말은 잠재의식 차원에서 표출되기 때문에 고객이 무심코 자주 사용하는 말을 함께 사용하면 고객의 잠재의식에 일치시키기가 되어 라포가 형성될 수밖에 없다. 특히 고객의 관심사나 선호표상체계에 맞는 언어를 사용하는 것도 라포를 형성하는데 아주 긍정적인 효과를 얻을 수 있다.

언어적 페이싱을 할 때는 자연스럽게 해야 한다. 너무 가식적이고 조작적인 느낌이 들면 고객의 저항을 높이게 되어 라포관계가 오히려 손상될 수 있기 때문이다.

∴ 행동

고객의 잠재의식은 세일즈맨의 모든 태도와 행동을 캘리브레이션하고 있기 때문에 고객의 태도와 행동에 일치시키게 되면 하나로 받아들여 자연스럽게 라포를 형성한다. 고객의 태도와 행동을 표나지 않게 따라 하는 과정에서 세일즈맨과의 동질감과 일치감을 느끼게 되는 것이다. 고객의 자세, 고개 숙이기, 다리 꼬기, 팔짱 끼기, 손의 움직임, 발의 움직임 등을 캘리브레이션하며 자연스럽게 일치시켜나간다.

- 일치시키기
- 거울 반응하기
- 교차 거울 반응하기

고객이 눈치채지 못하는 수준의 맞추기를 해야 하며 고객이 의식하면 불쾌해하거나 역효과가 날 수 있기 때문에 주의해야 한다.
일치시키기는 고객이 오른손을 들면 세일즈맨도 오른손을 들어 올리는 식으로 맞추기를 하는 것이다.

거울 반응하기는 고객이 오른손을 들면 세일즈맨은 왼손을 들어 올림으로써 거울과 같은 역할을 하게 된다. 그리고 교차 거울 반응하기는 고객이 오른팔을 흔들면 세일즈맨은 오른쪽 무릎을 흔드는 방법으로 맞추기를 하는 것이다. 이러한 맞추기는 잠재의식 차원에서 공통적인 동작에 대한 일치시키기가 되어 라포를 형성하는데 도움이 된다.

∴ 생각

세일즈맨은 고객의 가치관에 동의하는 것이 아니라 고객의 생각을 존중하고 맞추어주는 것이다. 세일즈맨의 긍정적인 의도는 고객의 구매행위를 유도하여 원하는 결과를 얻는 것이지 고객의 가치관에 동의하는 것이 아니다. 고객의 가치관에 동의해야 된다는 함정에 빠지게 되면 고객과 불필요한 논쟁에 빠질 수도 있기 때문에 주의해야 한다.

고객의 생각을 맞추어주게 되면 고객과 자연스럽게 보조를 맞출 수 있게 된다. 고객의 가치관은 삶의 핵심이다. 핵심인 가치관과 사고에 대해 존중하며 함께 공유할 수 있다면 라포형성이 쉬워진다. 고객의 가치관과 생각을 있는 그대로 수용하고 고객의 생각을 세일즈맨이 대변해줄 수 있을 때 고객은 일치감을 느낀다.

고객의 생각에 공감하며 세일즈맨이 고객과 같은 생각을 한다는 느낌이 들도록 일치감을 전해주고 고객의 생각을 전적으로 지지하고 있음을 밝힌다. 역지사지의 마음으로 고객의 입장에서 먼저 생각하고 맞추어준다. 그리고 현재의 상황을 세일즈맨이 가진 자기중심적 경계에서 벗어나 객관적으로 보고 고객의 관점에서 본 후에 세일즈맨 자신의 위치에서 맞추기를 한다.

∴ 감정

인간은 이성적인 존재이다. 하지만 감정이 격해지면 이성의 기능은 정지된다. 이성적인 뇌는 집행에 대한 기능을 할 뿐 중요한 선택과 판단은 이미 감정의 뇌에서 느낌과 정서로 결정하는 것이며 이성적인 뇌가 최종적으로 한 번 더 정리정돈하여 집행하게 되는 것이다.

그래서 감정적인 뇌에 접근을 할 수 있게 되면 말 한마디로 천 냥 빚을 갚는 비이성적인 행동을 이끌어낼 수가 있게 된다. 왜냐하면 말 한마디로 천 냥 빚을 갚는다라는 말은 이성의 뇌에서는 도저히 이해할 수 없는 불일치이기 때문에 수용할 수가 없다. 하지만 상대의 감정에 일치시키기를 할 수 있게 되면 감정의 뇌가 동요되어 상식 밖의 판단과 행동을 유도할 수도 있게 된다.

세일즈맨이 고객의 감정에 맞추기를 할 수 있게 되면 고객의 동의와 협조를 쉽게 구할 수 있으며 구매를 촉진하는 라포관계도 쉽게 형성할 수가 있다. 심지어 화가 난 상태의 고객에게 감정을 수용하고 공감하여 맞추어주기를 하게 되면 일치시키기가 되어 오히려 충성고객으로 변화하여 아주 끈끈한 라포를 형성하게 된다. 고객의 감정을 맞추어줄 수 있다면 잠재의식 차원에서 일치가 되어 아주 끈끈한 유대와 라포관계로 발전할 수가 있다. 감정을 드러내지 않는 고객보다 부정적인 감정이라도 드러내는 고객이 더 좋은 것이다.

라포 구축

사람을 처음 만났을 때의 느낌이나 이미지를 '첫인상'이라고 한다. 첫인상은 다른 사람을 판단하는 자기중심적 기준이 되면서 그것이 절대적으로 옳다는 주관적 믿음을 갖게 만들기 때문에 이후에 주어지는 자극과 정보를 순수하게 받아들이지 못하고 먼저 형성된 첫인상의 프레임에 의해 왜곡시키고 조작해서 받아들이게 된다.

첫인상이 강력한 프레임이 되는 이유는 뇌가 처음 들어온 정보를 받아들이기 위해서는 그 정보를 믿어야 하며 믿음으로 받아들인 정보는 일관성을 가지기 때문이다. 그래서 자신이 주관적으로 경험한 첫인상이 절대적으로 옳다고 믿으며 그것을 바꾸지 않고 지키려는 심리적 패턴이 만들어지는 것이다.

그렇기 때문에 탁월한 능력을 지닌 세일즈 고수는 고객과의 첫 만남부터 제한된 시간과 상황에서 빠르게 라포를 쌓을 수 있는 능력을 가지고 있다. 빠르면 빠를수록 좋은 것이 고객과의 라포형성이다.

한번 라포가 형성되어 작동되면 이후의 모든 사고와 행동이 라포의 영향을 받기 때문에 라포형성은 빠를수록 좋은 것이다.

∴ 미러링

미러링이란 거울에 비친 모습이 자신의 행동을 따라하면서 자신과 하나가 되는 것이다. 고객의 태도와 행동을 거울에 비친 것처럼 따라함으로써 고객과 하나가 되어 아주 빠른 라포관계를 구축한다.

고객은 자신과 같은 행동을 하는 대상에 대해서는 라포를 쉽게 형성한다. 미러링은 누구나 언제든 쉽고 빠르게 사용이 가능하며 조금만 연습하면 쉽고 간단하게 학습하여 자연스럽게 활용이 가능하다.

미러링은 신체적인 매칭을 빠르게 구현하여 동질감과 일치감을 강하게 느끼게 함으로써 라포를 빠르게 형성할 수 있게 해준다.

미러링을 할 때는 고객이 눈치채지 못하게 자연스럽게 하는 것이 중요하며 가식적이고 인위적인 흉내내기는 고객과의 신뢰를 무너뜨리고 저항과 경계심만 높이게 되는 부작용이 나타난다.

∴ 백트랙

백트랙이란 고객이 자주 사용하는 언어를 반복해서 따라하는 것을 말한다. 고객의 말을 되뇌이며 그대로 반복해서 말해주는 화법이다. 고객은 자신의 생각과 말이 세일즈맨에게 수용되지 못하면 서운해하며 마음의 문을 닫아버린다. 반대로 고객이 한 말을 되풀이해주게 되면 일치감과 존중받는 느낌이 들어 세일즈맨이 자신의 말에 경청하고 있다는 느낌이 들면서 라포관계를 형성하게 된다.

백트랙은 고객과의 일반적인 커뮤니케이션 상황에서 쉽게 활용이 가능하다. 고객의 말을 그대로 따라 사용하기 때문에 고객의 저항과 마찰을 피할 수 있으며 고객을 쉽게 대화에 동참시켜 이끌어갈 수 있다. 백트랙을 할 때 세일즈맨이 앵무새같이 따라 하는 영혼 없는 말이 되지 않게 주의해야 한다. 고객이 백트랙을 눈치채지 못하도록 자연스럽게 하는 것이 중요하며 고객의 표현에 대해 수용과 경청을 하고 진지한 표정과 피드백을 제공해주는 것이 필요하다.

【사례_1】

(고객) 최신 컴퓨터를 구경하고 싶어서 왔습니다.

　　　자유롭게 천천히 구경해도 될까요?

(세일즈맨) 네, 자유롭게 천천히 둘러보세요.

　　　이쪽으로 오셔서 최신 컴퓨터를 구경해보세요.

　　　여기에 최신 컴퓨터를 함께 진열해두었습니다.

【사례_2】

(고객) 이 상품은 성능도 마음에 들고 디자인도 좋은데 솔직히 가격
　　　이 좀 비싸서 부담스럽네요.

(세일즈맨) 네, 고객님. 상품은 마음에 드시는데 가격이 비싸서 약간
　　　고민하고 계시군요.

【사례_3】

(고객) A 상품보다 B 상품이 더 좋은 것 같아요.

(세일즈맨) 그래요? 진열된 두 가지 상품 중에서 A 상품보다 B 상품
　　　이 더 좋게 보인다는 말씀이군요. 역시 좋은 상품을 선택
　　　하시는 안목이 탁월하십니다.

【사례_4】

(고객) 전에도 비슷한 상품을 구매했었는데 별로였어요.

(세일즈맨) 아, 그랬군요. 전에도 비슷한 상품을 구매하셨는데 어떤
　　　문제가 있었나요?

【사례_5】

(고객) 이 차는 성능과 디자인이 정말 마음에 드는군요.
　　　그런데 솔직히 가격이 좀 부담스럽네요.

(세일즈맨) 성능과 디자인은 마음에 드신다고 하니 정말 다행입니다.
　　　맞습니다. 고객님의 말씀대로 이 차가 가진 뿌리칠 수 없

는 매력은 최고의 성능과 디자인 때문이죠.

역시 좋은 차를 보시는 안목이 뛰어나군요. 이 차의 매력이 가격의 부담스러움을 충분히 극복할 수 있을 만큼 고객님의 마음을 유혹하지 않나요?

그리고 고객님은 이 정도의 가격에 최고의 성능과 매혹적인 디자인을 자랑하는 이 차의 주인이 되는 선택을 할 수 있을 것 같은데요.

고객의 저항방지

고객의 생각을 읽고 고객의 저항을 예상하여 먼저 이야기함으로써 고객과의 심리적 일치감을 느끼게 한 후 저항을 못하게 한다.

고객의 생각을 자신이 잘 알고 있다고 독단하는 것으로써 직접적인 증명이나 증거도 없이 내적 심리상태를 추측하거나 짐작하여 사실인 것처럼 말하고 일치시키는 마음읽기 화법이다.

그러면서 고객의 저항을 수용하고 공감함으로써 감정이입이 된다.

예상되는 고객의 저항이나 반대 의견을 세일즈맨이 먼저 이야기함으로써 문제에 대한 초점을 흐리고 원하는 것에 초점을 전환시킬 수 있는 방법이다. 고객의 반발이나 저항이 표출되고 나면 고객은 자신의 말에 대해 일관성을 유지하려는 '사전 개입 효과'가 나타나기 때문에 저항을 예상하고 먼저 선수를 치는 것이 효과적이다.

이 기법을 활용하기 위해서는 고객이 어떤 부분에 반발이나 저항이 있을지에 대해 미리 파악하는 것이 도움이 된다. 고객이 불만이나 저항을 하기 위해 준비한 내용을 세일즈맨이 먼저 이야기함으로써 고객의 저항을 무력화시키는 방법이다. 고객은 자신의 저항을 미리 언급하는 세일즈맨에게 신뢰를 보내며 마음의 경계를 없애고 그다음 이야기에 귀 기울이게 된다.

【사례_1】

(세일즈맨) 요즘 믿고 먹을 수 있는 건강식품을 선택하기가 쉽지 않습니다. 그렇다고 이것저것 아무거나 많이 섭취한다고 좋은 건 아닌데 말이죠. 고객님도 잘 알고 계시겠지만 믿을 수 없는 건강식품을 남용해서 오히려 건강을 해치는 사람들을 많이 볼 수 있잖아요.

(고객) 맞아요.

(세일즈맨) 믿을 수 있는 제품이 없다고 우리의 소중한 건강을 관리하지 않을 수는 없지 않겠습니까?

그래서 확실히 믿고 검증된 상품을 선택하는 것이 중요한 것입니다. 이 상품은 제가 3년 동안 복용하고 있고 주변 사람들도 이 상품을 복용한 후 10년은 더 젊어지고 건강해졌다고 자랑을 합니다. 바로 이 상품이죠. 이 상품은 아무에게나 소개해드리지 않습니다. 이 상품의 가치를 알 수 있는 고객님께만 특별히 소개해드리는 것입니다.

【사례_2】

(고객) 요즘 광고를 보면 어느 상품이 더 믿음이 가는지를 알 수가 없어요. 이 상품에 대해 자세히 설명을 듣고 싶은데 가능할지 모르겠네요.

(세일즈맨) 네, 얼마든지 가능합니다. 지금부터 제가 짧은 시간에 고객님을 위해 이 상품의 특성에 대해 설명드리겠습니다.

화장품 회사의 광고를 보고 있으면 마치 할머니가 소녀로 변할 수 있다는 착각이 들 정도로 모두가 좋은 제품인 것 같습니다. 그렇다고 아무 화장품이나 막 사용하여 10년씩 젊어진다는 것은 완전한 거짓말이죠.

어떻게 그런 일이 가능하겠습니까?

그런데 그 거짓말 같은 이야기가 우리 눈앞에 사실로 증명되었습니다. 바로 이 상품이죠. 이 상품은 노화예방과 개선에 가장 효과가 탁월한 성분만 함유되어 있어 주변 사람들로부터 얼굴이 '동안'이라는 소리를 듣게 해줍니다. 제 주변에 많은 사람들이 이 상품을 사용하시고 10년 이상 더 젊어진 기분으로 삶의 활력을 얻고 있다고 합니다. 지금 고객님이 보고 계신 이 상품이 우리의 젊음과 활력을 되찾아주는 특허받은 상품입니다.

손을 펴보세요. 그리고 얼굴에 문질러보세요.

왜 이 상품이 많은 사람들에게 사랑을 받고 있는지 확실한 차이를 느낄 수 있을 것입니다.

이끌기

 이끌기는 고객의 긍정적 변화를 위한 영향력을 행사하고 특정한 방향으로 유도하는 기술이다. 고객을 이끌기 위해서 먼저 전제되어야 하는 것이 맞추기를 통한 고객과의 충분한 라포형성이다. 세일즈맨이 고객과의 라포를 형성하는 목적은 고객의 구매결정을 도와주는 긍정적인 영향력을 행사하기 위해서이다.

 낚시를 잘하는 사람은 물고기를 잡기 위해 물고기가 좋아하는 미끼를 먼저 제공해준다. 고객을 리드하고 싶다면 먼저 고객에게 맞추어주고 라포를 형성할 수 있어야 한다. 라포가 형성되면 고객을 세일즈맨이 원하는 방향으로 이끌 수 있게 되며 고객과의 대화와 상담에서 주도권을 갖게 된다. 이끌기는 맞추기와 라포를 전제로 이루어진다.
고객과의 신뢰감을 더욱 강화하는 방법, 상품의 우수성을 이야기하는 방법, 고객의 주의의 폭과 각성의 높낮이를 조절하는 방법 등 이끌기는 여러 방향으로 활용이 가능하다.

접속사

 보통 세일즈맨들은 고객의 말을 부정하거나 전환시키기 위해서 '그러나', '그런데'라는 접속사를 자주 사용한다. 반면에 세일즈 고수는 '그리고'라는 접속사를 많이 사용한다. 고객의 말에 세일즈맨이 '그러나'를 사용하게 되면 고객은 자신의 생각이 무시당하는 느낌을 가지며 심리적으로 저항하게 된다. '사전 개입'의 심리기전이 발현되면서 이기려는 대화가 진행될 가능성이 높아지기 때문에 논쟁으로 발전되어 고객과의 라포가 무너진다.

고객의 말에 '그리고'를 사용하게 되면 고객의 생각을 수용하기 때문에 저항을 낮추며 상담의 긍정적인 결과를 얻을 수 있다.

'그리고'를 사용하는 순간 문제에 대한 초점이 흐려지면서 세일즈맨의 의도된 암시가 전달된다. 고객의 마음을 얻기 위해서는 먼저 고객이 존중받고 공감받는 느낌이 들 수 있도록 고객과 갈등이 적게 생기는 '그리고'라는 접속사를 사용해야 한다. 인간의 뇌는 한순간에 한 가지 일밖에 처리하지 못한다. 한 번에 하나의 정보만을 처리하는 의식적 패턴을 깰 수 있는 역할을 하는 것이 '그리고'라는 접속사이다.

【사례】

(세일즈맨) 고객님, 렌터카는 혹시 있을 사고를 대비해서 보험을 별도로 가입을 하시는 것이 안전합니다.

(고객) 하루만 운전할 텐데 굳이 비싼 보험에 가입할 필요성을 느끼지 못하겠어요.

(세일즈맨) 네, 맞습니다. 고객님.

그리고 보험이 중요하다는 것은 누구나 잘 알지만 하루 운전에 비싼 보험이 심리적 부담을 갖게 하죠.

'그리고' 얼마 전에 가벼운 접촉사고로 300만 원의 수리비를 부담하신 고객이 있어 미리 안내해드린 것입니다.

(고객) 그래요?

예스셋

고객을 이끌기 위해서 많이 활용하는 언어패턴이 예스셋이다.
절대적으로 진실인 이야기나 반론이 불가한 말을 먼저 하다가 세일즈맨
이 이끌고자 하는 이야기를 하게 되면 고객은 저항하지 못하고 수용하
게 된다. 상담의 핵심적인 언어패턴이라고 할 수 있다.

절대 진실과 반론 불가에 대한 질문에 '예'로 대답했다면 그 이후에
나오는 질문에 '예'로 대답할 가능성이 매우 높아지는 심리기전을 활용
한 언어패턴이다. 이것은 뇌가 가진 착각의 기능으로서 일관성을 유지
하려는 심리적 경향성에 의해서 생긴다. 계속 제공되는 긍정이 입력되
면 긍정에 저항하지 못하고 일치된 상태에서 현재 의식이 제 기능을 하
지 못하는 맹점이 생기게 되는 것이다.

'예'라는 대답이 3회 이상 반복되면 뒤에 따라 나오는 말도 당연히
'예'라고 인식할 확률이 높아지게 된다. 그래서 고객은 순간적으로 자신
의 생각과 차이나는 내용에 대해서도 '예'라는 대답과 함께 그것을 지
키려는 행동을 할 가능성이 높아진다. 고객이 절대 부정할 수 없는 이
야기를 몇 가지 한 후에 '그리고'라는 접속사로 초점을 자연스럽게 선회
하여 세일즈맨이 원하는 '예'라는 답을 얻을 수 있다.

∴ 예스셋 공식

- 부정할 수 없는 말 + 부정할 수 없는 말
  + 부정할 수 없는 말 + 이끌기
- 부정할 수 없는 말 + 부정할 수 없는 말 + 부정할 수 없는 말
  + 이끌기 + 부정할 수 없는 말 + 부정할 수 없는 말 + 이끌기
  + 부정할 수 없는 말 + 이끌기

예스셋은 세일즈에서 많이 활용되는 언어패턴이며 고객의 욕구를 자극할 때나 욕구를 확인할 때, 구매결정을 유도하고 상품을 주문하게 할 때도 자주 사용한다.

【예문_1】

- 안녕하세요? 박영찬 고객님 맞으시죠?

  72년생이시고 부산에 거주하고 계시죠?

  그렇지 않습니까?

  그리고 저희 상품에 가입되어 계시죠?

  네, 친절하게 대답해주셔서 너무나 감사드립니다.

  오늘 즐거운 상담이 될 것 같네요.

【예문_2】

- 고객님께서 제 말을 듣고 계시면서 눈을 감고 호흡을 편안하게 하

는 동안 마음이 보다 더 편안해짐을 느끼며 이 안마기가 얼마나 고객님께 필요한 것인지를 확실히 아시게 될 것입니다.

【예문_3】

■ 고객님, 오늘 두 번째 만남이네요.

저번에는 추운 겨울에 눈 오는 날 만났었는데 오늘은 봄비가 내리는 날에 만났네요. 우리의 만남이 이렇게 의미가 있듯이 이 상품과의 만남도 고객님과 좋은 인연이 될 것 같습니다.

부가의문문

세일즈맨의 진술문 뒤에 부가되는 질문으로 고객의 저항방지를 위해 표현하는 화법이다. 진술문 마지막에 첨가되어 앞부분의 진술문에 대한 확고한 믿음을 갖도록 강요하는 형식이며 고객이 대답하는 순간 저항을 할 수 없는 상태가 된다.

예스셋과 함께 연결하여 사용하면 강력한 구속력을 가지는 언어패턴이다. 이 화법은 고객을 좀 더 강하게 이끌기를 해야 할 때 사용하면 효과가 좋다. 문장의 어미를 높게 되면 고객의 긍정적인 대답을 유도할 수 있고 어미를 내리면 명령문으로 전달된다.

■ 그렇지 않나요? 그렇죠?

- 안 할 것이죠? 할 것이죠?

- 그렇지 않았습니까? 그렇지 않을까요?

- 함께 할 것이죠? 안 그런가요?

- 그렇지 않습니까? 포기하실 건가요?

- 맞죠? 맞지 않나요?

- 확실하죠? 그럴 수 없을까요?

【예문_1】

- 고객님께서 상품을 직접 보셨고 샘플도 사용해보시고 효과도 인정하셨으니 계속 사용할 일만 남았네요. (진술문)

  그렇지 않습니까? (부가의문문)

【예문_2】

- 고객님이 저희 매장을 직접 방문하시어 전시된 여러 차량을 비교하고 마음에 드는 차를 시승하였습니다. 직접 시승하시면서 차의 우수성을 한 번 더 체험하셨을 것으로 생각됩니다. (진술문)

  그렇지 않나요? (부가의문문)

【예문_3】

- 고객님과의 오랜 인연 덕분으로 제가 이렇게 성공할 수 있었습니다. 고객님은 언제나 저의 든든한 멘토이십니다. 제가 고객님을 얼마나 존경하고 있는지를 고객님도 잘 알 것이라고 생각합니다.

고객님도 잘 알고 계시죠?

인과관계

분명한 근거도 없이 두 가지 별개의 사실을 인과관계로 설명하여 'A'
로 인해서 'B'가 생겼다는 믿음을 갖게 하는 언어패턴이다.

어느 한 사건이 있다면 그 사건이 다른 사건을 일어나게 하는 원인으로
작용된다는 사실을 암시하는 것으로 고객이 'A'를 수용하고 받아들이
면 'B'는 잠재의식 차원에서 사실로 받아들여 믿음을 만들고 그 믿음
이 고객을 통제하게 된다.

이 언어패턴은 논리적인 상관성을 무시한 채 가장 강한 수준의 연결
구조를 만든다. 세일즈맨이 이끌고자 하는 방향으로 강력하게 제시하
여 고객을 이끄는 것이다. 세일즈맨과 상품이 원인인 'A'가 되고 고객을
이끌고자 하는 결과가 'B'가 된다. 그래서 A를 받아들여 B를 만들게
하는 언어패턴이다.

- A는 고객님을 B로 만들 것입니다.

【예문_1】
- 이 차를 시승하는 순간 어떤 일이 벌어질지 저는 잘 모릅니다.
  왜냐하면 이 차를 시승하는 순간 차의 주인이 고객님이라는 사실

을 고객님이 느낄 수 있게 되기 때문입니다.

고객님이 이 차를 시승하신 후 마음에 들어 계약을 하신다면 후회 없는 선택이 될 것입니다.

【예문_2】

■ 아마 고객님이 차량을 시승하시고 나면 이 차의 매력에 빠져 즉시 계약하시게 될지도 모릅니다.

【예문_3】

■ 이 상품의 샘플을 너무 많이 사용하지 마세요.

왜냐하면 샘플을 한 번이라도 사용하게 되면 계속해서 사용하고 싶어질 테니까요.

【예문_4】

■ 고객님이 이 건강식품을 3개월만 꾸준히 드신다면 놀라운 변화를 직접 체험하시게 될 것입니다.

Part 5

선호표상체계와
관찰하기

표상체계의 이해

　어떤 경험이나 학습에서 선호감각은 사람들마다 서로 다를 수 있으며 특별히 우선적으로 사용하는 선호감각이 있다. 오감을 모두 사용하기도 하지만 대부분 분명한 선호표상체계를 가지고 있는 것이다.

이처럼 생각이나 경험과정에서 습관적으로 특정한 한 가지 내부감각을 더 많이 사용하게 되는데 이것을 선호표상체계라고 한다.

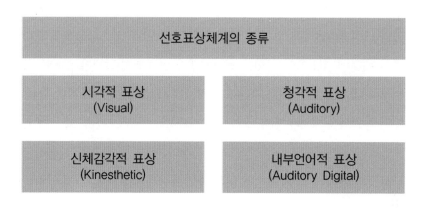

선호표상체계의 종류	
시각적 표상 (Visual)	청각적 표상 (Auditory)
신체감각적 표상 (Kinesthetic)	내부언어적 표상 (Auditory Digital)

　표상이란 외부의 어떤 상황이나 대상, 경험내용 또는 과거의 경험했던 것을 마음속에서 생각으로 생생하게 그려내는 것이다.

선호표상체계는 고객과의 커뮤니케이션에서 맞추기와 일치시키기를 위한 기술이 된다. 고객은 한 가지 상품을 볼 때 저마다 다른 자신만의 방식으로 보게 된다. 십인십색이라는 말처럼 모두가 각자의 선호표상체계로 상품을 보게 되는 것이다.

　같은 상품과 서비스라 할지라도 어떤 감각을 더 많이 사용하는가에 따라 다르게 받아들인다. 이와 같이 고객의 선호표상체계를 파악하여 맞추어줄 수 있다면 상담과 구매의 효율을 더 높일 수 있게 된다.

고객과 효과적인 커뮤니케이션을 하기 위해서는 캘리브레이션을 통해 고객의 선호표상체계를 파악한 후 맞추기를 통하여 고객의 구매 욕구를 자극해줄 수 있어야 한다.

고객의 선호표상체계를 활용하여 구매를 유도하기 위해서는 세일즈맨 자신의 선호표상체계를 먼저 알아야 한다. 그리고 잘 사용하지 않는 표상체계를 의식적으로라도 많이 사용하는 훈련을 반복하여 균형 있는 표상체계를 갖추는 것이 필요하다. 고객마다 선호표상체계가 다르기 때문에 세일즈맨 자신의 표상체계가 골고루 발달되어 있어야 하는 것이다. 그래야만 서로 다른 고객의 선호표상체계에 맞추기를 할 수 있는 유연성을 가지게 된다.

만약에 세일즈맨 자신이 선호표상체계의 한 가지 감각만 사용하는 편향성을 가지게 되면 자신과 다른 선호표상체계를 가진 고객에게 맞추기를 하는 것이 어려워진다. 자신의 균형있는 표상체계를 발달시킨 후에 캘리브레이션을 통해 고객의 선호표상체계를 파악하고 일치시키기를 통하여 고객과의 라포를 쉽게 형성할 수 있게 된다.

시각선호형

시각적인 선호표상체계를 갖고 있는 고객의 특징은 머릿속에 영상이나 그림, 이미지를 떠올리며 이야기하는 경향성을 갖고 있다.

떠오르는 영상과 그림에는 색상, 모양, 크기, 움직임 등의 많은 자료와 정보가 포함되어 있기 때문에 반응이 빠르다.

시각선호형 고객은 깔끔하고 정리정돈을 잘하며 소리에는 덜 민감하다. 언어 집중력이 떨어지므로 설명을 들었던 내용을 기억하기 어려워한다. 이야기나 상황을 설명할 때 시각적인 단어를 선호하며 시각적인 자극에 잘 반응하고 시각적인 묘사를 좋아하는 특성을 갖고 있다.

본다	밝은	초점	그림	상상
직관	전망	보기 좋다	반짝이는	보고싶다
날씬하다	뚱뚱하다	어둡다	눈부시다	주목하다
새하얀	새빨간	비치다	저녁노을	아름다운
날아간다	그리다	명확하다	투명하다	활짝 핀
경치	빛나다	비전	날카롭다	없어 보이는

시각선호형은 이상과 같은 단어를 잘 사용한다. 예를 들어 시각을 선호하는 고객의 상품 구매 전략은 상품의 포장이나 디자인과 색상, 다른 상품과의 비교, 남들이 어떻게 봐줄지에 대한 관심과 표현이 많다.

【예문】
- 전시된 여러 가지 상품을 천천히 살펴보도록 할게요.

  각 상품마다 특성을 비교해보려고요.

얼핏 보면 모든 상품이 비슷해 보이지만 자세히 관찰해보면 차이점을 발견할 수가 있죠. 상품을 조금만 신경써서 살펴보면 어느 것이 더 좋은 상품인지 알아볼 수가 있어요. 제가 보는 관점에서는 첫 번째 상품이 가장 좋아보이는데 그렇지 않나요?

∴ 시각선호형 관찰하기

시각선호형 고객은 표상체계 중에서 시각적인 표상의 비중이 높거나 우선적으로 사용한다. 시각선호형 고객은 '이왕이면 다홍치마'라는 말과 '보기 좋은 떡이 먹기 좋다'는 속담에 가장 잘 어울리는 표상체계를 가지고 있다. 외형적인 모습이나 외모에 대한 관심이 많기 때문에 남에게 어떻게 보이는가에 신경을 많이 쓴다.

- 보이는 것에 의미를 둔다.
- 옷차림에 신경을 많이 쓴다.
- 깔끔한 것을 좋아한다.
- 호흡이 빠르고 말을 빨리한다.
- 제스처를 잘한다.
- 눈을 위쪽으로 자주 뜬다.
- 정리정돈에 민감하다.
- 외모를 중시한다.
- 사람의 얼굴을 잘 기억한다.

∴ 시각선호형 고객의 상담전략

고객의 선호표상체계가 시각형이라면 고객이 자주 쓰는 단어와 특징을 파악하여 시각형 고객에 맞는 상담을 진행하여야 한다.
시각선호형 고객은 직업적으로는 미술, 그래픽, 건축, 인테리어, 패션 등의 분야에 종사하는 경우가 많다.

- 색상
- 디자인
- 전체적인 조화
- 자료
- 그림
- 이미지
- 증거

【예문】
- 이 차의 거부할 수 없는 유혹은 바로 디자인입니다.
  동급 차량에서 비교가 되지 않는 훌륭한 디자인 덕분에 고객님의 품격과 이미지가 달라보이게 될 것입니다.
- 이 차의 디자인이 마음에 드셨다면 고객님은 어떤 색상을 선호하시나요? 색상은 오로지 고객님의 취향대로 선택을 하시는 것이 맞다고 봅니다. 왜냐하면 이 차는 고객님의 동반자이면서 고객님

의 이미지가 되기 때문입니다.

■ 제가 볼 때 고객님은 디자인과 색상에 대한 감각이 탁월하신 것 같아 보입니다. 고객님같이 탁월한 감각을 가진 분들은 대부분 결정도 빨리하는 편이죠.

청각선호형

청각적인 선호표상체계를 갖고 있는 사람들의 특징은 소리와 언어에 민감한 반응을 보이는 경향이 있다. 커뮤니케이션에서 말을 통해 메시지를 받아들이는 것뿐만 아니라 글을 읽는 것도 청각을 거쳐서 정보가 처리된다. 눈에 보이는 시각적 정보인 전경이나 이미지, 자신과 타인의 상태 등을 언어적으로 잘 표현한다.

청각선호형 고객에게는 소리를 직접 들려주거나 상상을 할 수 있는 소리를 듣게 해주는 것이 좋다. 질문을 할 때도 "가족들이 고객님께 무엇을 원하는지 가족의 목소리를 들을 수 있나요? 고객님의 건강을 걱정하는 가족들의 목소리는 어떤가요?"와 같이 고객이 소리를 청각적으로 떠올릴 수 있게 해주어야 한다.

예를 들어 청각을 선호하는 고객의 자동차 구매 전략은 시동이 걸렸는지 구분이 되지 않을 정도로 엔진의 정숙성과 실내의 조용함, 고성능 오디오 등에 대한 세부적인 정보를 제공해주는 것이 고객의 구매결정에 도움이 된다.

듣다	조용히	토론하다	말하다	듣기 좋다
발언	선언하다	귓속말	이야기	설명하다
소리치다	단조로운	노랫소리	신음소리	침묵
울림	억양	속삭임	고요한	웃음소리
리듬	화음	주룩주룩	비난	박자
울리다	칭찬	목소리	묻다	격려

청각선호형은 이상과 같은 단어를 잘 사용한다.

청각선호표상체계를 갖고 있는 고객과의 커뮤니케이션에서는 객관적인 인용이나 데이터, 메타포를 들려주면 매우 효과적이다. 고객의 목소리 톤이나 자주 사용하는 단어를 같이 사용하는 것도 라포를 형성하는데 긍정적인 영향을 미친다. 대체로 청각선호형 고객은 소리에 민감하며 한번 들은 것은 잘 기억한다. 깨끗한 환경보다 조용한 환경을 선호하며 단계와 순서로 기억하는 편이다.

【예문】

■ 그 이야기를 들은 이상 결정을 해야될 것 같네요.

상품 기능에 대해 자세하게 설명해주어 정말 고맙습니다.

그런데 조금 전에 설명해주신 것 중에 한가지 궁금한 것이 있는데 여쭈어봐도 될까요?

자세히 들려주시면 구매결정을 하는데 도움이 될 것 같습니다.

∴ 청각선호형 고객 관찰하기

청각선호형 고객은 표상체계 중에서 청각적인 표상의 비중이 높거나 우선적으로 사용한다. 독백을 잘하며 소리나 음악에 민감하고 다른 사람이 한 말을 정확하게 잘 기억한다. 흔히 귀가 얇다는 소리를 들으며 수다스러운 행동을 하는 경우도 있다.

- 말을 리드미컬하게 잘한다.
- 유행에 따르는 옷차림을 좋아한다.
- 시선을 중간에 자주 둔다.
- 몸을 흔들며 한쪽으로 머리를 기울이는 편이다.
- 가슴의 중간지점으로 호흡한다.
- 적당한 말의 속도를 지닌다.
- 외모보다 소리에 더 민감하다.
- 사람의 이미지를 목소리로 결정한다.
- 사람을 목소리에 따라 기억한다.
- 조용한 분위기에서 집중을 잘한다.

∴ 청각선호형 고객의 상담전략

고객의 선호표상체계가 청각형이라면 고객이 자주 쓰는 단어와 특징을 파악하여 청각형 고객에게 맞는 상담을 진행하여야 한다.

청각선호형 고객은 주변 사람의 추천이나 평가를 중요하게 생각하기 때문에 주변 사람들의 평가를 이용해 욕구를 자극하면 효과적이다. 질문이 많은 유형이므로 알기 쉽게 설명해주면 좋아하고 음악, 악기, 작곡, 방송 등의 직업을 가진 사람이 많다.

- 소리에 민감하다.
- 음악에 관심이 높다.
- 칭찬해주면 좋아한다.
- 경청한다.
- 백트랙 한다.
- 질문을 활용한다.
- 설명을 한다.

【예문】

- 고객님께서 이 차를 구매하신 후 가족과 함께 여행을 할 때 가족이 행복해하는 말이 귓가에 들리는 것 같지 않나요?
- 고객님의 탁월한 결단에 모든 주변 사람들이 부러워하는 말을 한 마디씩 할 거예요.
- 이 상품을 구매한 고객분들의 공통적인 평가가 왜 좀 더 일찍 이 상품을 사용하지 못했을까라는 아쉬움이었습니다.
- 고객님, 먼저 탑승하셔서 시동을 거신 후에 차량의 엔진 소리를 들어보세요. 이 차의 정숙성에 놀라게 될 것입니다.

신체감각선호형

신체감각 선호표상체계를 갖고 있는 고객은 언어와 경험을 신체감각으로 처리하고 말로 표현하기 때문에 여유 있는 속도로 말을 하고 약간 뜸을 들이는 느낌을 주기도 한다.

신체감각선호형 고객은 스킨십을 좋아하고 행동하기를 좋아한다. 생각보다 행동이 앞서기 때문에 먼저 시작하고 생각할 때도 많아 상황에 따라 기분이 좌우되는 경향이 있다. 신체감각을 선호하는 고객과 커뮤니케이션을 할 때는 고객의 리듬에 맞추어 이야기를 해주는 것이 효과적이다. 신체감각 선호표상체계를 가진 고객이 자주 사용하는 단어이다.

부드럽다	접촉하다	까칠하다	따뜻하다	만지다
차갑다	느끼다	뜨겁다	푹신하다	고통받다
당기다	힘들다	조롱하다	한가롭다	긴장하다
냉랭하다	꽉 잡다	아프다	누르다	밀다
압력	향기	굳어진	스트레스	거칠다
달라붙다	맛있다	편하다	초조하다	문지르다

예를 들어 신체감각을 선호하는 고객의 자동차 구매 전략은 시트의 촉감과 쿠션, 승차감 등에 대한 정보를 제공해주는 것이 고객의 구매 결정에 도움이 된다. 신체감각선호형 고객과의 대화에서 너무 숨이 가

뺄 정도의 빠르고 각성된 이야기는 역효과를 낸다. 고객의 신체감각을 편안하게 해줄 수 있는 언어적 표현과 비언어적 표현을 함께 하는 것이 좋으며 고객이 직접 체험할 수 있게 해주는 것이 가장 효과가 좋다.

신체감각선호형 고객은 기분파라는 말을 할 정도로 기분에 따라 즉흥적인 구매 행동을 하기도 한다.

【예문】

■ 차는 디자인과 성능도 중요하지만 나의 경우는 여행을 많이 하기 때문에 장거리 여행을 할 때 편안함이 최고로 중요하다고 생각해요. 운전석에서 느끼는 핸들의 감촉이나 시트 쿠션, 안락함 등이 피로를 훨씬 적게 느끼도록 해줄 수 있어야죠.

내가 지금 타고 있는 차량이 15년 정도되다 보니 전체적인 쿠션도 좋지 않고 특히 시트가 너무 딱딱해서 불편합니다.

차는 첫째가 편안함과 안락함을 주어야 된다고 생각합니다.

이 차의 특징에 대해 설명을 해주실 수 있나요?

∴ 신체감각선호형 고객 관찰하기

신체감각선호형 고객은 표상체계 중에서 신체감각적인 표상의 비중이 높거나 우선적으로 사용한다. 신체적 접촉을 좋아하며 사람들과 가까이에서 이야기하는 것을 좋아한다. 운동기능이 발달되어 있고 산만함을 갖고 있으며 실행력이 뛰어나고 주도적인 성향을 갖고 있다.

- 고개를 숙이고 있는 시간이 많다.
- 개성이 강한 옷차림을 하고 있다.
- 시선을 아래로 자주 둔다.
- 말을 천천히 하며 말하는 도중 멈추기도 한다.
- 복식호흡을 하며 낮고 부드러운 말투이다.
- 운동기능이 발달되어 있다.
- 움직임, 근육 사용을 좋아한다.
- 정서적이며 기분파이다.
- 직감, 영감이 발달하고 감을 잘 잡는다.
- 스트레스를 잘 받고 감정기복이 심하다.
- 잘 웃고 잘 운다.

∴ 신체감각선호형 고객의 상담전략

고객의 선호표상체계가 신체감각형이라면 고객이 일상적으로 자주 쓰는 단어와 특징을 파악하여 신체감각형 고객에 맞는 상담을 진행하여야 한다.

- 느낌을 갖게 한다.
- 경험할 수 있게 한다.
- 운동에 관심이 많다.
- 정서적 경험을 유도한다.

- 감정이입을 한다.
- 직감이 강하다.

　신체감각선호형 고객은 만져지는 촉감이 좋은 것을 선호하고 디자인보다 전체적인 느낌을 더 중요하게 생각한다. 고객에게 샘플을 제공하거나 직접 체험하며 만져보게 하면 구매결정을 빨리할 수 있게 된다.

　신체감각선호형 고객은 정서적으로 민감하고 감정기복이 심하므로 상품과 세일즈맨이 제공하는 서비스의 감정적 만족감에 대해 대화를 나누고 스토리텔링을 통해 접근하는 것이 좋다. 이런 유형의 고객은 화가 나면 적대적으로 변하지만 감정을 함께 해주며 공감을 통해 라포를 쌓게 되면 완전한 충성고객으로 변하기도 하는 열정을 가지고 있다. 스포츠, 댄스, 방송연예, 연기, 사업 등의 직업을 가진 사람이 많다.

【예문】

- 이 차를 구매하신 고객님께서 귀한 분을 모시고 운전할 때 이 차의 쿠션과 승차감이 고객님의 이미지와 품격을 더 높여줄 때의 만족감을 생각해보세요.
- 자동차는 단순한 이동 수단이 아니라 운전하는 동안 휴식과 기분 전환, 피로회복까지 도와주는 삶의 공간입니다.
  그래서 자동차는 그 무엇보다 시트 쿠션과 승차감이 중요하죠.
  이 차의 안마기능과 시트의 안락함은 고객님의 행복감을 높여 주는 역할을 하게 될 것입니다.

내부언어선호형

　내부언어 선호표상체계를 갖고 있는 고객의 특징은 논리적이고 사리에 맞는 말을 좋아한다. 정서적으로 둔감한 편이며 무뚝뚝하다는 말을 듣는다. 그러면서도 원리원칙을 따지고 합리적이며 강직한 면이 있다. 혼자서 사색하는 것을 좋아하고 밖으로 자신의 마음을 잘 드러내지 않는다. 평소 점잖은 편이며 혼자서 할 수 있는 일이나 취미를 좋아한다. 실수를 잘하지 않으며 책임감이 투철해 처음 만나는 사람이 볼 때 좀 깐깐해 보이기도 한다.

생각하다	배우다	학습하다	결정하다	고려하다
인식하다	의식하다	회상하다	질문하다	평가하다
정리하다	판단하다	분석하다	분별하다	정확하다
맞다	틀리다	변화하다	알다	지각하다

　내부언어선호형은 위와 같은 단어를 자주 사용한다. 외부의 자극과 상황보다 자신의 내부적인 사고과정에 초점이 모아져 있다.

【예문】

- 그 상품을 구매하는 것에 대해서 아무리 생각해봐도 지금 당장 결정할 필요가 없다는 결론입니다. 좀 더 고민을 해봐야 될 문제인 것 같아서 결정을 천천히 하려고 생각 중입니다.

정확한 평가를 기준으로 최고의 지혜로운 선택이 될 수 있는 상품 구매에 대해 고려해보도록 하겠습니다.

■ 이 상품에 대한 정확한 분석이 필요할 것 같아 좀 더 알아보고 결정하도록 하겠습니다.

∴ 내부언어선호형 고객 관찰하기

내부언어선호형 고객은 표상체계 중에서 내부언어적인 표상의 비중이 높거나 우선적으로 사용한다. 사색과 사고, 논리, 분석하는 것을 좋아하며 절차와 순서, 계열, 이치를 따진다. 우유부단하면서도 성실하고 일관성이 있으며 실수가 적다.

■ 말수가 적다.

■ 환경에 둔감하고 현실에 잘 만족한다.

■ 감정적 분리가 잘 된다.

■ 업무적인 태도를 보인다.

■ 원칙 따지기를 좋아한다.

■ 혼자있을 때 집중을 잘한다.

■ 책임감이 강하다.

■ 성실하게 맡은 일을 잘 수행한다.

■ 논리적이다.

■ 독백하는 버릇이 있다.

∴ 내부언어선호형 고객의 상담전략

고객의 선호표상체계가 내부언어선호형이라면 고객이 자주 사용하는 단어와 특징을 파악하여 내부언어선호형 고객에 맞는 상담을 진행하여야 한다.

- 논리적이다.
- 둔감하다.
- 원리원칙을 주장한다.
- 사색을 즐긴다.
- 책임감이 강하다.

내부언어선호형 고객은 설득이나 선전에는 잘 넘어가지 않는다. 실용성과 가성비를 중시하기 때문에 충동구매의 유혹에 넘어가지 않으며 상품에 대한 분석과 비교하기를 좋아한다. 예를 들어 합리, 이득, 고평가, 도출, 가치, 실용과 같은 단어나 용어를 중심으로 하는 언어를 사용하면 일치되기가 쉽다. 객관적인 자료를 토대로 정확한 설명을 해주면 좋아하고 정확한 언어를 구사하면 신뢰를 보낸다. 직업적으로 철학, 언어, 법률, 재무, 기획 분야에 종사하는 사람이 많다.

【사례】
- 고객님은 지금 많은 차를 보시고 고객님께 가장 알맞은 차를 선

택하시기 위해 고민하고 계십니다. 잘 생각해보세요.

고객님이 지금 고민하고 갈등하는 것이 무엇인지를...

시승을 충분히 해보셨기 때문에 그것에 대한 답은 이미 고객님께서 갖고 계시고 결단만 남은 것 같군요.

관찰하기

계측 또는 관측이라는 용어는 고객이 어떤 상태에 있는지 또는 특정 상태가 다른 상태와 어떻게 차이가 나는지를 인식하고 구별해내는 기술이다. 상담과정에서 자신의 생각을 말이나 신체적 반응으로 솔직하게 표현하는 고객도 있지만 그렇지 못한 고객도 있다. 고객이 상품과 세일즈맨의 서비스에 만족하고 있는지 불만이 있는지 말을 하기 전에는 알 수가 없는 것이다.

하지만 세일즈 고수는 고객이 직접적으로 표현하지 않는 경우에도 고객의 신체적인 작은 변화를 관찰하여 심리상태를 유추할 수 있는 능력을 가지고 있다. 만약에 세일즈맨의 관찰하는 능력이 너무 빈약해서 고객이 싫어하거나 저항하는 반응과 신호를 전혀 알아차리지 못한 상태에서 상담을 진행하게 되면 라포가 깨지게 된다. 그렇기 때문에 세일즈맨이 상담상황을 잘 이끌기 위해서 고객의 현재 상황이 어떤지 아는 것이 매우 중요하다.

고객의 상태에 대해 고객의 입으로 말을 하지 않았는데도 고객의 신체적 언어를 통해 마음을 읽고 판단할 수 있는 능력을 가져야 한다.

관찰하기는 고객과의 라포를 형성하기 위한 시작이 될 뿐만 아니라 고객과의 관계 전반에 지속되어야 할 기본적인 기술이다. 고객과의 모든 관계는 관찰하기에서부터 시작된다.

눈동자 접근단서

'눈은 마음을 비추는 창이다', '눈은 마음의 거울이다'라는 말은 눈동자의 움직임이 마음의 상태를 대변해주기 때문에 생겨난 것이다.

따라서 눈동자 움직임을 잘 관찰하고 계측할 수 있다면 고객에 대한 상태 파악과 구매 전략을 활용하는데 도움이 될 수 있다. 고객의 눈동자나 눈빛을 보고 마음을 탐색할 수 있는 과학적 원리는 몸의 말초신경이 중추신경과 연결되어 있기 때문이다.

눈동자의 움직임과 표상체계는 태어날 때부터 신경적으로 서로 연결되어 있다. 즉, 고객이 어떤 생각을 떠올리거나 외부자극과 정보를 받아들일 때 두뇌의 특정 부분이 활성화되어 눈동자의 움직이는 방향을 보고 고객의 생각을 읽을 수가 있는 것이다.

고객과의 상담과정에서 고객의 손 움직임이나 신체의 미세한 움직임과 변화를 보면 고객의 심리상태나 생각을 탐색할 수 있듯이 눈동자의 가로, 세로 움직임을 보고 생각을 이해하는 기술을 '눈동자 접근단서'라고 한다. 눈동자의 움직임은 매우 순간적으로 일어나기 때문에 캘리브레이션을 통해 주의 깊게 살피는 의식적인 노력이 필요하다.

눈동자 접근단서의 정확도는 약 80% 정도이다.

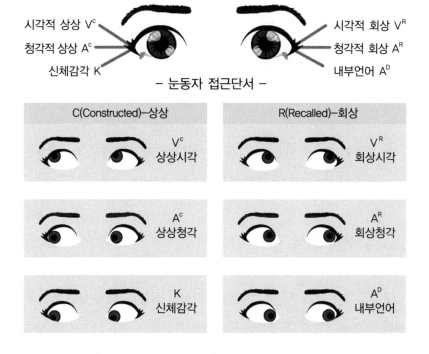

– 눈동자 접근단서 –

∴ 시각적 상상

고객의 눈동자가 좌상향했다면 시각적인 상상을 하고 있는 것으로 본다. 현실적으로 존재하지 않거나 한 번도 보지 못한 것에 대한 시각적 상상이나 이미지를 만들어 떠올릴 때 나타나며 시각적인 거짓말을 할 때도 나타난다.

【예문】

■ 이 차를 구매하신 후 고객님께서 사랑하는 연인과 함께 선글라스를 끼고 한껏 멋을 부린 상태에서 아름다운 해변을 드라이브하면 사람들이 어떻게 볼까요?

■ 예기치 못한 천재지변으로 모든 재산을 잃고 실의에 빠져있을 때 고객님은 미리 가입한 재난보험으로 큰 보상을 받아 위안이 되는 모습을 떠올려본다면 지금 하루라도 빨리 미래를 위한 준비가 필요하지 않을까요?

■ 과감한 결단을 내려 이 상품을 계약했을 때 기뻐하며 감사해하는 가족의 얼굴을 떠올리면 어떤 느낌이 들까요?

∴ 시각적 회상

고객의 눈동자가 우상향했다면 시각적인 회상을 하고 있는 것으로 본다. 과거의 경험이나 사건을 회상하고 기억하는 경우 그 당시의 장면이나 모습의 시각적 이미지를 떠올릴 때 나타난다.

【예문】

■ 고객님이 이제껏 탔던 여러 차중에서 어떤 차의 디자인이 가장 마음에 들었나요?

■ 고객님이 가장 행복했던 순간 곁에 누가 있었나요?

■ 고객님의 삶에서 가장 가치 있는 선물은 무엇이었나요?

∴ 청각적 상상

고객의 눈동자가 좌측향했다면 청각적인 상상을 하고 있는 것으로 본다. 과거에 한 번도 들어본 적이 없거나 존재하지 않는 소리를 상상하거나 청각적인 거짓말을 할 때도 나타난다.

【예문】
- 고객님 미래의 여자친구가 이 차를 보고 뭐라고 말할까요?
- 고객님이 지금보다 10배로 더 큰 부자가 되었을 때 다른 사람들에게 어떤 이야기를 들려주고 싶은가요?

∴ 청각적 회상

고객의 눈동자가 우측향했다면 청각적인 회상을 하고 있는 것으로 본다. 과거에 들어보고 익숙한 목소리나 음악 등을 기억하여 회상할 때 나타난다.

【예문】
- 그때 고객님은 무슨 말을 하셨나요?
- 고객님이 가장 힘들 때 희망과 용기를 불어넣어 주었던 말은 무엇이었나요?
- 어머니의 편안한 목소리를 들어보세요. 어머니의 목소리는 우리에

게 항상 편안함을 주지요. 이 상품은 어머니의 편안한 목소리처럼 고객님이 편안함을 느끼도록 도와줄 거예요.

∴ 신체감각

고객의 눈동자가 좌하향했다면 신체감각을 떠올리고 있는 것으로 본다. 신체적인 접촉이나 움직임에 대한 것을 떠올리며 특정한 감정이나 느낌, 촉감을 내부적으로 재연할 때 나타난다.

【예문】

- 배고프고 가난한 힘든 시대였지만 모두가 따뜻한 정을 나누며 웃음이 넘치는 그때가 좋았지요.
- 어머니의 따뜻한 품이 그립지 않습니까?

  어머니의 따뜻한 품은 언제나 우리 마음의 고향입니다.

  우리가 힘들 때 언제나 도움의 손길을 내밀어 주시는 어머니의 따뜻한 손길이 그리워집니다. 이 상품은 바로 어머니의 따뜻한 품처럼 고객님을 행복하게 해줄 거예요.
- 과거에는 군대생활이 많이 힘들었어요. 단체 기합도 많이 받고 훈련도 아주 강했지요. 하지만 요즘 군대는 많이 편안해졌어요.

  그래도 군대는 군대입니다. 군생활 동안 아무런 사고 없이 안전하게 복무 기간을 마칠 수 있기를 바라는 마음으로 이 상품을 추천해드립니다.

∴ 내부언어

고객의 눈동자가 우하향했다면 내부적 언어를 사용하고 있는 것으로 보고 마음속으로 어떤 내용을 골똘히 생각하거나 혼잣말을 하는 것으로 본다.

【예문】

■ 저번 만남에서 세일즈맨이 나에게 무엇을 부탁했었던 것 같은데 그것이 뭐였지?

■ 이 차보다 옆에 있는 차가 더 마음에 드는데 금액적으로 부담이 되어 무엇을 선택해야 할지 고민이 되는구나.

■ 내가 이 말을 하면 저 사람들이 어떻게 생각할까? 차라리 말을 하지 않는게 나을까?

∴ 자기 심상 판단

고객의 눈동자가 정면하향 했다면 자기 심상 판단을 하고 있는 것으로 본다. 자신의 내적인 심상을 판단하거나 분석할 때 나타난다.

【예문】

■ 지금껏 고객님 자신의 태도를 되짚어보세요.

■ 고객님께 제가 제안해드렸던 기획안이 고객님께 얼마나 큰 도움

이 되는지 생각해보셨나요?

■ 지금 이 순간 고객님이 생각하시는 것이 곧 고객님의 결정이 된다면 지금 그 생각은 가장 바람직한 것이 될 수 있겠죠?

∴ 눈동자 접근단서의 활용

눈동자 접근단서는 간단한 기술이지만 눈동자의 움직임과 변화가 빠르게 일어나기 때문에 많은 훈련을 하지 않으면 활용하기가 쉽지 않다. 하지만 반복적인 훈련을 통해 숙달되기만 한다면 고객을 캘리브레이션 하는 훌륭한 수단이 될 수 있다. 눈동자 접근단서는 무조건적으로 적용하는 것이 아니라 캘리브레이션을 통해 개인의 특성을 우선적으로 고려해야 한다. 일반화된 패턴이 중요한 것이 아니라 눈앞에 있는 고객의 상태가 답이다.

■ 세일즈맨이 보는 관점에서 눈동자를 관찰한다.

■ 왼손잡이는 반대로 적용한다.

■ 고객의 생각을 읽을 수 있다.

■ 질문을 통해 고객의 선호감각 파악이 가능하다.

■ 눈동자가 떨리는 것은 감정의 기복을 나타낸다.

■ 동공이 커지는 것은 놀라움과 기쁨을 나타낸다.

■ 개인의 특성을 우선적으로 적용한다.

■ 눈동자 접근단서는 많은 연습이 필요하다.

신체언어

고객과의 소통에서 말이 차지하는 비중이 7%이고 목소리가 38%, 신체언어가 55%이다. 고객이 상담과정에서 자신의 속마음을 100% 언어로 표현하여 내비치는 경우는 없다. 불만을 감추고 웃는 모습을 보일 수도 있고 무표정하지만 속으로는 대단히 만족하는 고객도 있을 수 있다. 굳이 고객이 입으로 말하지 않아도 55%의 신체적인 언어를 통해 고객의 상태를 판단할 수가 있는 것이다.

∴ 고객이 흥미를 느끼는 신체언어

상품이나 세일즈맨의 말에 호감과 흥미를 느낄 때 고객의 신체언어로 상태를 알 수 있다.

- 몸을 앞으로 기울이고 집중하는 태도를 보인다.
- 동공이 확장된다.
- 웃을 때 얼굴 전체가 함께 움직인다.
- 감정적인 표현이 자연스럽다.
- 시선의 방향이 일치하며 세일즈맨을 향한다.
- 몸의 전면부를 개방한다.
- 메모를 한다.
- 눈동자에 생기가 있다.

∴ 고객이 흥미를 잃었을 때 신체언어

상품이나 세일즈맨의 말에 따분함을 느끼며 흥미를 갖지 못할 때 고객의 신체언어를 보면 상태를 알 수 있다.

- 신체적으로 거리를 띄우려 한다.
- 집중을 하지 못하고 산만해진다.
- 얼굴에 감정을 드러내지 않으려 한다.
- 고개를 돌리거나 팔짱을 낀다.
- 시선을 마주치지 않는다.
- 다리를 떨거나 한눈을 판다.
- 귀나 머리카락을 만진다.
- 핸드폰이나 시계를 자주 본다.
- 부자연스러운 웃음을 보인다.
- 눈동자에 생기가 없다.

∴ 거짓을 나타내는 신체언어

상담과정에서 마음에 없는 거짓을 말할 때 고객의 신체언어를 보면 상태를 알 수 있다.

- 입 주변을 만지거나 혀로 입술을 적신다.

- 코, 턱, 목 주변을 만지작거린다.
- 시선의 방향이 일치되지 못하고 떨린다.
- 손을 엇갈려 잡거나 팔이나 손을 쓰다듬는다.
- 시선이 좌상향되거나 피하지 않고 똑바로 쳐다본다.
- 언어나 제스처가 불일치한다.
- 동작을 순간적으로 멈춘다.
- 목소리에 확신이 없고 더듬거린다.
- 화제를 빨리 전환하려고 한다.

Part 6

잠재의식의 활용과 메타포

의식 교환하기

세상에 대한 모든 관점과 지식, 기술, 언어, 행동 등은 경험에 대한 기억을 바탕으로 하고 있다. 이 기억을 토대로 내적표상이 형성되고 세상과 접촉하는 각자의 모형이 만들어지는 것이다.

깨어있는 상태에서 자신과 타인, 환경에 대해 지각할 수 있는 각성된 상태를 의식이라고 하며 의식적으로 지각되지 않지만 24시간 쉬지 않고 작동되는 의식이 가라앉아 있는 상태를 잠재의식이라고 한다.

이 두 의식은 기억을 토대로 작동되며 반복적으로 자주 사용한 다른 뉴런과의 시냅스 연결 통로를 확장하여 특정한 형태의 신경회로를 만들고 그것이 프로그래밍되어 마음과 행동을 지배한다.

의식의 범위는 매우 제한적이라서 한순간에 7개 정도의 정보만 처리할 수 있다. 시간적으로는 15초 내외의 짧은 한계를 가지고 있지만 무한저장 용량인 잠재의식과 서로 도우며 완전한 협업의 체계를 유지하고 있다. 그래서 의식의 약점을 잠재의식이 돕고 잠재의식의 약점을 의식이 돕는다. 이 두 가지 의식은 서로의 강점으로 서로의 약점을 돕는 완전한 공조시스템이다.

잠재의식의 작동이 약해지면 의식이 더 많이 활성화되고 의식의 작동이 약해지면 잠재의식이 더 많이 활성화된다. 의식은 문지기 역할을 하며 불빛을 비추고 초점을 전환하고 외부의 모든 자극과 정보를 이해하고 분석하며 비판하거나 차단한다. 반대로 잠재의식은 분석, 비판, 이해의 기능이 없고 무조건적인 수용과 저장의 기능을 한다.

잠재의식은 그 이전의 장기기억에 의해 프로그래밍된 상태에 따라 새롭게 입력되는 자극과 정보를 비판이나 차단 없이 그대로 받아들이는 수용성을 가지고 있다. 중요한 것은 잠재의식에 접근할 수 있는 통로가 따로 있다는 것이다. 그러기 위해서는 고차원적인 의식의 뇌 영역을 다운시키거나 일시적으로 교란, 정지시킬 수 있는 언어기법이 필요하다. 특수한 멘탈언어를 사용하여 의식의 영역에서 분석, 이해, 비판하는 문지기 역할을 하지 못하게 만들면 잠재의식에 바로 입력되어 원하는 암시를 쉽게 전달할 수가 있다.

세일즈 고수들의 탁월한 언어기법들은 의식을 교란시키거나 일순간 정지시켜 그 빈 공백에 원하는 암시를 전달하여 변화와 결과를 얻는 도구이다. 의식을 약화시키기 위해서는 뇌를 이완시키거나 과부하, 패턴파괴, 반복 등의 다양한 기법을 사용할 수 있다.

잠재의식의 원리

잠재의식은 의식의 도움과 지시를 받고 의식은 잠재의식의 도움과 조종을 받는다. 무엇이든 의식적으로 반복하면 잠재의식이 되고 잠재의식이 활성화되어 의식이 되기도 하며 이들은 상보적 관계인 파트너 역할을 완벽하게 수행하고 있다.

의식에서 확신과 기대를 갖고 반복적으로 생각하거나 상상하게 되면 잠재의식에 전해져 해결 방법을 찾을 때까지 작업을 계속한다.

그 어떤 과제라도 잠재의식에 입력된 것은 반드시 결과를 만들어내게 된다. 그것이 긍정이든 부정이든 상관없이 특정한 결과를 만들어내어 사고와 행동에 영향을 미친다. 잠재의식에 입력된 지시는 그것이 마무리될 때까지 24시간, 365일, 평생 동안 작업을 하며 임무를 완성한다. 만약 입력된 지시가 완성되지 못하면 미해결 과제로 남겨 계속적으로 임무를 수행하게 된다.

- 기억을 조직화하여 저장한다.
- 기억을 억압한다.
- 신체의 보존과 통합성을 갖고 있다.
- 명확한 지시를 필요로 한다.
- 본능을 유지하고 습관을 만든다.
- 부정어를 직접 처리하지 못한다.
- 언어적 요소보다 비언어적 요소에 더 민감하다.
- 음성의 톤, 음량, 소리의 방향, 제스처 등에 영향을 받는다.
- 메시지 자체보다 메시지의 이미지에 더 민감하다.
- 암시와 명상, 패턴파괴, 트랜스 상태에서 민감하게 반응한다.

트랜스 상태나 패턴이 깨진 상태에서 입력되는 특정한 언어는 의식의 여과과정을 우회하여 잠재의식에 직접 입력되기 때문에 의식 차원에서는 인식하지 못하게 된다. 의식적 여과기를 거치지 않고 잠재의식에 바로 입력되는 언어가 존재하는 것이다.

잠재의식의 힘

　잠재의식은 모든 학습과 경험이 정서와 연합된 장기기억 시스템으로 의식의 뿌리와 같다. 의식의 용량은 7±2 정도밖에 되지 않지만 잠재의식의 용량은 무한하다. 잠재의식은 의식 차원에서 작업했던 모든 기억들을 특별한 제한적 사유가 없는 한 의식에서 넘겨받아 모든 정보를 담아주는 무한한 수용성과 저장용량을 자랑한다.

　잠재의식의 힘은 상상을 초월할 만큼 대단하다. 잠재의식에 반복해서 내려진 명령은 그것이 완수될 때까지 24시간, 365일, 평생 동안 잠시도 쉬지 않고 작동된다. 그렇기 때문에 고객의 잠재의식에 접근할 수만 있다면 그 어떤 변화와 성취도 가능하다. 잠재의식은 반복적인 생각과 말, 행동의 씨앗에 의해 자란다. 잠재의식의 밭은 씨앗의 좋고 나쁨을 가리지 않고 그대로 싹을 틔워 자라게 만드는 비옥한 토지일 뿐이다. 잠재의식은 논쟁과 판단, 비판을 할 줄 모르고 제공되는 자극과 정보를 그대로 수용한다. 고객의 잠재의식에 세일즈맨의 특정 암시가 작용되면 의식이 눈치채지 못하는 상황에서 변화의 작업이 일어나게 된다.

　인간의 뇌는 오감을 통해 현실을 경험하며 입력과 출력을 반복하기 때문에 그것이 상상이든 현실이든 구분하지 않고 반응한다. 오감을 활용한 언어패턴은 실제 경험과 똑같은 시스템으로 착각하여 반응하기 때문에 고객의 상태를 쉽게 변화시킨다. 오감을 동원한 고객의 경험과 기억은 그것이 언어적인 것이든 직접 경험한 것이든 가리지 않고 특정한 믿음을 만들게 되는 것이다.

잠입명령어

잠입명령어란 잠재의식을 활용한 최면적 언어패턴이며 의문형이나 진술문의 형태로 표현되는 문장 속에서 지시어의 성격을 띤 암시가 내포되어 있는 문장 속의 명령어를 말한다. 이러한 표현방식은 고객의 의식적 차원이 아닌 잠재의식적 차원에서 특정 행동을 하도록 유도하는 효과를 얻을 수 있다.

문장 속에 포함된 명령어는 일종의 간접적인 지시나 명령으로 작동되기 때문에 의식의 여과기를 우회하여 잠재의식에 직접적인 영향을 미치게 된다. 문장 속에 포함된 잠입명령어는 마치 가랑비에 옷 젖는 줄 모르듯이 자연스럽게 고객의 잠재의식에 영향을 미쳐 변화를 유도한다. 고객과의 대화에서 진술문이나 질문의 중간에 의식을 우회할 수 있도록 잠입명령어를 삽입하게 되면 아무런 저항 없이 수용하게 되어 명령이 실행될 수 있다.

- 문을 닫으시오.
  - ☞ 당신은 지금 자리에서 일어나서 (침묵) 문 쪽으로 걸어가서 (침묵) 문을 닫을 수 있을지 (침묵) 궁금합니다.
- 이 상품을 구매하시오.
  - ☞ 저는 고객님이 이 상품의 샘플을 사용한 후 상품의 우수성을 직접 체험하고 (침묵) 상품에 대한 믿음을 가지게 되면서 (침묵) 빠른 선택을 했으면 좋겠습니다.

■ 시승을 하시오.

☞ 고객님이 이 차를 시승하게 되면 편안한 승차감을 느끼고 (침묵) 편리한 사양들을 직접 체험해보시면서 (침묵) 이 차가 너무 마음에 든다는 (침묵) 말을 하지 않아도 이미 이 차를 구입하시기로 결정을 할 수 있을 것으로 (침묵) 믿습니다.

잠입명령어에는 두 가지 요소가 포함된다.

첫째, 수단이 되는 두 번의 표현을 통해서 '어떻게 할 것인지'를 말하는 것이다. 둘째, 결과적인 행동을 말하는 한 번의 표현을 통해서 '무엇을 할 것인지'를 말하는 것이다. 세일즈에서 고객이 모르는 잠입명령어는 세일즈 고수들이 많이 사용하는 비밀병기로서 소리 없이 고객의 뇌에 침입하여 고객의 뇌를 완전히 통제하게 된다.

간접적인 진술문이나 질문의 형식이지만 고객에게 명령으로 작용하는 것이 잠입명령어가 가진 힘이다. 이러한 언어패턴은 고객의 뇌에 질문에 대한 기억을 재 반복시키는 환기 기법의 일종이다. 그래서 잠입명령어를 듣게 되면 고객은 자신도 모르게 그대로 하고 싶은 생각이 들게 된다. 잠입 질문 후에는 잠시 침묵을 지키는 것이 좋다.

∴ 잠입명령어의 예시

전제를 사용하고 질문의 끝에 '호기심이 든다', '~인지 아닌지 모르겠다', '궁금하다'로 마무리한다.

【예문】

■ 지금까지 여러분들이 NLP공부를 통해 얻게 될 변화와 성과가 얼마나 클지에 대해 (침묵) 생각해보면 그것이 우리 삶을 새롭게 변화시키는 에너지가 될 것 이라는 (침묵) 확신을 지금 여기에서 가질 수 있을지 궁금합니다.

■ 고객님이 이 상품에 관심을 갖게 된 동기에 대해 말씀해주실 수 있을지 (침묵) 없을지 잘 모르겠습니다.

■ 오늘 만남이 정말 즐겁고 유익했습니다. 다음에도 이렇게 좋은 만남을 가질 수 있을지 (침묵) 없을지 잘 모르겠지만 우리의 자유의지만 있다면 다음에 만나서도 (침묵) 또 즐겁고 유익한 시간을 보낼 수 있을지에 대해 (침묵) 생각하게 됩니다.

  오늘의 너무나 좋은 만남에 저는 행복을 느끼며 저의 자유의지는 다음에도 더 좋은 만남을 기대하고 있습니다.

■ 고객님께서 이 상품에 대한 확고한 신뢰를 가지고 있다는 (침묵) 사실에 대해 저는 잘 알지 못하지만 고객님의 관심으로 봐서 이 상품을 조금 더 살펴보시고 (침묵) 다른 제품과 비교하신 후 (침묵) 가장 좋은 선택이 될 수 있다는 (침묵) 확신을 갖게 되기를 마음으로 기대합니다.

■ 혹시 고객님의 고향이 어디신지 (침묵) 말씀해주실 수 있는지 모르겠어요.

■ 혹시 가족관계가 어떻게 되는지 (침묵) 말씀해주실 수 있을지 모르겠습니다.

- 지금 저와의 상담이 충분히 만족스럽게 잘 진행되고 있는 (침묵) 느낌을 가지셨는지 궁금합니다.

∴ 잠입 부정 명령문

잠재의식은 이해와 분석, 비판의 여과 기능이 없기 때문에 긍정과 부정의 구분을 할 줄 모른다. 잠재의식은 반복적으로 입력되는 정보나 의미 있는 정서적인 사건, 의식을 우회하여 들어오는 정보를 아무런 의심 없이 사실로 받아들인다. 그것이 사실인지 아닌지 구분하지 않았을 뿐 아니라 현실과 상상, 긍정과 부정도 구분하지 않고 동일하게 받아들여 저장한다. 그러므로 잠재의식 차원에서는 부정적인 명령과 긍정적인 명령을 구분하지 못하고 동일한 것으로 받아들여 작동하게 된다.

잠재의식은 언어적 부정을 걸러내지 못하기 때문에 부정문으로 위장한 명령문에 대한 의식적 차원의 저항을 봉쇄시킨다.

【예문】

- 고객님이 주신 사탕이 꿀맛이네요. 정말 맛있어요.

  그렇다고 사탕을 더 달라는 얘기는 아닙니다. 그냥 맛이 있어서...

- 중요한 계약을 앞두고 당신의 마음이 보다 더 편안하고 안정된 상태를 유지하기 위해 심호흡을 꼭 해야 할 필요는 없어요.

- 절대 당신에게 오늘 저녁을 사라는 이야기가 아닙니다.

  당신이 맛있는 저녁을 사고 안 사고는 내가 결정할 수 있는 일이 아니잖아요. 절대 당신에게 맛있는 저녁을 사라는 소리가 아니라는 사실을 알아주셨으면 좋겠어요.

【사례】

(세일즈맨) 살아가면서 평생 돈 걱정을 하지 않아도 될 정도로 미래가 아무런 걱정이 없을 수도 있습니다.

그런데 현실적으로 그런 경우가 있을 수 있을까요?

(고객) 그건 어렵겠죠.

(세일즈맨) 제가 고객님께 이 상품에 지금 바로 투자하시라고 하는 이야기가 아니고 누구나 미래의 풍족한 여유있는 생활에 대한 준비가 지금 필요하다는 이야기를 하는 것입니다.

(고객) 네.

(세일즈맨) 물론 지금 현재가 어렵기 때문에 미래에 대한 투자가 망설여질 수도 있습니다. 그리고 미래를 위한 투자를 꼭 저를 통해서 해야만 되는 것도 아닙니다.

∴ 잠입 서술적 묘사

고객의 생각이나 행동을 자유롭게 함으로써 잠재의식에 명령이 전달되도록 하는 언어기법이다. 이 화법은 간접적으로 전달되기 때문에 고객의 저항을 줄이게 된다. 아날로그 마킹과 함께 사용하면 시너지 효과를 얻을 수 있다.

- ~할 수 있다.
- ~가능하다.
- 된다.
- ~일지도 모르겠다.
- ~할 수 없다.
- ~불가능하다.
- 안 된다.
- ~이 아닐지도 모르겠다.

【예문】

- 난 잘 알 수 없지만 고객님은 지금 그 이전보다 더 훌륭한 선택을 하기 위해 이곳에 오신 것이 아닌지 모르겠습니다.
- 고객님께서 이렇게 디자인이 예쁜 차를 타고 시내를 달리는 모습을 상상할 수 있을 것입니다.
- 이 핸드폰을 예쁜 따님에게 선물하신다면 예쁜 따님의 환한 미소를 볼 수 있을 것입니다.
- 고객님은 이 차를 운행하시면서 누릴 수 있는 많은 행복감을 충분히 상상할 수 있으시죠?
- 이러한 상품을 이 조건에 찾는 것은 도저히 불가능할 것입니다.
- 저는 고객님이 충분히 이 자동차의 주인이 되실 수 있는 분이라는 것을 알 수 있습니다.
- 이 차가 고객님의 발이 되어 시간을 절약해 줄 것입니다.

일단 시승을 하시고 나면 곧 결정을 내리실 수 있으실 것입니다.

■ 이렇게 훌륭한 상품을 놓치고 후회하는 사람들이 많습니다.
그런 후회가 고객님께는 없었으면 좋겠습니다.

아날로그 마킹

커뮤니케이션에서 말이 차지하는 비율이 7%인데 비하여 신체언어가
차지하는 비율이 55%이다. 말의 내용도 중요하지만 신체적 언어가 뒷
받침될 때 말은 빛을 발할 수 있다. 아날로그 마킹은 비언어적인 부분
을 통하여 고객의 잠재의식에 암시를 주는 것이다. 특별히 강조하고 싶
은 부분에 대해서 목소리와 제스처, 말의 속도를 바꾼다. 교묘히 사용
할 경우 의식은 반응하지 못한 채 잠재의식만 반응하게 된다.

∴ 목소리 톤

의사소통과정에서 38%의 비중을 차지하는 목소리를 달리하면 말의
의미도 달라진다. 속삭임, 강조, 말의 빠르기, 억양, 목소리의 크기 등
을 통해 같은 말도 의미를 다르게 전달할 수 있다. 잠재의식은 비언어
적 자극과 정보에 더 많은 영향을 받기 때문에 목소리에 따라 다르게
자극을 받게 된다. 특히 고객과의 라포를 형성할 때나 문제제기, 욕구
파악, 만족감을 자극해야 할 때는 강조를 더한다.

∴ 신체언어

의사소통에서 55%의 비중을 차지하는 신체언어는 특별한 신체적 반응을 사용함으로써 고객에게 특정한 메시지를 보내거나 유도할 수 있다. 고객에게 암시를 보내고자 하는 것에 세일즈맨이 특별한 신체적 반응을 보여주어 고객에게 암시를 강조한다. 얼굴 표정이나 눈빛, 몸자세, 움직임, 손, 어깨 등 모든 신체적 움직임이 고객에게 어떤 특정한 암시를 보내는 신호가 될 수 있다.

∴ 침묵

말하는 도중에 잠시 멈추면 다음 내용에 대한 궁금한 심리가 작동되며 듣는 사람의 경험을 활성화시켜 잠재의식 차원에서 그 빈틈을 채워 넣는 반응을 하게 만드는 잠입 암시 기법이다. 침묵 이후 잠입명령을 넣게 되면 의식의 여과기를 우회하여 잠재의식에 바로 접근할 수 있다. 침묵은 4~7초가 적당하며 상황에 따라 탄력적으로 적용한다.

분리

고객의 의식을 언어적으로 분리해 고객의 심리를 세일즈맨이 원하는 방향으로 유도해가는 언어패턴이다. 하나를 두 개로 나누거나 하나로 보이는 것을 두 개로 구분하는 것이다. 의식적 혼란을 야기시키면 잠입 명령의 성공 확률이 더 높아진다.

| 하나 | ▶ | 두 개로 구분 | ▶ | 고객의 심리유도 |

【예문】

■ 이왕 여기까지 여행을 왔으니 생활 속의 스트레스와 찌꺼기는 모두 날려보내고 자연 속에서 완전한 자유로운 자신으로 건강한 에너지를 충전하세요. 지금 이 순간만큼은 그 어떤 것에도 얽매이지 않는 완전한 자신으로 즐기세요. (생활 속의 스트레스 받는 자신과 자연 속의 자유로운 자신으로 분리)

■ 당신이 어떻게 실패하게 되었는지 말해줄지 잘 모르겠어요. (침묵) 때로는 남에게 말하기 싫을 때도 있죠. 그럴 때 말하지 않아도 괜찮고 말을 해도 괜찮다고 하는 마음이 생긴다면 스스로 인정하는 것만 말하면 마음이 훨씬 편해질 수 있지 않을까요?

(실패에 대해 말하고 싶지 않은 것과 말해도 괜찮은 것을 분리)

■ 고객님이 이전에 구입하셨던 차가 많은 문제를 일으켜 고객님이 불편을 겪으셨군요. 그런 불편함을 주는 차는 앞으로 절대 구입해서는 안 되겠죠. 그러나 그러한 문제를 완전히 개선하여 고객님께 불편함이 아닌 편안함과 행복한 가치를 제공해주는 차가 있다면 당연히 빨리 구입하시는 것이 좋지 않겠습니까?

(불편한 차와 편안함과 행복의 가치를 제공해주는 차로 분리)

■ 고객님이 차를 구입하는 것은 슈퍼에서 생활용품을 사는 일과는 비교가 안 됩니다. 한번 구입하시면 최소 5년 이상은 타셔야 하는 중요한 재산목록입니다. 그리고 가족의 안전과 편리한 수단이 되어야 하고 가족여행의 동반자이기도 하지요. 그 뿐인가요? 고객님의 사회적 지위와 이미지를 돋보이게 하는 후광효과까지 발휘할 수 있는 중요한 역할을 하는 차를 고르실 때 합리적인 선택을 해야겠다는 생각을 하는 것이 당연하죠. 다만 문제는 고객님께서 이 차를 합리적으로 선택할 수 있는가 입니다.

중요한 것은 고객님의 합리적인 선택입니다. 안 그렇습니까?

고객님께서 합리적인 선택으로 얼마나 만족해하실지는 고객님 스스로 상상할 수 있을 것입니다. (합리적인 선택을 못하는 자신과 합리적인 선택을 할 수 있는 자신으로 분리)

가정화법

표면적으로는 예·아니요라는 형식으로 고객의 대답을 요구하지만 실제로는 명령으로 작용하게 되어 고객의 변화를 유도하는 언어기법이다. 어떤 일을 전제로 하고 질문을 통해 그것을 바꾸는 형식이다.

질문을 할 때 고객이 그림으로 그 행동을 머릿속에서 실행하도록 질문을 한다. 그 질문을 통해 특정한 경험을 다시 재 경험하도록 하여 고객의 변화를 유도하게 된다.

【예문】

- 아직 이 상품에 대한 정보를 얻지 못하셨어요?

   ☞ 정보를 얻어라.

- 혹시 갈증이 나지 않나요?

   ☞ 물 마시자.

- 어제 어디까지 수업했는지 알고 있나요?

   ☞ 빨리 대답해라.

- 나이가 들면서 건강이 걱정될 때도 있으신가요?

   ☞ 건강에 관심을 가져라.

- 이렇게 계속 참고 살 것인가요?

   ☞ 변화해라.

- 요즘 기력이 딸려 건강식품에 관심을 가진 적이 있으신가요?

   ☞ 건강식품에 관심을 가져라.

- 걸어서 다니는 불편함을 계속 감수하실 건가요?

   ☞ 차를 사라.

- 아무런 저축도 없이 노후를 맞이 하실 건가요?

   ☞ 저축을 해라.

가정화법에서는 구매를 전제로 고객이 느끼는 현재 문제 상황을 환기시키고 해결 상황을 암시한다. 이러한 질문에 표면적으로는 간단한 예·아니요로 대답을 하지만 변화를 하라는 암시를 수용하게 되면서 특정 행동을 유도하게 된다.

산재기법

산재의 사전적 의미는 '여기저기 흩어져 있다'는 뜻을 가지고 있다. 고객의 문제와 욕구에 자극이 되는 관련 단어들을 마치 융단폭격하듯이 문장 곳곳에 자연스럽게 뿌려놓는 기법이다. 고객이 원하는 마음상태와 관련이 있는 단어들을 문장 전반에 살포해두면 고객의 마음이 세일즈맨이 의도한 대로 이끌려오게 된다. 가장 일상적인 대화에 가까운 형식을 띄지만 문장 전체에 세일즈맨의 의도된 암시가 흩뿌려져서 고객을 유도하는 언어패턴이다.

문장 전체가 암시와 관련된 편하고 자연스러운 느낌이 들어야 하며 아날로그 마킹과 함께 사용한다. 신체 포지션을 설정할 때는 의식적인 말에는 고객의 오른쪽에서 분리를 시도하고 잠재의식적인 말에는 고객의 왼쪽에서 분리를 시도하는 것이 효과적이다.

【예문】

- 두 차종 중에서 고객님이 어느 것을 선택하셔도 좋습니다.
  A 모델의 경우는 가격 대비 성능이 우수하다는 장점이 있고 B 모델의 경우는 성능에 비해 가격이 저렴한 장점이 있습니다.
  고객님이 차를 선택하는 기준이 안전이든 성능이든 상관없이 이차는 그 모든 조건을 충족시켜주고 있다는 사실입니다.
  특히 고객님이 충분히 만족하실 만큼의 저렴한 가격과 더불어 경쟁 차종과는 비교가 안 되는 뛰어난 성능과 안전은 고객님이 이 차를 선택하신 후의 만족감을 배가시켜 줄 것입니다.

메타포

메타포는 직접적인 이야기가 아닌 비유적인 표현이며 빗대어 이야기하는 것으로 은유법이라고 한다. 은유법의 주된 목적은 이야기를 통해서 고객의 의식을 우회하여 잠재의식에 바로 접근하는 것이다.
그래서 최면사가 최면을 유도할 때 은유법을 많이 사용한다.

이야기 형태로 전해지는 메시지는 의식이 깊이 관여하지 않고 이야기의 맥락을 잠재의식 차원에서 처리하기 때문에 암시 효과가 매우 커진다. 이야기 속에는 의식적으로 깨닫지 못하는 부분의 여러 가지 암시와 교훈이 숨겨져 있어 잠재의식에 바로 작용될 수 있다. 메타포를 통해서 효율적인 암시 수용과 트랜스를 유도할 수 있으며 문제해결을 위한 방법을 고객 스스로 상품 구매에서 찾게 된다. 메타포의 소재는 무수히 많다. 사례, 우화, 일화, 동화, 속담, 격언, 위인, 뉴스, 영화 등 다양한 소재가 있다.

고객의 문제 상황과 유사한 이야기를 하게 되면 자연스럽게 이야기에 몰입하고 트랜스 상태로 들어간다. 고객이 이야기를 들으면서 이야기 속의 긍정적 의미와 암시를 자신의 것으로 재창조할 수 있는 상태로 유도하기 위해 오감적으로 현실감 있게 해야 한다. 그래야 고객이 점점 이야기 속으로 빠져들어 스스로 이야기 속의 주인공이 되는 감정이입이 일어나기 때문이다.

이야기와 은유를 통해서 고객을 설득하는 것은 위대한 설득가들이 가지고 있는 공통적인 특성이다. 특히 탁월한 정치 지도자나 종교지도자는 이야기와 은유를 통해 그들의 사명과 사상을 전파하고 대중들을 설득시켜왔다. 방송 진행자나 유명한 스타강사는 이야기와 은유를 활용하여 사람들의 마음을 움직이는 탁월한 리더십을 가지고 있다.

이야기는 통째로 장기기억에 저장되기 때문에 오랜 시간 지워지지 않고 기억되어 뇌의 연합기억에 영향을 미치게 된다. 그래서 이야기를 최면 언어패턴이라고 하는 것이다.

∴ 비현실성

현실에서 일어날 수 없는 추상적이고 모호한 비유와 표현으로 생긴 공백을 고객의 상상으로 메꾸어 넣는 방법으로써 비유법, 은유법, 의인화 표현이 있다.

- 비유법
  - ☞ 이 로봇청소기는 오랜 친구와 같습니다.
  - ☞ 이 제품의 디자인이 초승달같이 아름답습니다.
  - ☞ 고객님의 이미지가 아름다운 장미와 같습니다.
- 은유법
  - ☞ 고객님은 나의 구세주입니다.

☞ 고객님은 저에게는 거대한 산입니다.

☞ 저의 직장은 내 삶의 멍에이면서 희망입니다.

■ 의인화 표현법

☞ 고객님, 저 벽에도 귀가 있습니다.

☞ 저 아름다운 산이 우리를 유혹합니다.

☞ 이 우수한 상품이 항상 저를 응원하고 있습니다.

이와 같이 현실에서 일어날 수 없는 일을 비유나 은유, 의인화를 사용하여 표현하게 되면 고객의 의식적 사고가 일시적으로 정지되고 잠재의식 차원에서 현실과 동떨어진 상태로 상상력이 작동되면서 고객의 변화를 유도할 수 있게 된다.

∴ 인용

제3자가 이야기했던 내용을 전해주어 고객이 수긍하게 만드는 표현방법이다. 전문가나 위인의 말을 인용하면 그것이 절대적인 준거로 작용되어 저항 없이 그대로 받아들여진다.

【예문】

■ 찰스다윈은 "가장 강한 종이 살아남는 것이 아니다. 가장 두뇌가 뛰어난 종이 살아남는 것도 아니다. 단지 변화에 잘 적응하는 종이 살아남는다"고 했지요. 고객님은 뛰어난 유연성을 가졌네요.

- 고대 로마의 철학자인 세네카는 "가난한 사람이란 돈을 적게 가진 사람이 아니라 더 많은 것을 탐내는 사람"이라고 정의를 내렸습니다. 고객님은 욕심이 없으신 것 같아요.
- 미국의 제3대 대통령인 토머스 제퍼슨은 "화가 날 때는 10까지 세어라. 화가 너무 많이 날 때는 100까지 세어라"고 했지요. 고객님의 인품에 다시 한 번 존경을 보냅니다.

이처럼 위인이나 유명한 사람의 말은 사람들을 구속시키는 힘이 있다. 그래서 인용을 하게 되면 고객의 저항을 없애 세일즈맨의 암시가 더 쉽게 수용된다.

∴ 우화 및 일화

우화와 일화는 소재가 너무나 많다. 다양한 소재를 선별하여 고객에 맞는 교훈과 암시, 메시지를 전해줄 수 있도록 선택을 잘해야 하며 필요하다면 각색, 편집을 하는 것도 괜찮다. 우화는 너무나 많아 소재 자체가 큰 의미가 없을 정도이며 여우와 포도밭, 토끼와 거북이, 청개구리, 선비와 나무꾼, 흥부와 놀부, 콩쥐팥쥐, 심청전 등 수없이 많다.

중요한 것은 우화를 얼마나 많이 알고 있느냐가 아니라 우화가 주는 교훈이나 암시가 고객의 문제를 해결하고 욕구를 자극하여 구매로 이어지게 할 수 있어야 하는 것이다. 그래서 테마별로 우화를 선별하여 기록해두는 것도 좋은 방법이 된다.

일화는 지나간 역사나 주변에서 일어났던 중요한 사건과 기록에 대한 이야기이다. 세종대왕, 다산 정약용, 김구 선생, 이순신 장군, 정주영 회장, 올림픽 스타, 연예인, 주변 사람 등 수없이 많다. 우화와 마찬가지로 일화도 고객의 문제와 욕구를 해결하는데 도움이 되는 교훈이나 암시, 메시지가 포함되어 있어야 한다.

메타포의 활용 및 종류

은유법의 사전적 의미는 '표현하고자 하는 대상을 다른 대상에 비추어 표현하는 비유법의 하나'로서 직유와 대조되는 개념이며 'A는 B이다' 같이 A를 B로 대체하는 비유법이다. 은유는 표현하고자 하는 것과 비교되는 것을 동일시하여 다루는 언어기법이라고 할 수 있다.

행동, 개념, 물체 등을 그와 유사한 성질을 지닌 다른 말로 대체하여 고객이 의식적 저항 없이 그대로 수용하게 만드는 화법이다.

고객에게 판매하기 위한 상품을 간접적이며 암시적으로 표현할 수 있게 되면 고객의 자결성이 높아진 상태에서 비판 없이 상품 구매 욕구를 가지게 된다. 다른 대상에 대한 이해를 전제로 표현하는 방식이기 때문에 말을 듣는 순간 고객은 암시에 의해 상품과 세일즈맨에 대한 이해와 라포를 형성할 수 있다. 너무 상투적인 표현의 반복은 메타포의 긍정적인 효과를 반감시키기 때문에 주의해야 한다.

세일즈에서 메타포는 상황과 고객의 상태에 맞추어 주어야 한다.

메타포가 반드시 긴 문장이나 완벽한 스토리텔링이 될 필요는 없다. 때로는 전체 스토리 중에서 일부만 발췌해 아주 짧은 문장으로 메타포가 완결되기도 한다.

메타포는 의식의 여과기를 거치지 않고 우회하기 때문에 숨겨진 잠입명령어로 작용하게 된다. 직접적인 반응이나 피드백을 할 경우 고객과의 갈등이나 저항이 예상될 때나 직접 언급하기 힘든 미묘한 주제를 다룰 때 메타포가 효과적으로 사용된다. 메타포에는 반드시 판매할 상품이나 서비스가 등장해야 한다. 결국 세일즈에서 메타포의 목적은 상품 구매에 있기 때문이다.

∴ 자기소개 메타포

고객과의 첫 만남이 라포를 형성하는 가장 중요한 순간이다. 옷의 첫 단추를 잘못 끼우면 그 뒤의 모든 단추는 엉뚱하게 끼워진다. 첫 만남에서 형성되는 첫인상에 의해 고객이 바라보는 세일즈맨의 가치가 달라지게 된다. 고객의 마음에 새겨진 세일즈맨의 첫인상은 이후의 상담과 상품설명, 구매 행동에 직접적인 영향을 미치게 된다. 그래서 고객과의 첫만남에서 자기소개가 매우 중요한 의미를 가지게 되는 것이다.

- 나는 누구인가?
- 지금 여기에 어떻게 왔는가?

- 고객에게 어떤 도움을 줄 수 있는가?
- 고객을 어떻게 생각하고 있는가?

【예문】

- 고객님, 안녕하세요. 아까 전화드렸던 김찬수입니다.

  전화통화를 편안하게 해주셔서 어떤 분인가 궁금했었는데 직접 만나뵈니 인상이 너무 좋으시네요. 김영찬 이사님의 소개로 고객님을 만나뵙게 되었는데 고객님께서 좋은 선물을 줄 수 있는 분이라고 하셔서 기대했었는데 직접 만나뵈니 그렇게 소개해주신 이유를 알겠네요. 소개해주신 그분의 말씀처럼 오늘 고객님께 좋은 선물을 받을 수 있도록 노력하겠습니다.

  고객님과의 소중한 인연에 감사드리며 제가 가진 모든 역량을 동원해서 고객님께 적합한 상품 서비스를 제공해드리겠습니다.

- 고객님, 반갑습니다.

  누군가 할 수 있다면 나도 할 수 있다는 (침묵) 절대긍정의 신념을 가진 멘탈세일즈마스터 김찬수입니다.

  저는 고객님을 제 삶의 멘토로 생각하며 고객님의 성공 스토리를 듣고 싶어 큰 용기를 내어 찾아뵈었습니다. 저에게 5분만이라도 시간을 투자해주실 수 있는 (침묵) 나눔을 베풀어 주신다면 큰 힘이 될 것입니다. 고객님의 성공을 모델링하여 고객님보다 더 큰 성취를 이루어 고객님께 신세를 갚을 수 있는 사람이 될 수 있도록 도움을 주실 수 있을지 기대됩니다.

∴ 초점모으기 메타포

　고객의 관심과 주의를 끌 수 있는 이야기를 통해 고객이 세일즈맨의 말과 상품에 주목할 수 있게 하는 언어기법이다. 고객은 처음부터 상품 소개를 하는 세일즈맨에게는 저항하거나 도망가려는 심리가 생긴다. 고객이 무엇 때문에 세일즈맨의 이야기와 상품설명을 들어야만 하는지에 대한 설명이 필요하다. 상품 소개를 효과적으로 받아들일 수 있는 고객의 심리적 상태를 만들기 위한 사전 작업이라고 할 수 있다.

- 주의를 모을 수 있는 이야기인가?
- 세일즈맨과 상품에 주목할 수 있는 이야기인가?
- 왜 상품과 서비스에 대해 들어야 하는가?

【예문】

- 미국의 오바마 전 대통령은 멘탈언어를 활용하여 연설을 하는 것으로 유명하죠. 대부분의 성공한 세일즈맨이나 큰 성취를 이룬 사람들은 사용하는 언어가 보통 사람들과는 달랐다는 것입니다. 저 자신도 멘탈언어를 사용하여 제 삶이 바뀌게 되었습니다.

　저뿐 아니라 저와 인연이 된 많은 사람들이 멘탈언어를 사용하면서 왜 좀 더 일찍 멘탈언어를 배우지 못했을까라는 후회를 했습니다. 도대체 멘탈언어가 무엇이길래 이런 놀라운 성취의 힘을 가지고 있을까요? 그 답을 제가 간단하게 말씀드리겠습니다.

멘탈언어에 대한 비밀을 함께 들어보시겠습니까?

■ 고객님, 누구나 부자가 되고 싶어합니다.

그리고 부자가 되기 위해 모두가 노력을 합니다.

하지만 고객님도 잘 아시다시피 모두 부자가 되나요?

부자가 되기 위해서는 먼저 자기 마음속에 부자를 만들어야 된다는 이야기를 들어보셨죠? 마음속에 없는 부자가 현실에서 이루어질 수 없다는 것은 누구나 다 알 수 있는 상식 아닌가요?

부자가 되는 확실한 비밀이 있습니다. 그 비밀을 알고 싶지 않으세요? 제가 그 비밀의 문을 여는 열쇠를 가지고 있는데 한번 들어보시겠습니까? 고객님도 저의 이야기를 듣고 나면 부자가 되기 위한 열쇠를 얻게 될 것입니다.

∴ 상품강점 메타포

상품의 구체적인 기능과 재원에 대한 직접적인 설명보다 고객의 관심사나 흥미를 유발하는 이야기 속에 상품의 강점이나 이익에 대한 메시지를 삽입한다. 고객은 이야기를 듣는 중에 자연스럽게 상품의 장점에 대한 상상과 인식을 갖게 된다.

■ 이야기 속에 상품을 넣었는가?
■ 자연스럽게 고객이 상품을 떠올리는가?
■ 상품이 문제해결방법으로 떠오르는가?

【예문】

- 고객님도 뉴스를 보았을 겁니다.

  얼마전 밤에 일가족이 탄 경차가 도로에 불법 주차된 트레일러를 뒤에서 추돌하여 참변을 당한 안타까운 사고가 발생했었지요. 참으로 마음이 아픈 사고였습니다.

  제가 아는 친구는 그 뉴스를 보고 다음날 바로 타던 차를 SUV로 바꾸었습니다. SUV라고 해서 사고가 안 나는 것은 아니지만 도로에서의 교통사고는 언제 일어날지 모르기 때문에 안전이 최우선이라고 생각했던 것이죠. 친구는 차를 바꾼 이유가 자신의 안전 때문이 아니라 가족의 안전과 행복을 위해서라고 말했습니다. 만약 사고를 당한 피해자가 경차가 아니라 탱크같이 단단한 SUV를 타고 있었다면 피해를 많이 줄일 수 있지 않았을까요?

  제 친구는 요즘 SUV를 타면서 마음이 든든하다고 자랑하면서 안전운전에 더 신경을 쓴다고 했습니다.

- 고객님도 잘 아시다시피 요즘은 여행이나 레저문화가 많이 발달되어 이동수단에 대한 관심이 많죠. 과거에는 고급 승용차에 대한 막연한 동경심이나 외제차를 타는 것에 대한 우월의식이 있었지만 요즘 누가 그런 것에 관심이나 있나요?

  개성과 실용성을 추구하는 현대인들은 차량 선택에서도 남의 눈치를 보지 않죠. 제 친구는 작년에 승합차를 구입하여 가족들과 전국 여행을 다녀왔는데 너무 좋았다고 합니다.

  승차감과 연비, 실용성 등에서 일반 승용차와는 비교가 안 된다며 주변 사람들에게도 승합차를 권유하는 홍보맨이 되었다고 자랑하고 다닙니다. 그 친구가 구입한 차가 바로 이 모델입니다.

∴ 문제해결 메타포

고객의 문제 상황에 대한 걱정을 해결해줄 수 있는 방법에 대하여 이야기를 듣고 고객의 문제가 해결될 수 있게 도와주는 언어기법이다. 고객이 느낄법한 걱정이나 고객이 느끼는 문제와 비슷한 문제를 해결했던 이야기를 들려주는 것이다.

- 고객의 공감을 얻을 수 있는가?
- 문제 상황이 완전히 해결되는가?
- 고객이 공감을 하는가?

【예문】
- 머리숱이 적은 것도 유전적 요인이 크다는 연구결과가 발표되었다는 사실을 아시죠? 그래서 저도 혹시 머리숱이 적어지면 어쩌나 하고 걱정을 많이 했어요. 실제로 저희 친척분들과 아버지께서는 탈모 때문에 걱정이 참 많았지요. 거기다가 외가 쪽에도 보면 탈모 때문에 대머리인 어른이 많았습니다.
  머리카락이 한 움큼씩 빠지는 것 같은 탈모를 경험해보지 않았다면 그 고통과 스트레스는 알 수 없습니다.

그런데 우연히 한방천연샴푸를 사용하고 나서 몰라보게 머리숱이 많이 나고 탈모가 더 이상 진행되지 않았다고 해요.

이 한방천연샴푸에 어떤 성분이 그러한 큰 효능을 내게 했는지 무척 궁금했습니다. 고객님이 보고 계신 이 상품이 바로 그 상품입니다. 머리카락은 건강할 때 미리미리 관리해야 한다는 저의 말에 고객님도 동의하시나요?

■ 구체적으로 누구라는 말을 직접할 수는 없지만 제 친구의 이야기입니다. 이 친구는 누구나 알 수 있는 명문대학을 졸업한 후 대기업에 취직이 되어 다른 친구들의 부러움을 살 정도로 안정된 삶을 살고 있었습니다. 그런데 이 친구가 회사의 구조조정 대상이 되어 45세에 퇴직을 하게 되었고 이후에 다른 회사에 취업하기 위해 수없이 서류를 내보았지만 나이든 사람을 어느 회사에서도 환영해주지 않았습니다.

설상가상으로 그때 마침 부인이 병에 걸려 그동안 모아 두었던 여유자금과 퇴직금을 모두 치료비로 써야 될 처지가 되었습니다.

취업이 되지 않아 자영업을 하기 위해 돈을 더 빌려도 부족한 상황에서 부인의 치료비 걱정까지 해야 될 때 문득 10년 전에 들어놓았던 보험이 생각났습니다. 보험 덕분에 부인의 치료는 아무런 금전적 부담 없이 할 수 있게 되어 부인은 완치되었고 지금은 두 사람이 힘을 합쳐 작은 식당을 시작했는데 직장 다닐 때보다 수입도 좋고 일도 더 재미있다고 아주 행복해 했습니다.

그 친구의 말이 만약에 보험 가입을 하지 않았다면 오늘과 같은 행복한 삶을 살지 못했을 거라며 경제적으로 다소 힘들더라도 보험은 꼭 들어두라는 이야기를 하더라구요.

사람 일은 알 수가 없다며 미리미리 준비하는 사람만이 소리 없이 찾아오는 불행을 거절할 수 있는 힘을 갖게 된다는 친구의 말이 오늘 따라 더 떠오르네요.

∴ 돈 메타포

고객이 상품을 선택하는 것이 경제적으로 더 이익이 되며 돈이 없어서 구매를 망설이는 고객에게 충분히 구매 여력이 있다는 것을 깨닫게 해주는 언어기법이다.

- 고객의 문제가 무엇인가?
- 상품이 없어 겪는 손해는 무엇인가?
- 상품 구매 후 얻게 되는 이익은 무엇인가?

【예문】

- 고급 승용차는 차 값이 없어 구입하지 못하는 것이 아니라 유지비용이 문제라고 생각하시죠?

    맞습니다. 고급 승용차는 세금과 기름값, 수리비 등이 일반 서민들로서는 차를 그냥 공짜로 주어도 못 타죠. 제 친구는 대학생인 아들에게 중고로 중형차를 사주었는데 한 달 기름값이 40만원에 세금이 1년에 60만원씩 나오자 크게 후회했다고 합니다.

그래서 중고차를 처분하고 경차를 새로 사주었습니다.

중고 중형차를 탈 때보다 경차를 타니 한 달에 절약되는 돈이 기름값, 보험금, 세금, 주차비, 통행료, 수리비 등을 계산해보니 약 30만원 정도가 되었다고 합니다. 대중교통을 이용하는 것보다 훨씬 더 비용이 절약되어 친구는 자신의 선택에 대단히 만족하고 있었습니다.

친구의 아들이 가장 신경 쓴 것이 다른 사람들 특히 여성들의 평가에 민감했었는데 건전한 의식을 가진 여성들이 부모 도움으로 허세를 부리는 것보다 남의 이목에 신경쓰지 않고 알뜰하고 실속 있는 남자를 더 좋아한다는 것을 알고 나서부터 어깨에 힘을 주고 다닌다고 자랑을 하더라구요.

∴ 자부심 메타포

고객이 상품을 구매함으로써 얻을 수 있는 자부심, 가치, 자존감이 높아지는 이야기를 들려주어 상품의 가치가 곧 고객의 가치라는 인식을 가질 수 있게 도와주는 언어기법이다. 특히 상품과 고객이 같은 가치를 가지게 되면서 주변의 관심과 반응이 어떻게 나타날지에 대한 이야기를 하는 것이 효과가 좋다.

- 상품이 없을 때의 열등감을 자극했는가?

■ 상품의 가치를 설명했는가?

■ 상품 구매 후 주변의 평가는 어떻게 변했는가?

【예문】

■ 남자들이 사회활동을 할 때 필요한 조건 중에 제일 중요한 것이 차가 아닐까요?

비싼 집은 들고 다닐 수 없어 다른 사람이 알아주지 않지만 차는 분신과 마찬가지로 어디든 따라다니며 차의 주인을 비추어주는 후광효과로 작용되죠. 그래서 집은 전세에 살아도 차는 좋은 차를 타야된다고 말하는 것 아니겠습니까?

제 친구의 이야기인데 중형차를 타고 예식장 지하주차장에 주차를 하다가 자존심이 많이 상했다고 합니다. 출입구 가까운 곳에 빈자리가 많았지만 주차관리인이 그곳에는 주차를 못하게 하고 불편한 기계식 주차장에 넣어야 된다고 해서 한참을 다투었다고 했습니다. 그 이유가 입구의 빈자리는 대형 승용차나 외제차를 위해 비워둔다는 말을 듣고 기분이 나빴다는 것이죠.

타이어 폭이 넓은 대형 승용차와 외제차가 기계식 주차장에 못 들어가는 것까지는 이해가 되지만 입구에 빈자리가 많은데도 중형차는 무조건 기계식 주차장에 넣어야 된다는 말에 화가 났던 것입니다. 마침 친구는 차를 바꿀 시기가 되었기에 어떤 차가 좋을까 고민하던 중에 자신의 사회적 지위와 자부심을 지키면서도 실용적인 고급 승용차를 구입하여 타고 다닙니다.

요즘은 자신의 가치를 더 빛나게 해주는 새 차를 운전하는 즐거움에 사람만나는 것이 즐겁고 다른 일까지도 열정적으로 하게 되어 행복감을 느낀다고 자랑을 했습니다.

그 이야기를 듣고 나서 차가 갖고 있는 힘이 단순한 이동수단이 아닌 한 사람의 인격까지도 바꾼다는 사실을 깨달았습니다.

저에게도 자신이 타는 승용차를 계속 자랑하고 있어요.

∴ 가성비 메타포

상품을 구매함으로써 생산성, 효율성, 가성비 등이 좋아진 이야기를 듣고 고객이 상품에 초점을 모을 수 있게 유도하는 언어기법이다.

- 상품 구매 후 생산성이 증가되었는가?
- 상품 구매 후 효율성은 증가되었는가?
- 상품 구매 후 가성비는 높아졌는가?

【예문】

- 고객님도 이솝우화에 나오는 토끼와 거북이 이야기는 잘 아시죠?
  이야기 속의 토끼가 거북이의 성실함을 배워 빠르면서 성실하면 어떨까요? 아니면 거북이가 토끼의 기동성을 가진다면 어떨까요?
  고객님은 현재 차가 없어 대중교통을 이용하고 계십니다.
  대중교통이 여러모로 편리할 때가 많죠.

현재 고객님은 거북이의 성실함으로 열심히 살아가고 있습니다.

만약 고객님의 이 성실함에 기동성까지 갖춘다면 얼마나 더 많은 변화를 체험할 수 있을까요?

대중교통을 이용할 때보다 저렴한 유지비로 고객님의 기동성을 갖출 수 있는 선택이라면 망설일수록 손해 보는 것이 아닐까요?

∴ 가족 메타포

가족과 관련된 이야기를 들려주어 고객이 상품이나 서비스를 구매함으로써 가족의 문제를 해결할 수 있다는 심리가 작동되도록 유도하는 언어기법이다. 상품이나 세일즈맨의 서비스를 통해 가족의 화합과 갈등 해소, 행복을 느낄 수 있다는 믿음을 주는 이야기를 들려준다.

- 상품 선택으로 가족이 더 화목해졌는가?
- 상품 선택으로 가족 갈등이 해소되었는가?
- 상품 선택으로 가족의 문제가 해결되었는가?

【예문】

- 한 집에 함께 살아간다고 모두가 건강한 가족관계를 유지하고 살아가는 것은 아니라는 사실을 잘 알고 계시죠?

  가족 간의 대화가 끊긴 가정은 마치 산소가 부족한 밀폐된 공간에 갇힌 것처럼 답답해지기도 하죠. 특히 고객님처럼 아이가 초등

학생일 때 가정의 분위기를 어떻게 경험하느냐가 아이의 인성발달에 가장 영향을 많이 미치게 되죠.

그래서 필요한 것이 가족공동의 신체활동을 하는 것입니다.

가족이 함께 운동을 하며 서로를 이해하고 공감하는 분위기 속에 가족 모두가 화목해진 결과를 얻게 해주는 상품이 바로 이 운동기구입니다. 남녀노소 누구나 쉽고 안전하게 참여하면서 4명이 동시에 함께 운동할 수 있는 프로그램까지 있습니다.

온 가족이 다함께 운동을 하며 가족의 건강도 챙기면서 가족 모두가 화기애애한 분위기 속에 웃음 꽃이 만발한 분위기를 떠올린다면 그 기분은 어떨까요?

∴ 안전 메타포

고객이 안전에 관련된 이야기를 들으며 상품이나 서비스를 구매하여 고객이 자신의 문제를 해결할 수 있다는 심리가 작동되도록 유도하는 언어기법이다. 고객이 상품이나 세일즈맨의 서비스를 선택하게 되면 심리적 안정감과 금전적으로도 이익을 찾을 수 있다는 믿음을 갖게 해주는 이야기를 들려준다.

- 현재의 문제를 부각하였는가?
- 상품 구매로 심리적 안정을 찾게 되었는가?
- 상품 구매로 금전적 안정이 되었는가?

【예문】

- 요즘 뉴스 보기가 겁난다고들 하죠? 강력사건들이 많이 보도되면
서 방범에 대한 관심을 많이 갖고 계시죠?

   특히 주택에 생활하시는 분들은 안전을 지켜주는 경비원도 없고
   방범용 카메라도 설치되어 있지 않아 불안을 더 느낄 수밖에 없
   죠. 물건을 도둑맞는 것도 두려운데 더 걱정되는 것은 생명의 위
   협을 당하는 것이죠. 그래서 우리의 소중한 재산과 생명을 안전하
   게 지켜줄 수 있는 보안시스템이 중요한 것입니다.

   저희 보안시스템은 고객님의 소중한 재산과 가족의 안전을 완벽
   하게 책임지겠습니다. 저희 보안시스템을 선택하신다면 고객님의
   소중한 재산과 안전을 위협하는 모든 요소들이 한꺼번에 사라지
   게 될 것입니다.

∴ 마무리 메타포

세일즈과정 전체를 요약해서 마무리하는 이야기를 들으며 고객이 상
품의 장점을 다시 각인할 수 있도록 유도하고 상품의 구매 욕구와 필요
성을 재환기하여 고객이 결재를 할 수 있도록 도와주는 언어기법이다.

- 전체 과정을 요약하였는가?
- 상품의 장점을 강조하였는가?
- 상품의 필요성을 강조하였는가?

【예문】

■ 오늘 상담과정에 고객님께서 보여주신 관심에 감사드리며 저희 상품의 우수성을 칭찬해주셔서 감사합니다.

이 상품이 고객님께 아무리 잘 어울린다고 해도 결국은 고객님의 선택이 중요하겠죠. 합리적인 선택을 하시는 고객님의 스타일을 볼 때 이 상품을 구매하신 후 고객님의 효용가치가 지금의 기대와 설레임 이상일 것이라고 생각됩니다만...

이 상품을 구매하신 고객님들의 공통적인 이야기가 구입 후에 만족도가 아주 높았다는 사실입니다. 특히 실용적이고 합리적인 선택을 하시는 고객님들은 다른 선택의 여지가 필요없다고 극찬을 해주셨습니다. 저에게도 오늘 고객님과의 인연이 매우 의미 있는 하루가 될 것 같습니다. 상품 구매 조건을 고객님께 최대한 맞추어 드리도록 하겠습니다. 여기를 보시면 고객님께 꼭 필요한 성능을 다 갖추고 있으면서도 부담없이 구입할 수 있는 합리적인 가격에 나와있는 상품이 있습니다.

∴ 1인칭 메타포

고객은 상품 선택을 하고 최종 구매결정을 하기까지 후회 감정을 느끼지 않기 위해 절대적 준거나 믿음을 찾게 된다. 이러한 고객의 심리에 접근할 수 있는 쉬운 방법이 1인칭 메타포 기법이다. 세일즈맨이 자신의 이야기를 노출시킴으로써 고객의 신뢰를 얻을 수 있게 된다.

- 현재

  ☞ 나도 그 상품을 사용하고 있다.
- 미래

  ☞ 나도 여건만 되면 그 상품을 살 것이다.
- 과거

  ☞ 나도 그 상품을 사용한 적이 있다.

【예문】

- 저도 고객님이 보고 계신 자동차를 갖고 있습니다.

  제가 이 차를 운행하면서 제일 만족하는 것은...
- 저도 이 주식에 투자를 많이 하고 있습니다.

  제가 투자한 주식은 수익률이...
- 저도 곧 이 모델의 자동차를 구입할 것입니다.

  이 차로 전국일주를 하고 싶습니다.
- 저도 여윳돈이 생기면 주저 없이 주식에 투자할 것입니다.

  주식투자로 많은 돈을 벌어 행복하게 살고 싶습니다.
- 저도 H사의 차만 구입해서 운행했었습니다.

  지금 제가 타고 있는 차도 처음 구입할 때는 신차로서 폼이 났었습니다. 차는 시간이 지나면 노후되어 잔고장도 나고 연비도 안 좋아지기 때문에 새 차로 구입하려고 생각중입니다.
- 저는 작년까지만 해도 하루에 한 시간 이상씩 규칙적인 운동을 했었습니다. 지금은 바쁘다는 핑계로 운동을 게을리하면서 아랫

배가 많이 나오고 숨이 차서 계단을 오르기도 힘이 듭니다.

이제부터 집에서라도 틈틈이 운동을 하기 위해 이 운동기구를 구입할 생각입니다.

■ 제 친구가 SUV를 타고 가다가 고속도로에서 사고가 났었는데 차는 많이 망가졌지만 사람은 경미한 부상만 당한 것을 보며 다른 건 몰라도 생활 속에서 자신의 분신과 같은 차를 선택할 때는 돈이 조금 더 들어가더라도 안전도를 제일 우선시해야겠다는 생각이 들었습니다. 그때 만약 친구의 차가 단단한 SUV가 아니었더라면 큰 불행이 닥쳤을지도 모르는 일입니다. 요즘 차의 기능과 성능은 큰 차이가 없어졌기 때문에 안전이 우선이죠.

제가 타는 이 차도 통프레임으로 안전만큼은 장담할 수 있습니다. 많은 사람들이 안전을 생각하며 SUV를 선택하는 이유가 있지 않을까요?

∴ 2인칭 메타포

상담진행과정에서 고객이 상품과 서비스에 대한 집중도가 약할 때 2인칭 메타포를 사용하면 고객을 각성시키는 효과가 있다. 고객의 주의를 집중시키거나 좀 더 강하게 이끌기 위해 이야기 형태로 전해주는 언어기법이다. 고객의 감정을 자극하기 위해서는 긍정적 2인칭 메타포가 효과적이고 고객의 집중이 약할 때 각성시키기 위해서는 부정적 2인칭 메타포가 더 효과적이다.

【예문】

■ 고객님이 이 차를 몰고 친구들 모임에 갔을 때 주차장에서 만난 친구가 이 차 디자인의 매력에 빠져 고객님을 부러운 시선으로 쳐다볼 때 기분이 어떨까요?

■ 지금 제가 추천드리는 이 종목에 투자결정을 못하고 망설이다가 기회를 놓쳤는데 만약 이 종목의 주가가 두 배로 올랐다고 상상해보세요. 그때 가서 이 주식을 사려면 지금의 두 배가 들어가게 됩니다. 후회의 감정 때문에 받는 스트레스가 고객님을 힘들게 하는 것 이상으로 저도 안타까운 마음이 들겁니다.

■ 땅은 임자가 따로 있다고들 합니다.
이 땅은 그동안 개발이 제한되어 있어 땅값이 급상승할 여지가 많습니다. 고객님께서 투자에 대한 직관력과 결단력으로 이 땅을 구입한 후에 가격이 폭등한다면 큰 이익이 생기게 될 것입니다.
다른 사람들이 먼저 선택하기 전에 결단하세요. 기회는 항상 있는 것이 아닙니다. 지금 기회가 왔을 때 확실한 결단력으로 큰 이익을 고객님 것으로 만들 수 있습니다.

∴ 3인칭 메타포

고객이 경험하는 문제 상황과 욕구에 일치하는 제3의 등장인물의 이야기를 통해 상품의 필요성을 강조하여 고객의 참여를 유도하는 언어 기법이다. 고객의 실제상황과 메타포의 소재가 유사해야 하며 두 가지가 일치성이 높아야 고객이 자신을 대입하기 쉬워진다. 상품 구매를 하지 못한 제3자의 불행한 이야기나 상품 구매 후의 긍정적인 상황변화나 결과에 대한 이야기를 들으며 상품 구매의 욕구와 구매결정이 일어나도록 이끄는 언어패턴이다.

【예문】

- 만약에 다른 고객님들이 제가 이런 파격적인 조건으로 고객님에게만 이러한 서비스를 제공해드리는 것을 알게 된다면 난리가 날 것입니다. 그분들도 고객님이 받는 서비스를 저에게 요구했지만 제가 거절했습니다. 다시 한번 말씀드리지만 이 서비스는 고객님께만 드리는 특별혜택입니다.

- 작년에 집을 사겠다고 결정하시고 계약금을 늦게 입금하신 고객님이 계셨는데 1시간 전에 다른 부동산의 고객님께 팔렸던 적이 있습니다. 그 집이 지금 두 배로 가격이 올랐습니다.

  그때 그 고객님이 계약금을 조금만 빨리 입금했더라면 하고 얼마나 후회하셨는지 아십니까? 만약 오늘 집이 마음에 드신다면 제일 먼저 계약금부터 서둘러 입금하는 것을 잊지 마세요.

- 저희 센터에 등록하신 대부분의 고객님들이 지금 고객님과 똑같은 질문을 하셨습니다. 그랬던 그 분들이 지금은 저에게 뭐라고 하시는지 궁금하지 않으세요?

- 오랜 단골 고객 중 한 분은 투자를 많이 하시는데 제일 중요한 투자가 자기 자신에 대한 투자라고 강조하셨죠.

∴ 일상적 메타포

고객이 일상생활 속에서 편하고 익숙하게 느끼는 사람이나 공간, 사물들을 활용하여 고객의 마음을 안정시키고 친근감을 유도하는 언어 기법이다. 사람을 이야기의 소재로 활용할 경우 세일즈맨 자신과 고객이 선호하는 권위 있는 사람이나 누구나 알 수 있는 유명인사, 인기 있는 연예인 등이 좋다.

고객이 일상생활 속에서 쉽게 접하는 친근하고 익숙한 이야기를 듣는 순간 심리적 일치시키기를 통해 상품과 세일즈맨의 서비스에 대한 라포를 형성하여 원하는 행동의 변화를 유도할 수 있다.

【예문】

■ 어제 저희 매장에 방문해주신 분 중에 고객님과 많이 닮으신 분이 계셨는데 그 분이 저희 상품을 보시고 바로 구매를 결정하시면서 제게 이런 말씀을 하셨습니다.

■ 저희 스승님이 10년 전에 구입하신 TV를 아직도 사용하고 있는데 잔고장 한 번 없었다고 하시면서 다음에 TV를 바꿀 때 똑같은 브랜드의 좀 더 큰 TV를 구입하시겠다고 제게 약속하셨습니다.

■ 제 친한 친구 중 한 명이 얼마전 부모님께 효도하는 마음으로 고가의 안마의자를 사드렸습니다. 고객님도 잘 아시겠지만 아무리 좋은 안마의자라도 자식이 직접 주물러드리는 것과 같겠습니까? 특히 안마의자는 잘못 사면 나약한 부모님의 몸에 오히려 무리가

되어 신체적 고통을 겪게 될 수도 있습니다.

제 친구는 부모님을 직접 매일 안마해드리지 못하기 때문에 가격은 비싸지만 자신의 마음을 담아 부모님이 가장 편안하고 안전하게 휴식하며 건강을 관리할 수 있는 최상급의 안마의자를 선물로 드렸던 것입니다. 선물받은 부모님이 너무 기뻐하시는 모습을 보고 좀 더 일찍 선물해드리지 못한 것이 안타까울 뿐이었다고 했습니다. 그 친구가 구입한 모델이 바로 여기에 있습니다.

그리고 이 안마의자는 최초로 음향이 지원되는 상품으로 편안하게 안마를 받으며 음악 감상까지 할 수 있습니다. 고객님도 이 안마의자에 앉는 순간 이 상품이 왜 부모님께 효도의자가 되는지를 느낄 수 있게 될 것입니다.

∴ 회상 메타포

고객의 상품 구매 패턴은 장기기억에 고스란히 저장되어 있다. 과거에 동일한 상품이나 유사한 상품 구매 경험을 회상하게 되면 상품과 구매결정에 대한 생소함이 완화되어 상품의 구매 가능성을 높이는 언어기법이다. 낯선 정보에 대한 의심과 걱정을 제거하기 위해 고객의 뇌에 저장된 과거 구매경험을 환기시킴으로써 상품 구매 결정을 쉽고 편하게 할 수 있도록 도움을 주는 언어패턴이다. 고기도 먹어본 사람이 잘 먹는다는 말처럼 고객이 과거에 경험했던 패턴을 회상하게 되면 새로운 상품을 구매하는 결정과 행동을 쉽게 할 수 있다.

【예문】

- 고객님께서는 2년 전에 저희 매장에서 비슷한 상품을 구입하신 기록이 있으시네요. 지금 보고 계신 이 상품은 2년 전보다 많이 업그레이드되었습니다. 제가 고객님이 편안하게 상품을 이해하실 수 있도록 안내해드리겠습니다. 전에 구매하신 상품보다 성능은 훨씬 더 좋으면서 가격은 더 저렴한 상품을 합리적으로 선택하실 수 있도록 도움을 드리겠습니다.

- 고객님도 아시다시피 요즘 현금을 100%다 주고 차를 구입하는 사람이 누가 있습니까? 오히려 목돈이 없어도 장기간 부담 없이 할부로 내면서 구매하는 분이 더 많습니다. 과거에 고객님께서도 차량구입을 하실 때 할부를 이용하시지 않았습니까?

  장기간 내는 할부금의 부담은 중고차를 운행하시면서 수리비 늘어가는 것보다 적을 수도 있습니다. 과거에 고객님이 구입하셨을 때보다 지금은 금융이자가 많이 내렸고 할부기간도 길어서 아무 부담 없이 구매결정을 하실 수가 있습니다.

  이것만은 꼭 알아두십시오. 중고차 타는 사람은 계속 중고차를 타고 새 차를 타는 사람은 계속 새 차를 탄다난 사실을...

  새 차 할부금이나 중고차 탈 때의 불편함과 사고 위험, 수리비 등을 생각한다면 당연히 새 차를 구입하시는 것이 더 유리하죠.

- 모든 것은 타이밍이 중요한 법이지요.

  과거에 우리나라 사람들의 재테크 수단 중에 가장 안전하고 수익률이 좋은 것은 무엇일까요?

네, 고객님도 알고 계시겠지만 부동산이죠.

만약에 고객님이 빚을 내서라도 3년 전에 아파트를 구입하셨다면 가격이 얼마나 올랐을까요?

고객님이 살아오시면서 바른 선택과 결정을 많이 하셨을 겁니다. 고객님의 바른 선택과 결정은 바로 타이밍입니다. 남들이 모두 다 괜찮다고 할 때는 늦은 타이밍이 될 수 있습니다. 고객님께 특별히 먼저 귀한 정보를 드리는 것입니다.

이번에 제가 추천해드리는 이 부동산은 앞으로 찾기 어려운 정말 귀한 매물입니다. 만약 구입의사가 있다면 일단 계약금부터 지금 바로 입금하시는 것이 안전합니다. 좋은 매물은 오랫동안 기다려 주지 않습니다.

∴ 경쟁 메타포

사람의 심리는 편안하게 이완이 된 상태보다 각성이 높아질수록 주의의 폭이 좁혀진다. 혼자 달리기를 할 때는 천천히 여유 있게 주변 경치도 구경하며 달린다. 하지만 시합상황에서 한 명의 우승자를 가리는 경쟁을 하게 되면 각성이 되면서 주의의 폭이 좁혀지게 된다.

고객의 흩어진 관점과 초점을 상품과 세일즈맨에게 모으기 위해 경쟁자를 언급하는 언어기법이다. 경쟁상품에 대한 적절한 이야기나 상품을 구입할 의사가 있는 다른 고객과의 비교를 통해 쫓기는 심리로 의도적으로 유도하는 언어패턴이다.

【예문】

■ 고객님의 삶이 강에서 배를 타고 노를 저어가는 것으로 비교한다면 고객님이 탄 배가 좀 더 상류에 있을 때 더 나은 선택을 할 수 있는 유연성을 가질 수 있습니다. 만약 고객님이 타고 있는 배가 폭포 앞에 와있다면 다른 선택의 여지없이 폭포 아래로 추락할 수밖에 없을 것입니다. 고객님이 지금 나이에 좀 더 빠른 결단력으로 연금보험을 든든하게 가입하시는 것은 고객님의 배가 좀 더 상류에 있을 때 더 나은 선택으로 원하는 방향을 설정할 수 있는 능력을 가지게 되는 것과 같습니다. 당장 약간의 부담이 된다고 미래에 대한 아무런 준비를 하지 않는다면 원하지 않는 폭포에 떠밀려 갈 수도 있다는 사실을 알아야 합니다.

■ 지금 고객님이 바로 결정하지 않으셔도 상관없습니다.

하지만 이 땅은 눈독 들이는 사람이 워낙 많아 고객님이 더 좋은 조건을 검토하시는 동안 매매될 수도 있습니다.

고객님도 아시겠지만 좋은 땅은 주인을 알아본다고 합니다.

지금 이 땅을 보시고 마음에 드신다면 이 땅이 주인을 알아보는 것이라고 생각하시면 됩니다. 투자는 타이밍입니다. 이 좋은 땅을 망설이다가 놓쳤을 때의 아쉬운 마음을 생각해보십시오.

마음에 드신다면 즉시 결단을 내리는 것이 필요하실 겁니다.

■ 우리 상품과 유사한 타사 상품에 대해서 잘 알고 계시겠지만 단순 비교 대상이 아니라는 점을 먼저 말씀드리고 두 상품의 차이점을 말씀드리겠습니다.

인용

　인용이란 자신의 이야기가 아닌 제3자가 이야기했던 내용을 들려주어 고객이 수긍하게 만드는 언어패턴이다. 즉 다른 사람의 말을 그대로 가져와서 쓰는 것이다. 권위를 가진 전문가나 존경을 받는 위인의 말을 인용하면 고객은 저항 없이 받아들인다. 아날로그 마킹과 함께 잠입명령어로 승화되어 고객에게 수용되면 절대적 믿음을 구축하게 된다.
특히 사회적으로 권위가 있는 사람이나 스포츠 스타, 연예인, 성공한 사람을 인용하게 되면 후광효과에 의해 고객은 저항 없이 수용한다.

- 부호 ' ' 가 사용되었는가?
- 제3자의 권위나 영향력이 있는가?
- 고객의 문제해결에 도움이 되는 내용인가?

【예문】

- 어머니는 제가 어릴 때부터 교회에 갈 때 항상 '예배 30분 전에 자리에 앉아 기다려라'고 말씀하셨죠. 그리고 '목사님과 가장 가까운 자리에 앉아라'고 말씀하셨어요.
  나는 어머니의 말씀을 그대로 따라했습니다. 제가 오늘 이렇게 성공할 수 있었던 것은 어머니의 두 가지 가르침 덕분이었습니다.
  '약속시간 30분 전에 도착하기'와 '가장 좋은 자리 선점하기'
  이 두 가지가 나의 성공 비밀이었습니다.

오늘 고객님이 저와의 약속시간보다 30분 일찍 오신 것을 보며 어머니가 생각이 나네요.

■ 현대그룹을 창업한 고 정주영 회장이 직원들에게 자주 했다는 말이 '해보기나 해봤어?'였습니다.

많은 사람들이 실제 해보지도 않고 마음의 경계에 갇혀 있습니다. 안 되는 이야기를 하기보다 일단 시작해보고 문제가 있으면 피드백을 통해 채워가는 것이 더 빠른 성취를 이룰 수 있게 해준다는 것을 정주영 회장은 잘 알고 있었던 것입니다.

이처럼 과감한 추진력으로 이번 프로젝트를 밀어붙인다면 분명히 큰 성과를 얻을 수 있을 것이라 믿습니다.

■ 오랜 단골 고객님께서 이번에 신차를 구입하시고 '신차의 디자인이 너무 매력적이라 사람들이 자기를 부럽게 쳐다보는 것 같아 기분이 은근히 좋았다'고 말했습니다. 요즘 차들의 성능은 큰 차이가 없죠. 그래서 저도 디자인이 가장 중요하다고 생각합니다.

Part 7

멘탈언어의 활용과
멘탈기법

멘탈언어

멘탈언어는 의도적으로 생략, 왜곡, 일반화시켜 고객을 트랜스 상태로 유도하여 긍정적인 변화를 이루어내는 언어기법이다.

멘탈언어는 고객에게 직접 지시하지 않고도 일상적 대화 속에서 새로운 일반화 신념을 만들 수 있다. 고객에게 먼저 맞추어준 후 이끌기가 쉽게 될 수 있게 만들고 의식적 마음을 분산시켜 잠재의식에 바로 접근할 수 있게 해준다. 멘탈언어는 추상적이고 모호한 표현을 사용하여 뜻을 폭넓게 해석할 수 있도록 하여 비지시적인 암시를 통해 고객이 눈치채지 못하는 가운데 잠재의식에서 쉽게 수용하게 만든다.

직접적이고 지시적인 표현이 고객의 저항감을 불러올 수 있기 때문에 메타포를 활용하여 메시지를 간접적으로 표현하면 의식을 우회하여 잠재의식에 자연스러운 접근이 가능하다. 메타포는 간접적이고 비지시적이지만 긍정의 상태를 유도하여 최면적 효과를 이끌어내는 강력한 힘을 갖고 있다. 상담에서 고객을 이끌고 변화시키기 위해서 먼저 고객에게 맞추어주는 것이 필요하다. 고객에게 맞추어주면 고객을 내면 집중상태로 유도하게 되어 수용성을 높이게 된다.

고객을 트랜스 상태로 유도하여 과거의 많은 경험 중에서 가장 적절한 것을 주관적으로 해석하게 함으로써 상품 구매에 긍정적인 결과를 만들어낼 수 있게 한다. 의도적으로 애매한 언어를 사용하여 중요한 정보에 대해 생략, 왜곡, 일반화시켜 의식적 마음에서 생략된 정보를 고객이 스스로 채워 넣을 수 있게 만드는 것이다. 멘탈언어는 고객이 전혀 눈치채지 못하는 가운데 고객의 마음 깊숙한 곳에 새로운 프로그램을 설치할 수 있는 언어적 마술이라고 할 수 있다.

∴ 비교생략

객관적으로 비교대상이 있어야 비교가 되는데 비교대상을 구체적으로 밝히지 않은 채 표현하는 언어기법이다. 무엇과 비교해서 나온 결과인지 어느 정도의 수준인지 비교되지 않지만 고객이 스스로 상상하고 이해하여 더욱더 좋다는 느낌이 들게 만들어 세일즈맨의 암시를 수용하고 구매결정을 하도록 유도하는 언어패턴이다. '더'라는 단어를 사용하여 비교를 하지만 비교의 대상이 생략되거나 불명확하다.

- 더 빨리
- 더 나은
- 점점 더
- 보다 더
- 더욱더
- 더 느리게
- 더 강하게
- 더 약하게
- 훨씬 더
- 더 심한

- 더 큰
- 더 쉬운
- 최고의
- 최상의

【예문】

- 고객님을 위해 최고급 와인을 준비하였습니다. 아마 그 무엇과도 비교할 수 없는 깊은 맛을 느낄 수 있을 것입니다.
- 이 안마의자는 이전의 상품보다 훨씬 더 업그레이드 되었습니다. 더 편안해진 성능을 직접 체험해보시면 보다 더 큰 만족감을 얻게 될 것입니다.
- 고객님, 진심으로 축하드립니다. 고객님이 제일 먼저 당첨의 행운을 잡았습니다.
- 고객님의 인품은 제가 최고로 존경합니다. 존경하는 고객님께만 특별한 혜택을 드립니다.
- 네, 잘하고 있습니다. 아주 좋아요. 고객님의 운전 실력이 점점 더 좋아지고 있습니다.
- 고객님을 위한 최상의 서비스를 제공해드리기 위한 열정만큼은 제가 최고라고 자부합니다.
- 우리는 과거보다 훨씬 더 풍족한 삶을 살아가면서도 현재의 삶이 점점 더 외롭고 가난하다는 느낌을 가지는 것은 마음의 여유가 없어지기 때문 아닐까요?

- 이 상품의 가치는 그 무엇과도 비교할 수 없습니다.
- 고객님이 지금껏 전혀 경험하지 못했던 훨씬 더 편안한 승차감을 느낄 수 있을 것입니다.

  이 차가 고객님의 비즈니스에 도움을 줄 것이라고 확신합니다.

  그 어떤 고급차와 비교해도 더 멋있고 더 조용하고 더 빠른 이 차의 성능에 고객님이 보다 더 만족하게 될 것입니다.

∴ 최고 가치

비교생략과 같이 비교대상을 생략한 채로 세일즈맨이 전해주는 최고의 표현을 수용하게 만드는 언어기법이다. 주의할 것은 상품의 실제 우수성을 최대한 활용하는 것이지 과대광고나 거짓된 정보를 제공해서는 안 된다는 것이다. 구체적으로 무엇 때문에 가장 우수한지에 대해서는 이야기하지 않으며 '가장', '최고의'와 같은 표현을 사용한다.

- 가장 빠른
- 최상의, 최고의
- 가장 멋진
- 가장 많은
- 가장 좋은
- 최고의 기능
- 최상의 조건

■ 최고의 선택

【예문】

■ 이 모델이 왜 판매율 1위의 인기를 누리는지 아십니까?

그것은 이 모델이 가장 멋진 디자인과 가장 우수한 기능을 많이 가지고 있기 때문입니다. 지금까지 나온 그 어떤 모델도 고객님이 보고 계신 이 모델만큼 최고의 인기를 누린 적이 없죠.

요즘 고객님들이 얼마나 지혜롭습니까?

최고의 기능을 가진 최고의 모델을 최상의 조건으로 구입할 수 있는 특별한 혜택을 선택하는 것은 당연한 것이 아닐까요?

■ 이 음식은 저희 식당의 주방장이 직접 준비한 최고급 메뉴입니다.

한번 드셔보시면 왜 최고의 메뉴인지를 알 수 있게 될 것입니다.

■ 고객님의 말씀이 저의 마음에 크게 와닿습니다.

제가 들었던 이야기 중에 오늘 고객님이 들려주신 말씀이 제 마음에 가장 크게 여운을 남기네요.

■ 이 휴대폰의 기능이 세계에서 가장 우수하다는 것은 제가 설명드리지 않아도 잘 알고 계실 것입니다. 저는 이 휴대폰을 소개드릴 때 가장 큰 자부심을 느끼게 됩니다.

∴ 포괄적 수량화

상품의 우수성에 대한 확신을 강하게 심어주기 위해 모든, 항상, 절대, 전부, 반드시, 모두와 같은 표현을 활용하여 일반화하는 언어기법이다. 확신을 전해주는 포괄적 수량화는 고객과의 라포가 형성된 상태에서 사용하며 고객의 욕구를 파악한 후에 고객의 선택이 틀리지 않다는 확신을 줄 때 사용하면 효율적이다.

　세일즈맨이 상품에 대한 확신을 가지고 있는 것이 중요하다.

많은 사람이 선택한 것이 옳거나 안전하다는 대중심리가 작동되어 포괄적으로 수량화된 표현을 당연한 것으로 수용하게 된다.

- 모든
- 항상
- 절대
- 전혀
- 반드시
- 꼭
- 100%
- 무조건
- 모두

【예문】

- 고객님은 언제나 저희 매장만 방문해주시고 한결같은 마음으로 따뜻한 관심을 가져주셔서 항상 감사한 마음을 가지고 있습니다.
- 저희 고객님들은 아무도 그런 말을 하지 않습니다.

왜냐하면 저희 상품을 사용해보신 고객님들 모두 100% 만족하고 계시기 때문입니다.

- 고객님이 알고 계신 기술이 이제 더 이상 완전히 필요없게 되었습니다. 이 첨단 제품이 고객님을 대신해서 모든 서비스를 대신하게 될 것입니다.
- 지금 제가 소개해드리는 상품이 가진 우수한 기능은 다른 어떤 상품에서도 찾을 수가 없습니다.
- 고객님의 선택은 언제나 탁월하시네요.
  늘 좋은 상품만 선택하시는 고객님의 안목에 존경을 보냅니다.
- 늘 한결같은 마음으로 저희 매장을 사랑해주셔서 감사합니다.
  고객님 덕분에 저희 매장이 계속 발전하고 있습니다.
  앞으로도 쭈욱 변함없는 사랑을 부탁드립니다.

∴ 부사적 표현

비교생략의 일종으로서 무엇 때문에 그런 것인지 원인이 생략된 채로 표현하는 언어기법이다. '~하게'라는 부사적 표현을 사용하여 생략된 빈틈을 고객의 상상력으로 채워 넣을 수 있도록 유도한다.

생략된 정보에 대해 고객은 자신의 과거경험과 정서를 가져와 완성하게 되며 고객이 스스로에게 채워 넣은 정보는 100% 자신에게 적합한 정보이다. 언어기법에 의해 고객이 상품을 중요하다고 느낀다면 생략을 통해 오히려 더 집중하게 된다.

- 명백하게
- 확실히
- 기쁘게
- 즐겁게
- 분명히
- 완벽하게

【예문】

- 제가 분명히 고객님께 말씀드리지만 이번 투자는 확실하게 큰 이익을 장담할 수 있습니다.
- 제가 확실한 상품이 아니라면 고객님께 자신 있게 소개드리지 못할 것입니다. 이 상품은 이번에 완벽하게 업그레이드되어 고객님을 만족시키고 기쁘게 해드릴 것입니다.

∴ 초점 모으기

상담과정에서 시간이 경과되거나 정보간섭에 의해 고객의 주의집중력이 떨어질 때 중간중간 사용하여 고객의 주의와 초점을 재환기시키거나 모으는 언어기법이다. 깊고 부드러운 톤으로 느리게 말한다.

- 지금
- 여기

- 다시
- 이제
- 자~
- 다시 한번
- 한번
- 이제 다시

【예문】

- 고객님은 이제 곧 가장 우수한 성능을 가진 상품을 보시면서 대만족하게 될 것입니다.
- 이 상품을 다시 한번 살펴봐주세요.
  제가 지금 확실히 말씀드리지만 이 상품만큼 성능이 뛰어나고 더 큰 혜택을 드리는 상품은 그 어디에도 없습니다.
- 지금 여기에서 고객님이 직접 보시고 체험하셨던 상품을 다시 한번 살펴봐주시고 더 궁금하신 내용이 있다면 편하게 질문해주시겠습니까?

∴ 반복하기

반복되는 언어는 트랜스 상태를 만들어 고객의 욕구 상승과 상품에 대한 관심집중 효과를 기대할 수 있다. 고객이 반복되는 말에 집중하게 되어 암시에 대한 수용성을 높게 되는 언어기법이다.

- 점점 더 깊이... 더 깊이...
- 한걸음 한걸음 또 한걸음...

【예문】

- 나이가 들수록 건강에 대한 자신감은 점점 더 떨어지고 떨어져서 몸에 좋은 상품을 찾고 또 찾아보지만 고객님이 원하는 만큼의 효과를 기대하기 쉽지 않죠. 하지만 이 상품은 기존의 다른 상품과는 비교할 수 없는 차이를 확인할 수가 있습니다.
- 저희 상품의 우수성이 고객님의 입에서 입으로 점점 더 널리 알려지고 알려지면서 이제 모르는 분이 없을 정도입니다.
- 이 투자 상품이 앞으로 고객님의 돈을 두 배, 세 배, 네 배로 더 불려주는 효자 노릇을 하게 될 것입니다.

∴ 암시문장

암시문장을 듣는 순간 잠재의식 차원에서 장기기억의 정보를 불러내어 문장과 관련된 경험이 재연된다. 암시문장은 최면상태와 비슷한 느낌을 갖게 되어 상품과 세일즈맨에 대한 고객의 주의집중과 심리적 이완 상태를 유도한다.

- 감탄하다
- 당혹하게 하다

- 이해하다
- 궁금해하다
- 깜짝 놀라다
- 깨우치다
- 매료되다
- 빠지다
- 빨려들다

【예문】

- 고객님도 지금 궁금해하시겠지만 이 상품의 우수성에 매료되신 다른 고객님들처럼 고객님도 이 상품의 매력에 감탄하시면서 점점 더 빨려들게 될 것입니다.
- 제가 이 상품의 우수성과 차별성에 대해 설명을 드렸는데 잘 이해되셨나요? 이해하셨다는 것은 좋은 경험이라고 생각합니다.
- 고객님께서 보고 계신 이 차를 직접 시운전해보신다면 이 차의 뛰어난 승차감과 성능에 매료되어 지금 바로 구입하고 싶은 유혹에 빠지게 될 것입니다.

∴ 연결사

고객을 설득하기 위해 이어주는 말로써 앞의 문장에 대한 원인이나 이유를 뒤의 내용에서 말할 때 사용된다. 상품의 우수성에 대한 이유와 원인을 설명하며 설득하는 언어기법이다. 논리적인 상관성이 없어도 고객을 설득하는데 도움이 된다. 고객은 '왜냐하면'이라는 연결사 하나에 더 큰 심리적인 영향을 받게 된다.

- ~니까
- ~때문에
- 왜냐하면

【예문】

- 고객님의 선택은 탁월했습니다. 왜냐하면 이 집처럼 좋은 조건을 갖춘 집을 찾기는 쉽지 않기 때문입니다.
- 고객님이 오늘 저희 매장을 직접 방문해주셨으니까 저희들이 최상의 조건으로 고객님께 혜택을 제공해드리겠습니다.
  왜냐하면 고객님이 오늘 저희 매장을 처음 방문해주신 소중한 분이시거든요.
- 이 상품이 고객님께 가장 잘 어울릴 것 같아요.
  왜냐하면 이 상품의 우수성과 고객님의 품격 있는 이미지가 잘 어울릴 것 같기 때문입니다.

∴ 정서단어

고객의 정서를 촉발시킬 수 있는 특정 단어를 사용하여 상품과 연결시키는 언어기법이다. 고객의 장기기억에 저장되어 있는 가치와 정서는 모두 다를 수 있다. 고객에 대한 정보 수집을 통해서 고객의 정서와 감정에 접근할 수 있는 특정한 단어를 사용하여 상품 구매를 유도하는 언어패턴이다.

- 사랑
- 가족
- 어머니
- 자식
- 돈
- 자유
- 건강
- 꿈
- 목표
- 국가
- 칭찬
- 고통
- 추억

【예문】
- 유전무병 무전유병이라는 말도 있습니다. 왠만한 질병은 치료를 하면 다 나을 수 있기 때문에 생긴 말이 아닐까요?

좋은 의료기관에서 정기적인 검사와 관리, 치료를 할 수 있다면 건강한 생활을 영위할 수 있습니다.

그러기 위해서 중요한 것은 돈이 있어야 하는 것입니다.

그런데 막상 병원에 가려고 하면 경제적인 부담을 느끼는 것이 보통 사람들의 솔직한 마음이잖아요. 그렇기 때문에 검증된 의료기관에서 고객님의 건강을 관리하고 몸이 아플 때 경제적으로 충분한 지원을 받을 수 있는 준비가 미리 필요한 것입니다.

이 상품은...

■ 집에 있는 사랑하는 가족을 생각해보세요.

가족을 위해서라면 무엇을 못하겠습니까?

■ 이 투자 상품은 고객님의 돈을 몇 배로 늘려줄 수 있는 성장 가능성이 가장 높습니다. 3년 뒤 지금 고객님이 투자한 돈의 10배가 된다면 어떨까요?

■ 고객님이 지금 투자하시는 월 10만원은 가족을 사랑하는 고객님의 마음입니다.

∴ 의인화

인간과 동물만이 감정을 가질 수 있음에도 불구하고 감정이 없는 상품을 의인화하여 감정과 인격이 있는 것처럼 표현하는 언어기법이다. 물질인 상품이 스스로 말하고 움직이며 감정을 가지고 있는 것처럼 이야기함으로써 고객이 상품을 친근하고 가치있게 수용하도록 유도한다.

고객과의 상담에서 의인화 기법을 활용하게 되면 딱딱한 상담과정이 부드러워지고 재치 있게 된다.

【예문】

- 이 책상을 자세히 보시면서 귀를 기울여보세요. 이 책상이 고객님을 오랫동안 기다렸다고 말을 하는 소리가 들리는 것 같지 않습니까? 이 책상은 고객님이 주인이라는 사실을 알아차린 것 같습니다. 고객님이 공부를 하거나 업무를 볼 때 최고의 집중력과 편안함을 느낄 수 있도록 이 책상이 도움을 줄 것입니다.
- 고객님께서 성능이 뛰어난 이 차를 선택하신다면 이 차가 고객님의 눈과 발이 되어 고객님이 원하는 곳은 어디든지 안전하고 편안하게 모셔줄 것입니다.
- 마치 이 차가 고객님을 만나기 위해 일편단심으로 오랫동안 기다려왔던 것 같습니다.

∴ 서법기능어

서술형태로 표현되며 생활의 규범처럼 상품에 대한 수용과 구매의 준거로 받아들이게 하는 언어기법이다. 고객의 직접적인 구매 행동을 유도하기 위해 사용하며 강한 유도기법이기 때문에 고객과의 충분한 라포가 전제되어야 한다. 서법기능어에는 필수성의 서법기능어와 가능성의 서법기능어가 있다.

- 필수성의 서법기능어
  - ☞ '~해야 한다'
- 가능성의 서법기능어
  - ☞ '~할 수 있다'

【예문】

- 저는 고객님이 미래에 후회의 감정이 생기지 않도록 이번에 반드시 이 집을 사셔야 한다고 생각합니다.
- 지금 바로 결단해야 합니다. 지금은 머뭇거릴 시간이 더 이상 없습니다. 지금 바로 선택하세요.
- 저는 고객님이 이 차를 타실 수 있는 분이라고 생각합니다.
  그리고 고객님은 이 차의 주인이 되어야 합니다.
  왜냐하면 고객님은 이 차의 주인이 될만한 충분한 인품과 능력을 갖고 있기 때문이죠.
- 고객님의 돈이 엉뚱한 곳에서 줄줄 새고 있다면 얼마나 안타까운 일이겠습니까? 그러한 빈틈은 반드시 막아야 합니다.
  그리고 이 상품에 투자하여 충분히 막을 수 있습니다.
- 고객님이 이렇게 디자인이 예쁜 차를 몰고 출퇴근하시는 모습을 매일 볼 수 있을 것 같습니다. 고객님이 결정만 하신다면 아무런 문제가 없습니다. 가족을 위한 선택을 하는데 무엇이 망설여지겠습니까? 고객님의 현명한 선택으로 온 가족이 활짝 웃는 행복한 모습을 볼 수 있습니다.

∴ 명사화

말이나 문장의 표현에서 진행 중인 과정을 묘사하는 동사가 명사로 바뀌었을 때 동사가 사라지고 명사화됨으로써 정지된 상태로 어떤 움직임도 없는 고정화되는 언어기법이다. '사명과 열정, 그것이 성공과 행복을 보장해주는 본질이다' 이 문장은 한 단어씩 떨어져 명사화되어 있다. 사명은 무엇에, 누구의, 어떤 사명인지가 생략된 채 특정한 형태로 고정되어 있는 것이다.

명사화는 동사를 명사로 표현하여 많은 정보를 삭제하고 시간적으로 고정화된 표현방법이다. 그래서 삭제된 빈 공백을 고객의 주관적 경험으로 채워 넣게 유도하는 언어패턴이다. 즉 명사화된 말을 듣고 고객이 스스로에게 딱 맞는 의미로 해석하게 만들어 상품과 세일즈맨의 서비스에 초점을 맞추도록 유도할 수 있다. 직접적으로 상품과 세일즈맨을 지칭하지 않는 명사를 사용하여 고객의 상상을 자극한다.

【예문】

■ 차를 잘못 선택하시면 몇 년간 원하지 않는 스트레스를 받는 마음의 불편함을 갖게 될 것입니다. 그래서 차를 구입하실 때는 아주 여러 번 생각하여 신중한 '결정'을 해야 합니다.

차를 구입하는 '목적'과 '의도'는 차를 구입함으로써 차가 없는 현실에서의 불편함을 해소하고 생활의 편리함을 추구하기 위함이죠. 다른 모델과의 비교가 본질적으로 필요하지 않다고 생각하니다. 이 차를 시승해보시면 왜 그런 비교가 전혀 필요 없는지 그 차이를 알 수 있을 것입니다.

- 아무리 이 차가 마음에 든다고 해도 아무런 비교 없이 쉽게 '선택'하는 '행동'을 할 수는 없지요.

  이 차의 우수한 '성능'과 '가치'를 깊이 있게 이해하기 위해서는 꼼꼼하게 체크해봐야 할 일들이 많지 않을까요?

  여러 가지를 분석한 결과가 고객님의 마음을 충분히 만족시킬 수 있을 때 바로 '구매결정'을 할 수 있지 않겠습니까?

  그렇지 않습니까?

- 저희 매장의 모든 상품은 국산품으로써 고객님께 '신뢰'받고 있는 믿을만한 것들로만 구성되어 있습니다.

∴ 명사화된 단어

동사가 명사로 표현되어 명사된 언어의 종류는 다양하다.

- 사랑, 사명, 꿈, 비전, 통찰, 희망, 과거, 현재, 미래, 최면, 트랜스, 의식, 잠재의식, 치유, 느낌, 의미, 맥락, 지각, 인식, 신뢰, 몰입, 호기심, 선택, 존재, 행동, 성공, 통합, 안전, 열정, 열중, 감사, 배움, 변화, 감각, 경험, 앎, 연결, 협동, 자발성, 자신감, 의도, 표현, 유도, 시간, 모델, 돌봄, 정서, 존경, 시각화, 편안함, 차이, 연속성, 에너지, 선택사항, 능력, 경이, 재미, 살아있음, 강점, 자원

들, 주의함, 해결, 상징, 대답, 맥락, 환상, 발견, 지향, 가능성, 암시, 어린 시절, 증폭, 침투, 현상, 이해, 적응, 의사소통, 전환, 장소, 도전, 발달, 창의성, 즐거움, 상황, 질문, 묘사, 상태, 기쁨, 만족, 동조, 부분, 갈등, 현실, 동맹자, 안정, 변화, 균형, 기억, 깊이, 실수, 놀람, 재미, 전체, 대안, 반대, 보호, 흥미, 신호, 과정, 움직임, 목적, 자아, 혼돈, 본질, 반응, 자극, 사고

【예문】

■ 이 차량을 구매하신 고객분들이 얼마나 '만족'해하시는지 고객 님도 알고 계신지 모르겠습니다. 고객님께 더 많은 '혜택'을 드리는 '노력'을 하고 있는 저의 마음을 알고 계신다면 제가 이 상품을 '자신감'있게 권하는 이유를 충분히 알 수 있게 될 것입니다.

이렇게 좋은 상품을 선택할 수 있는 '결단력'을 발휘하신다면 충분히 '만족감'을 느낄 수 있습니다.

∴ 생략

고객의 심리를 역이용하는 방법으로 고객이 관심 있고 집중하기를 원하는 상품이나 상품의 장점을 의도적으로 생략함으로써 고객은 오히려 생략된 부분에 초점을 모으며 집중하게 되는 언어기법이다.

대화의 맥락이나 문장에서 완결성의 심리가 작동되기 때문에 의도된 공백이 생기면 의도에 맞게끔 주관적으로 채워 넣는다.

고의로 생략된 부분을 고객이 인지하게 되면 생략된 빈 공백을 고객의 상상력으로 스스로 채워넣게 하여 구매에 대한 자결성을 높이게 된다. 때로는 상품의 장점을 강조하고 이끌기 위해 무엇을 말할 것인가보다 무엇을 말하지 않을 것인가가 더 중요할 때도 있는 것이다.

고객에게 부정적으로 전달될 수 있는 정보를 의도적으로 생략하고 긍정적인 면을 부각시키는 방법도 있다. 어떤 것, 무엇, 누구 등 암시적 요소를 의도적으로 생략하여 고객이 오히려 생략된 것에 대해 집중하게 되면서 고객을 유도하는 언어패턴이다.

【예문】

- 고객님이 때로는 손해 보는 마음이 드실 수도 있습니다. (무엇이?) 그런데도 고객님은 늘 한결같은 마음으로 계속해서 그것에 대해 신뢰를 보내주고 계십니다. (무엇을?, 누구에게?) 고객님의 신뢰가 어떤 결과를 창조해내는지를 알 수 있게 될 것입니다. (어떻게? 무엇 때문에?)

- 고객님이 선택하신 이 차는 고객님의 편리한 이동 수단이 될 뿐만 아니라 고객님의 성실하고 실용적인 내면의 참모습을 많은 사람들에게 인정받는 소중한 자산이 될 것입니다. (1000CC, 경차, 출력 등을 생략)

- 누구든지 그런 상황에서는 그러한 선택을 할 수밖에 없다고 생각합니다. 그래서 좀 더 빨리 그런 상황에 대한 준비가 필요한 것이 아닐까요? (누구, 어떤 상황, 무슨 선택이 생략)

∴ 모호성

한 가지 단어에 포함된 여러 가지 뜻을 이용하여 다양한 선택과 이해가 가능하도록 표현하는 언어기법이다. 발음, 구문, 범위 등의 모호성으로 고객은 한 가지 의미만으로 이해할 수도 있고 두 가지 의미를 모두 수용할 수도 있다. 애매하고 모호하게 표현되는 동사를 사용하여 고객이 스스로 맞춰 자신의 이야기로 느끼게 만드는 언어패턴이다.

고객의 구매 욕구를 불러일으킬 정도만 이야기함으로써 정보를 고객이 채울 수 있게 구체적으로 지시를 하지 않는다. 애매하고 모호한 표현을 듣는 고객이 일순간 뇌에 공백이 생기게 되어 패턴이 파괴될 때 암시에 대한 수용성이 높아지게 된다.

【예문】

■ 고객님이 등록하신 이번 교육을 통해 얻게 될 변화와 성취의 결과가 빨리 오든 늦게 오든 그것이 중요한 것은 아닙니다.

어떤 사람에게는 변화의 크기가 아주 크게 다가오고 어떤 사람에게는 변화의 크기가 작게 올 수도 있습니다. 그리고 또 다른 사람은 자신의 변화된 성취결과를 알아차리지 못할 수도 있기 때문입니다. 사람들마다 다른 변화와 성취결과를 얻게 된다는 사실을 아신다면 지금 고객님의 탁월한 선택으로 얻게 될 미래의 결과가 기대되지 않습니까?

■ 고객님이 변화를 원하시면서도 변화를 위한 결단과 행동을 할 수

없다면 고객님의 마음에 설렘이 생길 수 없지 않겠습니까?

고객님이 새로운 도전을 위한 호기심과 실험정신을 과거에 얼마나 활용하였는지를 제가 알 수 없지만 중요한 것은 지금 현재 고객님은 변화가 필요하며 그 변화를 위한 열정을 스스로 느끼고 있다는 사실입니다.

그리고 그 열정이 무엇을 창조할 수 있을지에 대해 상상하는 것만으로도 가슴 설렘과 벅찬 감정이 느껴질 수도 있습니다.

지금 고객님의 열정이 희미하다면 그 희미한 열정에 불을 붙이고 에너지를 충전할 수 있는 멘탈교육이 너무나 중요하다고 생각하지 않습니까? 누군가 할 수 있다면 나도 할 수 있다는 NLP의 모델링 기법에 대해 잠깐 소개드려도 될까요?

- 고객님께 '완전 맞춤형'으로 나온 상품이 있습니다.

  이 상품은 '더 이상 비교불가'한 성능을 자랑하면서도 최고의 가성비를 자랑합니다. 그리고 이 상품은 고객님께 '꼭 맞는' 기능을 갖고 있으면서도 고장이 거의 없다는 사실을 고객님이 알고 계신지 모르겠습니다.

- 고객님은 이제 더 이상 '엉뚱한 곳'에서 답을 찾기 위해 방황할 필요가 없습니다. 이 프로그램은 고객님이 그동안 애타게 찾던 고객님을 위한 최상의 자기계발 체험이 될 것입니다.

- 아직도 고객님은 여전히 저희 상품을 신뢰하고 계신가요?

  고객님의 신뢰와 저희 상품의 기능이 정확히 일치합니다.

  고객님이 어떤 선택을 하시든 그것은 옳은 선택이 됩니다.

고객의 마음읽기

세일즈맨은 고객의 모든 문제 상황, 욕구, 동기, 불만사항 등을 잘 알고 그것을 대비하여 해결할 수 있는 능력을 가진 것처럼 보여야 한다. 그것이 사실이든 아니든 상관없이 고객이 느끼는 세일즈맨의 이미지는 고객 자신을 가장 잘 이해하고 존중하며 수용해주는 존재로 느끼게 해야 하는 것이다. 그리고 세일즈맨이 고객의 대변자가 되고 고객과의 라포를 형성하기 위해서는 캘리브레이션을 통해 고객의 마음을 읽을 수 있는 능력을 가져야 한다.

마음읽기는 다른 사람의 마음을 들여다 볼 수 있는 심리기술인 독심술과 같은 것이다. 직접적인 증명이나 증거도 없이 고객의 내적 심리상태를 추측하거나 짐작하여 마치 사실인 것처럼 말하는 것이다. 그 말이 고객의 마음을 대변하는 것일 수도 있고 세일즈맨이 유도하고자 하는 의도대로 이끌기일 수도 있지만 고객이 수용만 한다면 라포관계로 발전시켜줄 수 있는 기술이다.

고객이 상품과 세일즈맨의 서비스에 대해 어떤 마음을 가지고 있는지 고객의 마음을 읽을 수 있다면 고객과의 특별한 유대관계가 형성되고 이끌기를 할 수 있다. 마음읽기는 고객과의 상담과정에서 고객의 생략, 왜곡, 일반화된 마음의 지도를 찾아내고 복원시키는 기술이며 고객의 표층적인 언어와 행동을 캘리브레이션하여 심층적인 구조에 접근하는 커뮤니케이션 수단이다. 마음읽기는 두 가지 유형으로 이해할 수 있다.

첫 번째 유형은 "고객님은 지금 우울한 기분이군요. 고객님의 태도에서 마음을 알 수가 있어요"처럼 고객의 마음을 세일즈맨이 잘 알고 있는 것처럼 말하는 것이다.

두 번째 유형은 "고객님이 이 상품에 약간의 관심만 가져도 이 상품이 얼마나 좋은가를 알게 될 것입니다. 고객님이 이 상품의 우수성을 몰라주시면 제 마음이 서운할지도 모릅니다"처럼 고객이 상품과 세일즈맨의 서비스에 대해 이해하고 있는 것처럼 느끼도록 말하는 것이다. 마음읽기를 제대로 활용하기 위해서는 구체적으로 '어떻게' 마음을 알고 있는지 질문을 통해 확인한다.

【예문】

- 고객님, 오늘 따라 기분이 아주 좋아 보이는군요.
  무슨 좋은 일이 있으신가봐요.
- 고객님이 저희 상품에 대해 얼마나 신뢰하고 있는지 잘 알고 있습니다. 그래서 오늘도 이렇게 방문을 해주셨어요.
- 고객님도 알고 계시겠지만 여행을 하는데 있어 비용도 부담이 없어야 되지만 제일 중요한 것이 안전이라고 생각합니다.
  가장 안전한 선택은 바로 이 상품이죠.
- 지금 고객님이 고민하고 계시는 것을 잘 알고 있습니다.
  그 고민이 고객님의 현명한 결정을 도와드릴 수 있다는 사실을 잘 알고 있습니다.
- 고객님이 저를 믿고 도와주실 것으로 믿습니다.
- 고객님을 만나면 왠지 모르게 마음이 편안해져요.

아마 고객님의 따뜻한 마음이 느껴지기 때문 아닐까요?

■ 저는 고객님이 저희 상품에 대해 자부심을 갖고 있다는 것을 잘 알고 있습니다.

■ 고객님도 알고 계시겠지만 이 상품은 아무나 살 수 있는 것이 아닙니다. 그래서 이 상품은 아무에게나 소개해드리지 않습니다. 고객님을 위한 특별한 상품이라고 생각되어 소개해드립니다.

■ 아마 고객님도 알고 있었을 것입니다. 이 상품이 고객님의 가치를 더 높여준다는 사실을 말입니다. 고객님의 탁월한 선택이 저희 상품의 가치를 더 높여줍니다.

■ 그것은 우리 모두가 다 알고 있는 사실 아닌가요? 그 사실을 잘 알고 있기에 우리는 언제나 가장 좋은 선택을 할 수 있는 것이죠.

■ 고객님이 이 상품의 우수성에 대해 소문을 들어서 잘 알고 계실 것입니다.

∴ 마음읽기 활용

일반적이고 대략적인 고객의 정보나 문제의 주제를 스톡스틸, 하향유목화를 통해서 정하고 범위를 좁혀가며 고객의 욕구를 파악한다.
세부 범위를 좁히기 위한 질문은 교묘한 부정과 감지하기 힘든 질문을 통해서 이루어지게 된다. 마음읽기를 통해 세부 범위를 좁히게 되면 고객은 세일즈맨이 자신을 대변해준다고 느낀다.

셔틀 네거티브

셔틀 네거티브의 문자적 의미는 교묘한 부정이라는 뜻이다. 고객이 예·아니요 중에서 어떤 대답을 하더라도 맞춘 것으로 만드는 질문기법이며 부정의문문을 사용한다. '확실히 잘 모르지만 물어본다'는 취지로 질문을 던진다. 이때 고개를 갸웃거린다거나 어깨를 으쓱하며 비언어적 행동을 함께 보여준다. 고객이 어떤 대답을 하던 '그럴 줄 알았다'는 분위기로 대응한다.

- ~에 대해 관심을 안 두셨죠?
- ~는 아니시죠?
- ~는 아니시겠죠?
- ~일리는 없으시죠?
- 사람들이 ~라고 말하지 않나요?
- 혹시 ~한적 없으셨죠?
- ~라는 사실을 모르고 계셨죠?
- 혹시 ~에 대해 아는 것 없으세요?
- ~에 대해 모르고 계신 것은 아니죠?

셔틀 네거티브를 사용할 때 너무 과장되거나 연속된 질문을 하게 되면 마치 마음을 떠본다는 부정적인 느낌을 줄 수 있기 때문에 유의미한 질문만 하는 것이 좋다.

【사례_1】

■ 긍정 ☞ 예

(세일즈맨) #고개를 갸웃거리며

　　　　　혹시 그 친구에게 돈을 빌려주려고 하는 것은 아니겠죠?

(고객) 어떻게 아셨어요?

　　　　돈이 급하다고 해서 빌려주려고 준비중이었는데.

(세일즈맨) #고개를 끄덕이며

　　　　　역시 내 예상이 맞았네요. 잘했어요.

■ 부정 ☞ 아니요

(세일즈맨) #고개를 갸웃거리며

　　　　　혹시 그 친구에게 돈을 빌려주려고 하는 것은 아니겠죠?

(고객) 아닌데요. 친구와 돈거래 할 생각은 없어요.

(세일즈맨) #고개를 끄덕이며

　　　　　역시 그렇군요.

　　　　　친구를 위해서라도 돈거래는 안 하는 것이 맞죠.

　　　　　친구의 부탁을 거절하기가 쉽지 않았을 텐데. 잘했어요.

【사례_2】

■ 긍정 ☞ 예

(세일즈맨) #고개를 갸웃거리며

　　　　　10년 동안 운행하신 차가 문제를 일으키지는 않으시죠?

(고객) 안 그래도 문제가 많습니다. 차를 바꿀 때가 된 것 같아요.

(세일즈맨) #고개를 끄덕이며

역시 그랬었군요.

■ 부정 ☞ 아니요

(세일즈맨) #고개를 갸웃거리며

10년 동안 운행하신 차가 문제를 일으키지는 않으시죠?

(고객) 아직은 큰 문제를 일으키지 않네요.

(세일즈맨) #고개를 끄덕이며

네. 그럴거라고 생각했습니다.

이제 앞으로가 문제죠.

앞으로 어떤 문제가 걱정되시죠?

셔틀 퀘스천

셔틀 퀘스천의 문자적 의미는 감지하기 힘든 질문이라는 뜻이다. 고객이 표면적으로 질문이 아닌 것처럼 느끼게 만드는 질문 양식이다. 질문을 하지만 고객은 그것이 질문이라는 의식을 하지 못하면서도 대답을 하게 만드는 화법이다. 고객에게 짐작가는 것이 없느냐는 분위기로 질문을 하며 간접적 질문 형식을 사용한다.

■ ~인 것은 왜죠?

■ ~의 의미를 알겠어요?

■ ~라고 하면 무엇을 말하나요?

- ~에 짐작가는 것은 없나요?
- ~라는 것은 맞습니까?
- ~에는 어떤 중요한 의미가 있나요?
- ~인 것은 왜일까요?

　때로는 의문문형 진술문을 사용하기도 한다. 이러한 질문의 방법은 고객이 세일즈맨의 질문을 눈치채지 못하기 때문에 저항이 감소된다. 고객은 세일즈맨의 질문을 듣고 있지만 그것이 질문이라는 사실을 알아차리지 못하는 속임수와 비슷한 화법이라고 할 수 있다.

【사례_1】

- 긍정 ☞ 예

(세일즈맨) 평소에 사람들을 많이 만나는 것을 좋아하시나 봐요?

(고객) 네, 많은 사람들을 만나다 보면 정보도 많이 얻고 새로운 에
　　　　너지를 얻게 되죠.

(세일즈맨) #고개를 끄덕이며

　　　　　　아 역시. 저도 사람들 만나는 것이 즐거워요.

　　　　　　사람들 속에서 활력도 얻고... (페이싱)

- 부정 ☞ 아니요

(세일즈맨) 평소에 사람들을 많이 만나는 것을 좋아하시나 봐요?

(고객) 아니요. 사람들을 많이 만나는 걸 좋아하지 않아요.

(세일즈맨) 아, 그러시군요. 제 느낌이 맞네요.

워낙 카리스마가 있으셔서 아무하고나 어울리지 않을 것
같은 강한 기운이 느껴지네요.

【사례_2】

■ 긍정 ☞ 예

(세일즈맨) 자신의 인간관계 능력에 대한 고민을 가지고 있는 것은 무
엇 때문이죠? 짐작가는게 있나요?

(고객) 아, 서로의 다름에 대한 수용이 잘 안 되는 것 같아요.
그래서 다툼이 많아요.

(세일즈맨) 네, 그럴 것 같았어요. 사람들은 틀림과 다름을 구분하지
못해 인간관계에 문제를 가지게 되지요.

■ 부정 ☞ 아니요

(세일즈맨) 자신의 인간관계 능력에 대한 고민을 가지고 있는 것은 무
엇 때문이죠? 짐작가는게 있나요?

(고객) 아니요. 특별히 문제가 있는 것은 아니에요.

(세일즈맨) 네, 그럴 것 같았어요.
앞으로 다름을 수용할 수 있는 유연성을 가진다면 인간
관계뿐 아니라 다른 일을 할 때도 도움이 될 것입니다.

【사례_3】

■ 긍정 ☞ 예

(세일즈맨) 고객님의 구매결정에 디자인이 가장 중요하시나요?

(고객) 네, 차는 역시 디자인이죠.

눈에 확 들어오는 디자인을 기준으로 차를 봐야될 것 같아요.

(세일즈맨) 아, 역시 제 생각이 맞군요.

요즘 차의 성능과 가격은 큰 차이가 없죠.

중요한 것은 차의 품격을 결정짓는 것은 디자인입니다.

최고의 디자인을 자랑하는 이 차를 보시죠.

■ 부정 ☞ 아니요

(세일즈맨) 고객님의 구매결정에 디자인이 가장 중요하시나요?

(고객) 아니요. 디자인만 보는 것은 아니고 차량의 성능이나 사양들
을 함께 살펴보고 싶어요.

(세일즈맨) 역시 그러시군요. 차는 단순히 디자인만 볼 것이 아니라
성능이나 편의사양 등을 함께 살펴보아야죠.
그래야 합리적인 선택이 가능합니다.

【사례_4】

■ 긍정 ☞ 예

(세일즈맨) 고객님께서 SUV를 찾으시는 것은 왜죠?

안전하고 실용성이 있는 차를 고르시나 봐요.

(고객) 정확하게 알고 계시네요.

뉴스에서 교통사고를 보면 SUV가 더 나을 것 같아서요.

(세일즈맨) 아 역시, 안전에 대해 가장 우선적인 가치를 두고 계신줄
알고 있었습니다. 고객님 앞에 있는 바로 이 차가 최고의

안전을 자랑하죠.

■ 부정 ☞ 아니요

(세일즈맨) 고객님께서 SUV를 찾으시는 것은 왜죠?

안전하고 실용성이 있는 차를 고르시나 봐요.

(고객) 아니요. 요즘 차들은 다 안전하고 실용성이 뛰어나더라구요.

그것보다 비포장도로나 산악지대를 여행하기 위해 사륜구동차

가 나을 것 같아서요.

(세일즈맨) 아 그렇군요.

고객님께서 합리적인 분이라 안전과 실용성이 제일 중요

할거라 생각했는데 더 중요한 가치가 있었군요.

셔틀 프리딕션

셔틀 프리딕션의 문자적 의미는 감지하기 힘든 예견이라는 뜻이다.
세일즈맨의 예언이 절대 빗나갈 수 없거나 틀렸을 경우에도 고객이 그
것을 확인할 수 없다. 세일즈맨은 비언어적인 행동을 통해 당연히 그럴
것이라는 당당한 태도와 확신에 찬 어투를 보여주어야 한다.

■ 머지않는 미래에 좋은 일이 생길 거야.

■ 올해는 여러 가지 어려움을 많이 겪게 될 거야.

■ 조금만 더 참으면 좋은 일이 많이 생길 거야.

■ 주변에 당신의 배우자가 있는데도 알아차리지를 못하는군.

■ 좋은 일이 생겼을 때 그것을 꼭 붙잡아야 돼.

예언을 통해 고객의 문제를 강조하고 욕구를 자극한다.

이 예언은 반드시 맞지는 않지만 반드시 빗나가지도 않는다. '머지않아', '조만간', '~인 것 같다'와 같이 애매한 언어의 선택을 통해 적중할 수밖에 없도록 예언을 하는 것이다.

【예문】

■ 50대가 되면 머지않아 건강에 빨간불이 들어올 수도 있습니다.

물론 평소에 건강관리를 잘해왔다면 큰 문제가 없겠지만요.

특히 나이가 들면서 기억력이 감퇴되고 몸의 기력도 예전 같지 않다는 것을 느낄 수가 있을 거예요. 건강관리를 위해 가장 중요한 것이 음식조절이라는 것은 고객님도 잘 알고 계시죠?

그래서 고객님의 건강관리를 위한 저희 상품을 소개해드립니다.

■ 나이가 들면 제일 불편한 것이 무릎관절이 안 좋아져서 걸을 수가 없게 되는 것입니다. 고객님도 지금부터 관절에 도움이 되는 영양섭취와 운동을 하지 않는다면 걸어 다니지도 못하는 불행이 찾아올 수도 있습니다. 하지만 걱정 안 하셔도 되는 것이 운동과 영양을 함께 관리해드리는 획기적인 상품이 출시되었습니다.

■ 조만간 어려움이 많이 닥칠 것 같습니다.

상상하는 이상의 어려움이 찾아올 수도 있지만 그것은 지금 무엇을 준비하느냐에 따라 달라지게 됩니다.

- 이 주식에 관심을 갖고 투자를 하신다면 큰 수익을 남기게 될지도 모릅니다. 물론 주식이라는 것이 손해를 볼 수도 있지만 그것은 하느님도 모르는 일이지요. 중요한 것은 미래의 큰 수익을 낼 수 있는 투자를 지금 할 수 있는 것은 고객님의 선택이죠.

∴ 콜드리딩

콜드리딩은 고객과의 대화 속에서 심리적인 트릭을 구사해 고객의 마음을 읽어내고 미래의 일까지 예측해내는 기술이다. 콜드(cold)는 '사전 준비 없이' 또는 '갑자기'라는 의미를 가지고 있으며 리딩(reading)은 '읽어낸다'는 뜻이다. 따라서 콜드리딩은 '사전 준비 없이 처음 보는 사람의 마음을 읽어내는 심리기술'이라고 정의할 수 있다. 고객에 대한 정보가 전혀 없는 상태에서 고객의 마음을 읽어내는 심리학적 기법이다.

에밀 쿠에는 "우리의 믿음이 우리를 통제한다"라고 했다.

인간의 뇌는 안정을 주는 절대적 준거를 만들지 못하면 끊임없이 그것을 추구하게 된다. 그래서 무엇을 믿든 자신만의 믿음을 만들어 그 믿음의 통제를 받게 되는 것이다.

콜드리딩은 고객의 믿음을 강화하여 상품과 세일즈맨의 서비스에 대한 유대를 형성하고 라포관계를 발전시킨다. 그리고 고객의 문제와 욕구를 파악하여 적절한 대응을 할 수 있게 도움을 준다. 또한 고객의 문제와 욕구가 상품과 연결되면서 해결되기 때문에 고객의 해결사 역할을 하게 된다. 세일즈맨이 고객의 마음을 읽고 말해주게 됨으로써 고객을 가장 잘 아는 포지션을 갖게 되어 라포를 형성하는 효과가 있다.

콜드리딩 시뮬레이션

세일즈맨이 고객과의 상담과정에서 심리적인 기술을 구사해 고객의
마음을 읽어내고 구매결정을 유도해내는 내용이다.

【사례】

(세일즈맨) 축하합니다. 사랑하는 따님을 위한 선물을 고르시는군요.
고객님께서는 예쁜 따님을 정말 사랑하시네요.
고객님은 지금 아빠의 마음을 전할 수 있는 최고의 선물
을 고르고 싶으신거죠? (스톡스틸)

(고객) 네, 눈에 넣어도 아프지 않을 정도로 깜찍한 딸이죠.

(세일즈맨) 따님에게는 최고급 핸드폰을 선물해주는 것이 좋죠.

(고객) ... (부정적인 반응)

(세일즈맨) 하지만 '꼭 비싼 핸드폰이 좋은 것'이라는 고정관념에 묶
일 필요 없이 아빠의 마음이 담긴 정성 어린 선물이라면
그것이 무엇이든 상관이 있겠습니까?

(고객) 네, 아직 초등학생인데 너무 비싼 핸드폰이 꼭 필요할까라는
의문을 갖고 있습니다.

(세일즈맨) 그러시군요. 너무 비싼 신제품은 아이 입장에서도 부담스
러울 수가 있다는 사실을 잘 알고 계시네요. 혹시 마음에

두고 있는 모델이 있으신가요?

(고객) 글쎄요. 상품이 워낙 많아서 선택이 쉽지가 않네요.

혹시 우리 아이에게 가장 어울리는 합리적인 모델을 추천해주실 수 있나요?

(세일즈맨) 부모님의 마음을 충분히 전하면서도 아이의 만족감을 충족시켜주기 위해서라면 여학생들이 가장 선호하는 이 모델은 어떨까요?

(고객) 네, 괜찮아 보이네요. 우리 아이도 좋아할까요?

(세일즈맨) 네, 제가 추천한 모델은 요즘 여학생들이 가장 선호하기 때문에 따님도 아빠의 세심한 배려와 따뜻한 마음을 충분히 느낄 수 있을 것입니다. 지금 자신의 생일선물을 고르고 계신 아빠의 마음을 아이도 알 수 있지 않을까요?

(고객) 네, 그러면 좋겠어요.

아이가 아빠의 마음을 알아준다면 저도 많이 행복하겠죠.

(세일즈맨) 네, 바로 그것입니다. 고객님의 온화한 표정을 보니 평소에도 아이에게 잘해주실 것 같네요.

핸드폰을 구매하는 것보다 더 큰 가치가 아빠의 사랑을 전하는 것이고 그 사랑을 표현해주는 것이 아빠가 생일선물로 주는 핸드폰이 아닐까요?

(고객) 좋은 말씀이시네요.

(세일즈맨) 네, 감사합니다. 혹시 고객님께서 핸드폰 구입시 가격 때문에 부담을 느끼지는 않으시나요? (셔틀 네거티브)

(고객) 네, 너무 부담스럽다면...

(세일즈맨) 역시 고객님은 실용적이고 합리적인 분이시군요.

아무렇게나 즉흥적으로 소비하는 스타일이 아니라는 것을 알고 있었습니다. (스톡스틸)

물론 100만 원이 넘으면 너무 부담이 되시겠죠?

(셔틀 퀘스천)

(고객) 네, 그 가격은 좀 부담스럽죠.

(세일즈맨) 그래서 고객님이 부담 느끼지 않는 가격으로 맞추어 드리기 위해 제가 조건을 맞추어 보겠습니다.

이 서류를 한번 보시겠어요? (이끌기)

(고객) 네.

(세일즈맨) 알맞은 가격에 이렇게 가치 있는 모델을 구매하셔서 생일 선물로 전달했을 때 선물 받은 핸드폰을 만지며 행복해하는 아이의 모습을 상상해보세요.

따님과 고객님 모두 정말 행복하실 것 같습니다.

(고객) 그러네요. 좋은 모델을 추천해주시고 신경써주셔서 고맙습니다. 이걸로 결정하겠습니다.

∴ 포러효과

심리학자인 버트럼 포러는 인간의 보편적 심리를 이용하여 누구에게나 들어맞을 수밖에 없는 애매하고 추상적인 말을 자신의 이야기로 받아들이도록 하는 실험을 했다. 실험에 참가한 여러 명의 학생들에게 성격진단검사를 위한 질문지를 나누어주고 작성하게 한 후 분석하여 진단 결과를 알려주었다.

진단 결과에 대해 대부분의 학생들이 자신의 이야기로 받아들였으며 40%는 완전히 자신과 일치하는 진단이라며 감탄을 했다.

이 실험에 사용된 질문지와 평가내용은 시중에서 구입한 운세 잡지 속의 문장을 선별하여 사용한 것이며 모든 학생들에게 똑같은 진단 결과의 내용이 전해졌고 검사 과정과 내용은 모두 가짜였다. 그런데도 대부분의 학생들이 자신의 이야기로 받아들인 것이다.

이 실험의 결과는 인간의 보편적 심리를 이용한 것으로 누구에게나 해당될 수 있는 추상적이고 애매한 문장을 늘어놓게 되면 스스로 그 애매함을 벗겨내고 빈틈을 자신의 이야기로 채워넣어 자기화시키는 일종의 착각현상이면서 최면이라고 할 수 있다. 의도적으로 추상적이고 모호한 말을 하게 되면 듣는 사람은 잠재의식에서 심리적 완결성을 끊임없이 추구하기 때문에 추상적이고 모호한 말의 빈틈을 채우고 구체화시켜 자신의 이야기로 편집하면서 최면상태에 빠지게 되는 것이다.

포러의 진단 결과지

이 진단 결과지는 인간의 보편적 심리를 이용하여 누구에게나 해당될 수 있는 추상적이고 애매한 문장으로 구성되어 스스로 그 빈틈을 채워 넣기 때문에 자신의 이야기가 될 수밖에 없다.

■ 당신은 다른 사람에게 사랑과 존경을 받고 싶은 욕구가 있지만 아직 자신에게 비판적인 경향이 있습니다.

당신은 겉으로 보기에는 잘 절제하지만 늘 그런 것은 아닙니다.

그 속을 들여다보면 내면적으로는 걱정이나 불안정한 면도 있습니다. 그래서 가끔 자신의 결정에 대해 많이 고민하기도 합니다.

당신은 어느 정도 변화와 다양성을 좋아하고 규칙이나 규제에 둘러싸이는 것을 싫어합니다. 종종 당신은 외향적이고 붙임성이 있으며 사회성이 좋지만 가끔은 내향적이면서 주의 깊고 과묵할 때도 있습니다. 그래서 사람들에게 사교적으로 대할 때도 있지만 사람들을 경계하거나 위축되기도 합니다.

당신의 희망 중 일부분은 비현실적인 측면을 가지고 있지만 안정은 당신의 중요한 목표 중 하나입니다.

위의 문장은 인간의 이중적이고 보편적인 심리를 이용하는 추상적이고 애매한 표현이며 생략, 왜곡, 일반화된 빈틈을 스스로 채워 넣어 자신의 이야기로 편집하게 유도한다. 인간의 뇌는 천억 개가 넘는 뉴런의 시냅스 연결에 의해 헤아릴 수 없을 정도로 많은 신경회로를 형성하고 있다. 그 많은 신경회로는 기존의 기억을 활용하여 완결성을 이루기 위해 비슷한 정보에 대해서 같은 것으로 착각하기 쉽다. 그래서 대부분의 사람들이 자신의 이야기라고 착각하게 되는 것이다. 이것은 사람들이 가진 자기중심적이고 주관적인 마음의 여과기에서 입력되는 정보를 생략, 왜곡, 일반화시켜 착각을 하기 때문에 나온 결과이다.

∴ 스톡스틸

　누구나 경험했을 법한 일반적인 이야기를 통해 고객이 자신의 일처럼 느끼게 만드는 멘탈언어기법이다. 사람들의 세상모형은 자신만의 학습과 경험, 피드백이 축적되어 자기중심적 편향성을 가지고 있기 때문에 자신의 이야기가 아닌 것에도 자신과 상관관계를 찾아 약간이라도 비슷하면 자신만의 세상모형으로 편집해서 자기 자신의 이야기로 만들어버린다. 그래서 일반적인 경험이나 감정에 대한 추상적이고 애매한 이야기를 들려주면 빈 공간을 고객이 스스로 채우게 만들 수 있다.

　중요한 것은 매칭과 페이싱을 통해 고객의 잠재의식을 지속적인 '예' 상태로 만드는 것이다. 연속된 스톡스틸은 '예스셋'으로 활용이 된다. 고객의 입장에서 세일즈맨이 좀 더 정확하게 자신을 이해한다고 느끼게 하기 위해서는 라포를 형성하는 것이 가장 중요하다.

그러기 위해서 애매한 말을 할 때도 당당하고 확신에 찬 어조로 말하는 것이 좋다. 확신에 찬 말을 하게 되면 듣는 사람의 신뢰를 얻게 된다. 그리고 고객의 정보를 수집할 때는 마음을 읽겠다는 느낌보다 객관적으로 관찰한다는 분리된 기분으로 한다.

【예문】

- 고객님은 필요 없는 물건을 다른 사람이 설득한다고 해서 억지로 구입하는 타입은 아니시네요. 그렇지 않으십니까?
- 고객님은 충동구매의 유혹을 물리치고 아주 합리적으로 상품을

구매하시는군요. 그렇죠?

- 고객님은 생활에 꼭 필요한 상품에 대해서는 큰 고민 없이 바로 구매하시는 편이네요. 안 그런가요?

- 고객님은 상품 구매를 하실 때 객관적인 정보를 수집해서 최선의 선택을 할 수 있도록 주변의 의견을 참고하기는 하지만 주로 스스로 결정해서 사시는 분이시네요. 그렇죠?

- 고객님은 상품을 선택하실 때 전문가의 의견을 존중하시면서도 최종 결정은 스스로의 판단에 의해서 하시는군요.

- 많은 전문가들이 이구동성으로 말하고 있는 것이 바로 이 상품의 우수성이죠. 고객님도 잘 알고 계시죠?

이와 같이 세일즈맨은 구매와 관련해서 일반적이고 애매한 멘탈적 언어를 통해 고객과의 단단한 라포를 형성한다. 특히 진술문 마지막에 부가의문문으로 짝을 짓게 되면 고객의 믿음을 강하게 굳히는 효과가 생기게 된다. 세일즈맨은 고객이 언제나 존중받는 느낌과 수용, 이해, 공감을 받고 있다는 느낌이 들도록 당당함과 친근감 있는 태도를 보여주는 것이 좋다.

고객반응 캘리브레이션

세일즈맨의 스톡스틸이 적중할 때와 빗나갈 때 고객의 반응이 다르다. 고객의 반응을 캘리브레이션하여 대응방법을 결정한다.

고객반응에 대응하기

스톡스틸이 통하지 않고 빗나갔다면 고객에 대해 추측이나 넘겨짚기를 한 것이 되므로 이러한 상황에 대응할 수 있어야 한다. 이런 상황에서도 절대 당황하지 않고 차분하게 대응하게 되면 고객은 세일즈맨을 신뢰하게 된다.

스톡스틸이 적중했을 때 반응

- 무엇인가에 대해 말을 하려고 입을 움찍거린다.
- 눈썹을 올린다.
- 살짝 숨을 죽인다.
- 눈을 크게 뜬다.
- 눈동자가 이완된 상태로 느슨해진다.
- 손을 약간 위로 올린다.
- 몸을 약간 앞쪽으로 기울인다.
- 숨을 들이마시면서 의자 등받이에 기댄다.
- 자세를 바꿔서 앉는다.
- 고개를 크게 끄덕인다.
- 호흡의 리듬이 바뀐다.
- 웃는다.
- 질문을 한다.

스톡스틸이 빗나갔을 때 반응

- 완전히 무표정하거나 변화가 없다.
- 미간에 주름이 생긴다.
- 고개를 약간 갸우뚱거린다.
- 시선이 오른쪽 위나 왼쪽 아래로 향한다.
- 호흡의 리듬에 변화가 없다.
- 무릎이나 다리를 심하게 떤다.
- 이야기에 별다른 관심이 없다.
- 시계를 보거나 산만하다.
- 기계적이고 짧게 끊기는 소리를 낸다.
- 전체적으로 무덤덤하다.

세일즈맨의 스톡스틸을 부정하는 반응이 나타날 것 같으면 고객의 반응이 나타나기 전에 미리 대응을 하는 것이 필요하다. 이럴 때는 고객이 듣고 싶어 하는 말을 하며 갑자기 화제를 전환한다.

【사례】

(세일즈맨) 고객님께서도 요즘 SUV가 대세라는 사실을 잘 알고 있을 것입니다.

(고객) 음... (부정적 반응)

(세일즈맨) 많은 사람들이 안전을 위해 SUV를 선호하지만 너무 유행

에 치우치기보다 고객님의 품위에 어울리고 승차감이 뛰어난 고급 세단을 선택하는 것도 괜찮죠.

고객의 부정적 반응이 관찰되면 더 이상 세일즈맨의 주장을 고집하지 말고 '하지만'을 사용해 고객의 초점을 전환하는 빠른 대응이 필요하다. 가장 최근에 입력된 정보가 그 이전의 정보를 회상하는데 심리적 간섭을 일으키는 '최신효과'를 불러오는 선택적 기억능력 때문에 '하지만'의 앞부분은 자연스럽게 망각되고 '하지만' 뒷부분의 이야기가 각인되는 효과를 나타낸다.

【사례】

(세일즈맨) 고객님께서도 요즘 SUV가 대세라는 사실을 잘 알고 있을 것입니다.

(고객) 음... (부정적 반응)

(세일즈맨) 하지만 그런 유행에 흔들림 없이 자기가 선호하는 차를 직접 선택하는 분들이 더 많죠.

<u>스톡스틸의 활용</u>

다양한 분야에 활용이 가능하며 고객의 관점에서 볼 때 좀 더 정확하게 자신을 이해하고 수용해주는 세일즈맨의 이야기와 태도에 강한 유대를 갖게 된다.

【사례_1】

(세일즈맨) 고객님의 이미지에는 가벼운 느낌을 주는 차보다 중후한
　　　　　매력을 전해주는 자동차가 더 잘 어울릴 것 같습니다.
　　　　　고객님도 그렇게 생각하고 있지 않으신가요?

(고객) 제 나이에는 가볍게 보이는 것보다 무게감이 있는 것이 좋죠.

(세일즈맨) 고객님의 품격에 어울리는 차가 바로 여기에 있습니다.
　　　　　정말 좋은 차입니다.

【사례_2】

(세일즈맨) 고객님은 합리적이고 실속 있는 선택을 통해 최고의 가성
　　　　　비를 자랑하는 A사의 신차를 마음에 두고 계시는군요.
　　　　　그렇지 않으신가요?

(고객) 네, 차는 가성비를 따지지 않을 수가 없죠.

(세일즈맨) 그런데 A사의 신차에 대해 고객님이 놓치고 계신 것이 있
　　　　　습니다. 고객님이 바라는 경제성과 실용성 외에 새롭게
　　　　　보강된 안전사양을 살펴보시면 지금 고객님의 마음이 완
　　　　　전히 뺏기게 될 것입니다.

【사례_3】

(세일즈맨) 돈을 잃으면 작게 잃는 것이고 명예를 잃으면 많이 잃는
　　　　　것이며 건강을 잃으면 모든 것을 다 잃는 것이라고 했습
　　　　　니다. 고객님은 건강관리에 관심이 많으시면서도 건강관

리에 제일 중요한 음식에 대해 크게 신경을 쓰지 못하고 계시지 않나요?

(고객) 네, 바쁘다 보니...

(세일즈맨) 네, 바로 그겁니다. 많은 사람들이 고객님처럼 건강에 제일 중요한 것이 음식이라는 것을 알고 계시면서도 음식에 대한 제대로 된 정보가 없으시잖아요.

그래서 제가 드리는 건강식품에 관한 정보가 고객님께 중요한 의미가 있는 것입니다.

【사례_4】

(세일즈맨) 우리나라 사람들의 재산 증식 수단의 첫 번째가 부동산이라는 사실은 고객님도 잘 알고 계실 것입니다.

요즘도 사람들이 부동산에 투자를 많이 하시더라구요.

고객님께서도 부동산에 관심을 갖고 계신 것 아닙니까?

(고객) 네, 저도 관심이 있습니다.

관심만 있을 뿐 부동산에 대해 아는 것이 없어 부동산 투자는 생각해보지도 못했습니다. 그냥 관심만 있지요.

(세일즈맨) 역시 부동산에 관심을 가지고 계셨군요.

고객님도 부동산 투자가 제일 안전하고 수익률도 좋기 때문이라고 생각하시죠? 그렇다면 찾고 계신 수익성이 좋은 괜찮은 부동산을 추천해드려도 될까요?

이 정보는 믿을 수 있는 고객분께만 드립니다.

유목화

고객을 탐색하기 위해 고객이 가지고 있는 정보나 문제 범위를 넓히거나 축소하는 것을 유목화라고 한다. 유목화는 '묶음', '다발'이라는 뜻을 갖고 있으며 사고의 위계체계를 말한다. 고객의 반응에 따라 범위를 좁히고 의미를 더욱 깊이 파고드는 것을 하향유목화라고 하며 반대로 범위를 넓히고 의미를 확장시키는 것을 상향유목화라고 한다.
고객의 반응에 따라 의미의 범위를 좁히거나 넓히는 기법이다.

- 하향유목화
  - ☞ 의미를 좁혀 더욱 깊이 파고드는 기법
- 동급유목화
  - ☞ 고객의 반응과 동급으로 대응하는 기법
- 상향유목화
  - ☞ 의미를 확장시켜 범위를 넓히는 기법

하향, 동급, 상향유목화는 방법이 다를 뿐 궁극적인 목적은 고객과의 맞추기와 라포형성을 통한 이끌기이다.

∴ 하향유목화

대략적인 주제에 대해 탐색한 후 세부적인 범위를 좁히거나 구체적인 정보를 찾아 대처하는 화법이다. 고객의 문제나 욕구 해결에 대한 구체적이고 세부적인 정보를 제공해준다.

【사례】

(고객) 제가 이 건강식품을 구입하여 규칙적으로 섭취하면 무엇이 더 좋아질 수 있나요?

(세일즈맨) 이 건강식품을 꾸준히 섭취하신 이후의 많은 변화 중에서 중요한 것이 소화 기능이 좋아지는 것이지요. 그 중에서도 장 건강에 특별히 뛰어난 효과를 갖고 있습니다.
이 상품에는 장 건강을 좋게 하는 성분이 포함되어 있죠.

∴ 동급유목화

대략적인 주제에 대해 탐색한 후 비슷하거나 동일한 범위에서 대처하는 화법이다. 고객이 느끼고 있는 수준에서 문제나 욕구 해결에 대한 정보를 제공해주는 것이다.

【사례】

(고객) 지금 타는 차를 10년 이상 타다 보니 잔고장이 많아서 새 차를 알아보고 있는 중이에요.

(세일즈맨) 네, 맞아요. 오래된 차를 타며 느끼는 불편과 수리비를 생각하면 새 차로 바꾸는 것이 현명하죠.

∴ 상향유목화

대략적인 주제에 대해 탐색한 후 의미를 확장시키거나 범위를 넓혀 대처하는 화법이다. 고객의 문제나 욕구에 대한 시간적, 공간적 확장을 통해 사고의 위계를 변화시킨다.

【사례】

(고객) 이 상품이 마음에 듭니다.

　　　노후보장이 잘 되는 상품인 것 같군요.

(세일즈맨) 네, 잘보셨습니다. 이 상품은 고객님이 보신 대로 노후보장 만큼은 최고로 잘 되어있어요. 뿐만 아니라 각종 사고에 대한 보상도 잘 짜여져 있고 납입금도 부담이 없는 수준이죠. 이 정도의 상품을 다른 곳에서 찾기는 불가능하죠. 이 상품에 가입하시면 고객님의 가족뿐만 아니라 친구분들도 모두 훌륭한 선택이었다고 칭찬할 거예요.

기본가정

기본가정은 어떤 것이 이미 가정, 전제되어 있다고 생각하며 말하는 기법이다. 고객과의 대화에서 이미 판매가 이루어진 결과적 진술형태로 말을 하게 되면 암시에 의해 영향을 받게 된다. 어떤 사실의 특정한 표현에 감춰진 언어적 가정을 말하는 것으로서 표면적인 말에 표현되지 않은 기본가정을 사실로 여기고 암묵적으로 수용하여 인정하는 것을 의미한다. 세일즈맨이 표현하는 언어를 고객이 수용하면 감춰진 전제까지 모두 수용하게 된다.

- ~에 대해 잘 알고 계신지 모르겠습니다.
- ~를 아시고 계신지 모르겠습니다.
- ~을 깨닫고 계신지는 알 수 없지만...

부정문을 사용하게 되면 고객의 저항을 낮추게 되며 ~부분을 전제로 하여 이야기가 전개될 수 있다.

【예문】
- 고객님이 보고 계신 이 상품은 그 전의 상품보다 훨씬 더 개선되었다는 사실을 알고 계시나요?
- 고객님은 이제 더 이상 혼자가 아닙니다.
  고객님의 곁에는 전문가들이 고객님께 도움을 드리기 위해 준비하고 있다는 사실을 잘 알고 계신지 모르겠습니다.
- 고객님이 제 설명을 듣고 어떤 이미지가 떠올랐는지 잘 모르지만 고객님의 마음에서는 그때 이미 변화를 느꼈을지도 모릅니다.
- 고객님은 큰 성공을 원하나요? 아니면 작은 성취를 원하나요?
  고객님이 어떤 선택을 하실지 알 수 없지만...

- 고객님, 오늘 저녁 몇 시에 만나는 것이 편할까요?
- 고객님의 지금 고통이 언제 멈출지 알 수 없지만 지금 저와 이야기를 나누며 일어난 마음의 변화를 직접 말로 표현한다면 마음이 어떻게 변화할까요?
- 이 어려운 상황에서 벗어날 수 있는 가장 최선의 방법을 잘 알고 계신지 모르겠습니다.

이중구속

세일즈맨이 원하는 긍정적인 두 가지를 제시하여 고객이 한 가지를 선택할 수 있도록 표현하는 방법으로서 고객이 어느 것을 선택하더라도 세일즈맨이 원하는 긍정적인 결과를 얻을 수 있도록 질문하는 언어 패턴이다. 즉 두 가지의 구속력을 가진 말을 동시에 던져 어느 쪽을 선택하더라도 구속력을 발휘하게 하는 언어기법으로서 기본가정에서 가장 일상적으로 사용하고 있다.

- 또는
- 아니면
- 혹은

세일즈맨은 자신의 말이 기정사실이라는 전제하에 확실하고 단호하게 말한다. 단 이중구속이 효과를 얻기 위해서는 고객과의 라포가 전제되어야 한다. 고객은 두 가지 선택지를 동시에 받아들게 되면 두 가지 중에 한 가지에 마음이 치우치는 경향성을 가진다.

【예문】

- 고객님은 자기계발을 위해 하는 공부가 평일이 좋을까요? 주말이 좋을까요?
- 다음 주 만남이 화요일이 편할까요? 수요일이 편할까요?
- 고객님이 더 큰 성취를 이루기 위해서는 긍정적인 생각을 더 많이 반복하든 부정적인 생각을 완전히 분리하든 지금 여기에서 선택을 해야 한다는 것입니다.
- 고객님의 변화를 위한 도전을 지금 바로 하는 것이 좋을까요? 내일부터 하는 것이 좋을까요?
- 고객님은 새 차를 구입하시겠습니까? 아니면 중고차를 구입하시겠습니까?
- 지금 바로 결정을 하시겠습니까? 나중에 결정하시겠습니까?
- 계란을 하나 드릴까요? 두 개 드릴까요?
- 이 미백크림은 아침에 쓰시든 저녁에 쓰시든 강력한 미백효과를 얻게 해줍니다.
- 지금 바로 선택하실 수 있습니다. 고객님이 이 상품을 사용하시는 순간 마음의 변화와 신체의 변화 중 어느 것을 먼저 느끼게 될지가 궁금해지는군요.

- 고객님께서 결정하셨다면 결제를 도와드리겠습니다.

  일시불과 3개월 무이자 혜택이 있습니다. 3개월 무이자가 편하실

  까요? 아니면 일시불이 편하시겠어요?
- 고객님 색상은 빨간색이 좋을까요? 아니면 흰색이 좋을까요?

이중구속은 기본적인 라포가 형성되어 있어야 하며 특히 고객에게 심리적 부담감이 가는 질문일 경우 라포형성은 필수조건이다.

라포가 형성되지 않았거나 부자연스러운 상태에서의 이중구속은 고객의 저항과 회피를 불러온다. 고객이 쉽게 결정을 잘하지 못하거나 관련된 정보가 부족하여 망설일 때 이중구속 기법을 사용하면 주의의 폭이 좁혀져 결정을 하는데 도움이 된다.

시간적 전제

시간적인 전제는 과거에 어떤 일이 일어났거나 현재에서 일어나고 있거나 미래에 일어날 것이라고 가정하여 이야기하는 방법이다.

시간을 이용해 어떤 것이 이미 결정되었다는 것을 전제하기 때문에 세일즈맨의 말에 반응하는 고객은 그 전제를 수용하게 된다. 이 표현 방법은 세일즈맨이 가정한 일을 고객이 잘 알고 있는지 질문함으로써 고객의 잠재의식적 동의를 얻어낼 수가 있다. 세일즈맨은 자신의 말이 기정사실이라는 어조로 표현한다.

∴ 미래에 일어날 일에 대한 가정

어떠한 일이 곧 일어날 것이라는 가정을 고객이 받아들이는 순간 그 것은 기정사실화 된다.

【예문】
- 고객님이 저희 상품을 구매하기 전에 상품에 대해 몇 가지 설명을 드릴께요.
- 고객님께서는 예전에도 저희 상품을 구매하신 적이 있으신가요?
- 고객님께서는 이전과 같은 필요에 의해서 이 상품을 다시 구입하 시려고 하는 건가요?
- 이 상품을 구매하신 후 즐거워하는 가족들의 얼굴을 떠올리면 고 객님도 아주 흐뭇해질 것입니다.

∴ 현재에 일어난 일에 대한 가정

어떠한 일이 지금 현재에서 일어나고 있는 중이라고 가정하는 것이며 고객이 받아들이는 순간 그것은 이미 기정사실화된다.

【예문】
- 고객님께서 집중해서 제 말을 들어주시니까 힘이 납니다.
  이 고마움을 고객님께 돌려드릴 수 있도록 열심히 하겠습니다.

지금처럼 저희 상품의 가치를 인정해주시는 고객님을 만나면 제가 하는 일에 큰 보람을 느낍니다.

- 저의 의견을 들어주고 계시는 고객님께 무어라 감사의 말씀을 드려야 할지 모르겠습니다.
- 지금의 이 완전한 편안함을 계속 느낄 수 있게 해주는 것이 이 침대가 가진 최고의 장점이죠.
- 고객님이 저희 매장의 모든 상품을 잘 보셨습니다. 좋은 상품을 선택하시고자 하는 고객님의 마음이 느껴집니다.

∴ 지금 막 일어난 일에 대한 가정

어떠한 일이 지금 막 일어났다고 가정하는 것이며 고객이 받아들이는 순간 기정사실화 된다.

【예문】
- 저번 상품과 비교해 어떤 부분이 더 좋은가요?
- 고객님이 이 상품의 가치를 인정하시는 것처럼 다른 고객님들도 모두 같은 마음으로 이 상품을 구매하였습니다.
- 고객님께서 이 차를 시승해보면서 느꼈던 감동이 차를 사고 싶은 마음으로 바뀌는 것을 느끼게 될 것입니다.
- 지금 차를 시승하시면서 이 차만이 가진 차별화된 가치를 느낄 수가 있었다면 더 이상 피곤한 고민을 할 필요가 없겠죠.

∴ 속도에 대한 가정

어떠한 일이 벌어지고 있는 속도를 가정하는 것이다. 고객이 그 말에 반응하는 순간 그것은 기정사실화 된다.

【예문】

- 마음 편하게 천천히 구경하면서 골라보세요. 사시겠다고 너무 빨리 결정하지 않아도 됩니다. 지금 바로 결정을 내리시지 않고 더 구경하신 후 천천히 편안하게 결정하셔도 괜찮습니다.
- 고객님이 이 상품을 사용하신 후 내일 당장 큰 변화를 느낄 수 있을 수도 있지만 너무 서두를 필요는 없죠.
- 고객님은 이 상품을 보자마자 첫눈에 마음에 들어 하셨습니다. 상품을 보는 눈이 남다르십니다.
- 고객님은 지금 이 상품이 가지고 있는 가치와 매력에 빨리 빠져들고 계시지만 아직 저의 설명을 조금 더 듣는 것이 좋지 않을까요? 제 설명을 조금만 더 듣게 되면 이 상품의 숨겨진 매력을 만나게 되어 합리적인 선택을 하는데 도움이 될 것입니다.

∴ 과거에 일어난 일에 대한 가정

어떠한 일이 이전에 이미 일어났음을 가정하는 것이며 고객이 받아들이는 순간 그것은 기정사실화 된다.

【예문】

■ 최고의 성능을 가진 이 차에 대한 자세한 설명이 끝났습니다.

  이 차에 대한 설명을 듣고 난 후 고객님의 긍정적인 평가에 저도 기분이 너무나 좋습니다.

■ 고객님께 가장 알맞은 상품과 최적의 조건을 제시해드렸습니다.

  혹시 아직 더 보충설명이 필요한 부분이 있다면 더 자세히 설명 드리겠습니다.

■ 이 상품을 사용하신 고객님들의 공통적인 후기가 상품의 안전성이었습니다. 제가 추천해드렸던 이 상품은 최고의 안정성에 대한 인증을 받았습니다.

■ 저의 설명으로 이 차에 대한 궁금증이 해소되셨다면 이제 고객님이 시승을 통해 제가 말씀드렸던 사실에 대해 봄으로 느껴보실 차례입니다.

패턴깨기

고객의 고정된 생각과 언어, 행동의 패턴을 깨기 위해 고객을 의도적으로 당황시켜 의식에 틈을 만드는 것이다. 최면사들이 내담자를 의도적으로 당황하게 하여 의식의 빈틈을 만들고 최면사의 암시를 수용하게 만드는 원리이다.

세일즈맨도 최면사와 마찬가지로 고객을 의도적으로 당황시켜 기존의 패턴을 붕괴하여 의식적인 빈틈을 만들고 그 틈새에 세일즈맨이 원하는 암시를 집어넣을 수 있다. 이 기법은 고객이 일반적 상식에서 기대하는 세일즈맨의 행동패턴을 벗어나게 만들지만 그것이 고객을 무시하거나 무례한 행동을 하는 것과는 다르다.

∴ 패턴붕괴

예상을 깨는 말이나 행동을 함으로써 고객의 내적 패턴을 붕괴시키는 기법이다. 고객은 잠재의식 차원에서 앞으로 일어날 일들에 대한 세일즈맨의 행동양식을 예상한다. 이때 일반적으로 예측 가능한 상황을 벗어나는 세일즈맨의 말과 행동에 의해 의식 차원에서 과부하 상태에 빠진다. 일시적인 과부하에 의해 기존의 행동 패턴이 붕괴되어 30초~1분간 뇌에 공백이 생기면서 판단력을 잃게 되고 의식의 주도권을 외부에 빼앗기게 된다. 일종의 순간 최면과 같은 현상이 일어난다.

【사례_1】
(세일즈맨) 고객님, 잠깐만요.

제가 고객님께 특별히 전해드릴 소식이 있습니다.

이쪽으로 잠시만 앉으시겠습니까?

(고객) 네, 알겠습니다.

(세일즈맨) 고객님, 혹시 오늘이 무슨 날인지 알고 계십니까?

(고객) 아니요. 오늘이 무슨 날인가요?

(세일즈맨) 사실은 오늘이 제 생일입니다. 제 생일에 저를 찾아주신
고객님께 개인적으로 작은 선물을 준비했습니다.

【사례_2】

(세일즈맨) 고객님, 어디서 많이 뵌 분 같은데 혹시 기억이 나시나요?

(고객) 아, 그래요. 기억이 잘 나지 않네요.

(세일즈맨) 이제 생각해보니 고객님이 인기 연예인 중에 ○○○를 많
이 닮으셨네요. 제가 제일 좋아하는 연예인을 닮아서 착
각을 한 것 같습니다.

지나치게 충격적이거나 연속된 패턴붕괴는 고객의 불쾌감과 저항을
유발한다. 고객의 패턴을 파괴할 때는 자연스럽고 당당한 태도로 시도
하며 패턴이 파괴된 후의 이끌기를 빠르게 해야 한다.

∴ 세일즈맨의 패턴깨기

어제와 같은 오늘을 반복하며 어제와 다른 내일을 기대할 수 없다.
삶의 경험은 원인과 결과로서 작용한다. 대부분의 사람들은 유전과 학
습, 경험이 축적되어 프로그래밍된 시나리오에 의해 살아가며 성취결
과를 얻게 된다. 이것을 '인생각본'이라고 하며 이 각본을 바꾸어 변화
된 결과를 얻기 위해 기존의 패턴을 파괴하고 새로운 각본을 뇌에 프
로그래밍시키는 작업을 하는 것이다.

인생각본에 의해 반복된 행동 패턴으로 살아가는 삶이 마음에 들지 않으면 기존의 패턴을 파괴하여 얼마든지 원하는 새로운 패턴을 만들 수 있다. 상식적인 생각과 행동이 되풀이되면 상식적인 패턴이 만들어지고 상식적인 결과만 얻게 될 뿐이다.

고객과의 만남

고객이 세일즈맨을 만날 때 예상되는 패턴은 일반적인 소개와 인사 및 악수를 한다. 이때 고객이 전혀 예상하지 못한 형식을 벗어난 인사를 하거나 인사를 해야 하는 상황에서 전혀 다른 행동을 하여 고객의 패턴을 파괴하는 것이다. 고객과의 인사에서 목소리 톤을 높이는 것만으로도 고객의 패턴을 파괴할 수 있다. 고객의 의식이 짧은 순간 정지되어 틈이 열린 순간 페이싱과 리딩을 통해 라포를 형성한다.

【사례】

(고객) #웃으며 악수를 청한다

안녕하세요?

(세일즈맨) #악수를 하려다 손을 어깨 위로 올리며 자연스럽게 먼지를 가볍게 턴다

아, 여기 먼지가 묻었네요.

(고객) 아, 네. (패턴파괴)

(세일즈맨) 저도 옷에 먼지가 묻은 것을 모르고 중요한 행사에 갔었

는데 그때 동료가 먼지를 털어주어 고마움을 느꼈습니다.

저랑 같은 상황이네요. (페이싱)

갑자기 친근감이 들고 마음이 끌리네요. (이끌기)

#밝게 웃으며 다시 악수하기

만나서 정말 반갑습니다.

역발상

고객은 언제든지 도망갈 준비를 하고 있다. 세일즈맨이 나에게 상업적으로 다가와서 상품 구매를 요구할 때 고객은 저항하거나 회피하고 싶어진다. 이때 역발상으로 고객에게 상품 판매를 거절하는 것이다. 당연히 상품 구매를 권유할 줄 알았던 세일즈맨이 상품 판매를 거절할 때 고객의 패턴이 파괴될 수밖에 없다.

- 고객의 패턴파괴 정도를 관찰한다.
- 고객과의 라포관계를 구축한다.
- 고객의 욕구를 더 자극한다.
- 고객의 현재 상황을 파악한다.

【사례_1】

(세일즈맨) 죄송합니다.

고객님께서는 이 상품을 판매하고 싶지 않습니다.

(고객) 네? 무슨 말씀이세요? (패턴파괴)

(세일즈맨) 조금만 기다리면 신모델이 나올텐데 저의 특별한 VIP 고객님께 구모델을 권유하고 싶지는 않습니다. 그래서 고객님께 판매하고 싶지 않았던 것입니다. (이끌기)

【사례_2】

(세일즈맨) 더 이상 회원 모집을 하지 않습니다.

(고객) 네. 왜 모집을 하지 않죠? (패턴파괴)

(세일즈맨) 저희 센터는 홍보를 통한 회원 모집보다 회원 교육에 더 힘을 쓰고 있습니다. 그것이 저희가 회원 모집을 하지 않는 이유입니다. (라포형성)

역발상은 고객저항을 줄이는 기법이며 상업성을 완전히 제거하기 때문에 고객의 신뢰를 얻는다. 눈앞의 작은 이익을 버리고 손해를 보더라도 고객의 입장을 배려해주는 세일즈맨에게 라포가 생기지 않을 수가 없는 것이다. 손해를 보더라도 고객의 이익을 위해 상업성을 버리고 정직하게 서비스하는 세일즈맨을 볼 때 고객의 고정된 패턴이 파괴되면서 강력한 라포가 형성된다.

고객의 욕구파악

세일즈맨은 언제나 고객의 욕구에 관심이 많다는 고정된 패턴을 파괴하기 위해 고객의 욕구는 자신에게 별 상관이 없다고 알린다.

- 고객의 패턴파괴 정도를 관찰한다.
- 고객의 욕구를 파악한다.

【사례】

(세일즈맨) 저의 고객님들이 미래를 위한 보험을 선택할 때 어떤 상
품에 가입하시든 크게 신경쓰지 않습니다.

(고객) 네? (패턴파괴)

(세일즈맨) 그런데 다른 분과 다르게 고객님께는 특별히 제가 상품을
추천해드리고 싶어집니다. (이끌기)

다른 분들은 크게 마음이 끌리지 않았는데 고객님은 저의
어머니 같은 마음이 들어 왠지 모르게 더 신경써드리고
싶은 마음이 생깁니다. (페이싱)

고객님이 가장 중요하게 생각하는 가치가 무엇인지 알려
주시겠어요? (질문)

처음 세일즈맨이 고객을 신경쓰지 않는다고 말할 때는 자신도 포함된
다고 받아들이기 때문에 고객은 자신을 무시한다고 느끼지만 곧 자신
을 특별한 대상으로 존중한다는 것을 알게 된다. 이 상태는 의식의 분
석적이고 비판적인 기능이 정지된 상태이므로 직접 질문을 통해 고객
의 구체적인 욕구를 파악한다.

고객의 욕구 자극하기

고객은 세일즈맨이 자신에게 상품의 필요성과 우수성을 강조하며 구매를 부추길 것이라는 예상된 패턴을 가지고 있다. 세일즈맨이 상품 구매에 대한 욕구를 부추길 것이라는 고객의 고정된 패턴을 파괴하기 위해 반대로 고객의 욕구를 낮추는 말을 하는 것이다.

【사례_1】

(세일즈맨) #상품을 앞에 두고

고객님께는 이 상품을 보여드릴 수가 없습니다.

(고객) 왜죠? 이 상품은 판매하는 것이 아닌가요? (패턴파괴)

(세일즈맨) 네, 맞습니다.

판매하는 상품입니다. (백트래킹)

지금 이 상품을 보시면 고객님이 너무 마음에 들어 바로 계약을 하고 싶어질 텐데 지금 바로 계약하실 마음의 준비가 되셨는지 모르겠습니다. (이끌기)

(고객) 마음의 준비가 되었어요.

【사례_2】

(세일즈맨) 이 상품을 구매하신 A고객님은 제게 찾아와서 이 상품을 다른 사람들에게 판매하지 말라고 말씀하셨습니다.

(고객) 네, 무엇 때문에? (패턴파괴)

(세일즈맨) 그렇게 말씀하신 이유가 이렇게 좋은 상품은 자기만 알고

있어야 된다고 강조하시더라고요.

고객님께서도 이 상품의 가치를 아시게 된다면 비슷한 말

씀을 하지 않을까요? (이끌기)

패턴파괴의 응용

현재 진행되고 있는 맥락과 상관없는 예상 밖의 말이나 행동을 의도
적으로 연출하여 고객의 패턴을 파괴하는 기술이다.

【사례】

(세일즈맨) 안녕히 가십시오.

(고객) 네, 감사합니다. 수고하세요.

(세일즈맨) 고객님, 잠깐만요. 제가 영수증을 챙겨드렸나요?

(고객) 네? 네~ (패턴파괴)

(세일즈맨) 네, 그렇군요. 오늘 만족하셨나요? (이끌기)

(고객) 네, 충분히...

(세일즈맨) 다시 뵙겠습니다. 또 오세요.

(고객) 네, 안녕히 계세요.

(세일즈맨) 고객님 감사합니다. 행복하세요.

(고객) 네, 감사합니다. 수고하세요.

(세일즈맨) 그런데 고객님, 다음에 너무 일찍 오지마세요.

(고객) 네? (패턴파괴)

(세일즈맨) 상품이 좋다고 너무 자주 사용해서 빨리 다시 방문하지 마시라고요. 그래도 고객님이 하루라도 빨리 방문해주시기를 기다릴께요. 상품 잘 사용하시고 불편한 점이 있다면 바로 연락주세요. 감사합니다.

(고객) 네, 고맙습니다.

앵커링

앵커는 선박의 닻을 의미하며 물 위에 떠있는 선박이 닻을 내리면 그 닻을 기준으로 주위만 맴돌게 된다. 고객의 의식에 닻을 내리고 인식을 한정시키는 것을 앵커링이라고 한다. 고객은 환경과 경험에 의해 특정한 상태를 형성하여 집중상태를 만든다. 세일즈맨이 어떠한 말과 태도를 보여주는가에 따라 고객은 자신의 감각을 상품에 맞추는 외부집중상태를 만들 수도 있고 마음속으로 보고 느끼며 내면으로 깊이 들어가 생각과 분석을 하는 내면집중상태로 만들 수도 있다.

이 두 가지 집중상태는 어느 한 가지에 머무는 경우는 거의 없다. 그것은 우리의 의식이 내면에 대한 지각과 외부에 대한 지각이 부분적으로 혼합되어 있고 긍정과 부정의 정서도 완전한 구분적 상태가 아니기 때문이다. 어떠한 상황과 자극, 피드백이 제공되는가에 따라 상태를 선택할 수도 있고 자연스럽게 그 상태에 빠지는 경우도 있다.

고객의 마음상태를 어떻게 사용하는가에 따라 전혀 다른 구매결과를 얻게 된다. 세일즈맨의 서비스와 상품에 초점을 유도할 때는 외부집중상태를 만들고 구매결정과 행동을 할 때는 내면집중상태를 만드는 것이 원하는 결과를 얻게 될 가능성을 높인다.

고객의 마음상태는 지속적으로 변화한다. 변화하는 고객의 마음을 상품으로 유도하고 구매결정을 할 수 있는 상태로 이끌 수 있는 기술이 필요하다. 고객의 마음과 행동을 세일즈맨이 원하는 상태로 변화시키기 위해서는 특별한 상태를 이끌어내는 앵커링이 필요한 것이다. 세일즈맨 자신의 상태든 고객의 상태든 원하는 상태를 얻기 위해 질문을 통해서 앵커링을 활용할 수 있다.

【예문】

- 고객님처럼 성공한 CEO는 자신의 품격에 어울리는 자동차가 필요하죠. 고객님은 어떠한 모델에 마음이 끌리시나요?

이 말속에는 '성공한 CEO'라는 앵커가 숨겨져 있다.

이 말을 들은 고객은 성공한 CEO로서 상품 구매에 대한 생각과 판단을 한다. 다소 가격이 비싸더라도 성공한 CEO에 맞는 판단과 선택을 비지시적으로 강요받게 된다. 이처럼 고객의 일관된 정서반응유형을 불러일으키는 말이나 태도, 행동이 앵커가 되며 그것에 연합되어 조건 형성되는 것을 앵커링이라고 한다.

고객의 정서와 감각으로 받아들인 특정 자극과 경험은 조건반사적으로 다른 행동과 감정을 함께 발현시키게 된다. 앵커링은 정서가 덜 개입되면 많은 반복이 필요하지만 정서가 강렬하거나 타이밍이 맞아진다면 단 한 번의 자극과 경험으로도 앵커링이 될 수 있다.

세일즈 고수는 기존에 형성되어 있는 고객의 앵커링을 활용할 수도 있어야 하고 고객의 마음을 얻기 위해 새롭게 앵커링시킬 수도 있어야 한다. 앵커를 이용하면 현재 상태를 세일즈맨이 원하는 상태로 언제든지 바꿀 수가 있다. 만약 고객이 자신도 의식하지 못한 가운데 상품 구매에 대한 부정적 앵커링 때문으로 판단에 어려움을 겪고 있다면 그러한 정서는 분리시켜야 하며 긍정적 앵커링을 형성하여 상품 구매로 유도하는 것이 중요하다. 고객이 구매결정을 쉽게 할 수 있도록 도움을 주기 위해 두 가지 동기를 활용할 수 있다.

첫째는 회피적 동기를 활용한 앵커링이다. 고객이 상품 구매를 하지 않아서 겪게 될 정서적 고통에 대하여 자극을 전해줌으로써 고통이 앵커가 되고 고통을 벗어나기 위한 조건이 형성되어 구매결정과 행동을 이끌어내는 것이 회피적 동기를 활용한 앵커링이 된다.

둘째는 지향적 동기를 활용한 앵커링이다. 고객이 상품 구매를 한 이후의 즐거움을 주는 정서적 만족과 효용가치에 대하여 자극을 전해줌으로써 즐거움이 앵커가 되고 즐거움을 추구하기 위한 조건이 형성되어 구매결정과 행동을 이끌어내는 것이 지향적 동기를 활용한 앵커링이 된다.

사람들이 길을 걷다가 빨간 신호등에 멈추고 초록 신호등에 다시 가던 길을 계속 걷는다. 그것은 빨간색은 멈추는 행동과 연합되어 있고 초록색은 걸어가는 행동과 연합되어 있기 때문이다. 빨간색에 건너가는 것은 위험하고 벌금을 낼 수도 있으며 법을 위반하는 나쁜 행동이라는 조건형성이 되어 있으며 초록색에 건너는 것이 안전하다는 조건형성이 된 결과이다. 신호등의 색깔은 앵커이며 색깔에 따라 정지하거나 출발하는 행동은 색깔과 연합된 앵커링이다.

앵커링은 조건형성된 상태이다. 고객이 특정한 자극과 정보에 의해 상품에 대한 구매동기와 욕구가 일어났다면 특정한 자극과 정보는 앵커가 되며 상품을 구매하는 행동은 자극과 정보와 연합된 앵커링이 되는 것이다.

∴ 자원 앵커링

자원 앵커링은 조건반사가 일어나는 앵커를 의도적으로 만들어 고객이 과거에 경험했던 긍정과 관련된 정서적 자원들을 현재 상태로 이끌어내기 위하여 이루어지는 가장 기본적인 앵커링이다.

고객이 갖고 있는 긍정의 자원을 활용할 수 있는 상태를 목적으로 하는 앵커링이라고 하면 일반적으로 자원 앵커링을 가르킨다. 멋진 디자인의 자동차를 보면서 소유하고 싶은 마음과 행동이 일어났다면 과거 자동차에 대한 긍정적인 정서를 경험했던 앵커링이 현재의 마음상태와 행동을 만들어내는 것이다. 사람들의 마음과 행동은 대부분 과거의 학습과 경험에 의해 조건형성된 것으로 볼 수 있다.

- 신체감각 앵커
- 청각 앵커
- 시각 앵커
- 사물 앵커

신체감각 앵커는 특정한 제스처나 자세, 특정 신체 부위의 느낌 등 신체 전부가 앵커가 될 수 있다. 신체 모든 부위가 전부 앵커가 될 수 있다. 턱, 귓불, 팔짱 끼기, 악수, 가벼운 스킨십 등이 신체감각 앵커가 된다. 고객이 어떤 신체적인 앵커에 조건형성되어 있는지 파악하여 신체적인 앵커를 발화시킬 수 있어야 한다. 청각 앵커는 특정 단어나 소리, 음악, 효과음 등이 있으며 시각 앵커는 특정한 이미지나 색상, 얼굴, 장면, 조명, 상품 전시, 의상, 인테리어, 액자, 그림 등이 있다.

자원 앵커링의 방법은 먼저 앵커를 선택하고 자원상태로 들어가서 그 상태를 충분히 경험할 수 있게 한다. 그리고 자원상태를 생생하게 떠올리고 그때의 정서적 경험을 지금 현재 상태에서 경험하도록 하여 그 느낌을 점점 더 고조시켜 최고조에 달했을 때 선택한 앵커를 고정하여 연합시킨다.

앵커링을 상품 구매로 이어지게 만들기 위해 고객의 구매 욕구를 자극할 수 있는 단서를 찾아 강조한다. '허리의 편안함', '성공한 CEO', '안전', '최고의 디자인', '최고급 오디오'와 같이 고객의 마음이 고정되어 있는 앵커를 찾아 활용하는 것이 구매에 도움이 된다.

【예문】

■ 고객님의 안전을 생각한다면 당연히 SUV를 구입하시는게 맞다고
  생각합니다.

∴ 누적 앵커링

고객의 강력한 자원 앵커링을 만들기 위하여 자원상태를 똑같은 앵커로 한 곳에 누적해서 연결시키는 것이다. 누적 앵커링은 각각의 정서적 경험을 같은 방법으로 같은 장소에 누적시켜 쌓아가기 때문에 앵커를 한번 발사하면 긍정의 상태가 모두 불려 나오는 강력한 정서적 변화를 이끌어내는 기법이다.

누적 앵커링의 방법은 먼저 원하는 긍정적인 상태를 2~3가지 선택한다. 선택된 상태가 자동차 구입을 통해 모두 해결될 수 있도록 유도한다. 여러 가지의 긍정적인 자원이 자동차 구입이라는 한 곳에 앵커가 고정되면 앵커를 발사했을 때 여러 가지의 긍정적인 경험이 함께 불려나와 고객의 현재 상태가 자동차 구입이라는 긍정적인 행동을 하게 만드는 강력한 동기가 생긴다.

특정 행동에 고객의 긍정적인 정서와 경험이 연합되어 앵커가 형성되었다면 세일즈맨이 상품에 대한 이야기를 할 때 고객은 특정 행동을 한다. 누적 앵커링은 강력한 힘을 발휘하기 때문에 긍정적 앵커가 함께 발사되면 잠재의식 차원에서는 세일즈맨과 상품에 대한 긍정적인 마음이 자연스럽게 형성된다. 이렇게 강력하게 형성된 고객의 긍정적인 앵

커는 쉽게 사라지지 않기 때문에 앵커링을 통해 잠재의식 차원에서 상품에 접근하는 것이 가능해진다.

【예문】

- 그동안 고객님께 가장 알맞은 차량을 제가 세 번이나 추천해드려 구매를 하셨습니다. 잘 생각해보시면 저의 추천이 고객님이 차량을 합리적으로 선택하시는데 큰 도움이 되었을 것입니다.
  이번에도 제가 자신 있게 추천해드리겠습니다.
- 이 모델을 고객님께 자신있게 추천드립니다. 이 모델은 최고 등급의 안전성과 가성비, 성능, 디자인을 갖고 있으며 같은 등급에서 찾아볼 수 없는 우수한 차량입니다.
- 고객님은 성공한 CEO로서 품격에 맞는 자동차가 필요합니다.
  이 차가 바로 고객님의 품격을 더욱더 빛나게 해줄 것입니다.
  품격과 안전을 생각하신다면 바로 이 차입니다.
  이 차의 주인이 되는 순간 고객님 삶의 품격이 달라지게 될 것입니다. 이 차를 소유하시는 순간부터 주변의 부러움과 가족이 행복해하는 모습을 떠올려보세요.

∴ 붕괴 앵커링

차가운 얼음 물에 아주 뜨거운 물을 같은 비율로 혼합하게 되면 물의 온도가 미지근해진다. 마찬가지로 고객이 과거에 상품이나 세일즈맨에 대한 나쁜 정서나 기억을 갖고 있을 때 상품의 우수성과 세일즈맨의 친절한 모습이 겹쳐지면서 현재의 긍정적인 요소로 인하여 과거의 부정적인 정서와 기억이 약화되거나 사라지게 되는 기법이다.

고객을 부정적 정서와 상태에서 벗어나게 만들기 위해서는 부정적 앵커를 붕괴시킬 수 있는 새로운 자극이 필요하다. 부정적 정서와 긍정적 정서를 각각 앵커링한 다음 두 가지 앵커를 함께 발사하게 되면 짧은 시간 뇌에서 혼란을 겪게 되어 부정의 정서가 약해지고 다른 새로운 상태가 생겨나게 된다. 그래서 고객의 부정적 정서를 녹여낼 정도의 강한 긍정적인 앵커를 강화하는 것이 중요하다.

붕괴 앵커링은 고객이 상품과 세일즈맨을 부정하는 나쁜 상태에서 고객을 구해줄 수 있는 구원의 밧줄과 같은 기능을 하게 된다.

붕괴 앵커링의 방법은 먼저 부정적인 나쁜 기억과 정서를 파악한다. 부정적인 과거기억을 떠올리게 한 후 바로 긍정적인 정서상태를 떠올리게 하여 부정을 약화시킨다. 그리고 동시에 앵커를 발사한다.

이 붕괴 앵커링은 상품에 대한 불신이나 세일즈맨에 대한 부정적 정서를 가진 고객의 마음을 긍정적으로 변화시키는 기법이다.

【예문】

■ 과거에 저희 매장에서 구매하신 상품 때문에 마음이 불편하셨다면 이제 걱정하지 않으셔도 됩니다. 지금 새로 나온 상품은 그 어떤 제품과도 비교할 수 없는 우수한 기능을 갖고 있기 때문에 제가 책임지고 추천해드립니다.

호칭 사용하기

이름이란 개체를 구분하기 위하여 편리한 대로 붙여진 명칭에 지나지 않지만 그 이름을 통하여 사람들과의 소통을 위한 실마리를 찾을 수 있다. 사람이 영토라면 이름은 지도이다. 이름이라는 지도는 사람이라는 영토를 반영하고 있기 때문에 이름을 부르게 되면 사람의 마음에 연결 끈을 만들게 되는 것이다.

인간의 뇌는 자신과 상관있는 외부의 자극에 우선적으로 반응하게되어 있다. 특히 이름은 자신의 존재 자체를 상징하고 있기 때문에 이름을 부르게 되면 순간적으로 고도의 집중력을 나타낸다. 고객의 이름이나 직위를 존중하는 마음과 태도로 불러주면 라포형성을 위한 중요한 끈이 된다. 이야기 중간중간에 고객의 이름을 불러주게 되면 이야기가 잠재의식에 강하게 암시로 작용한다.

잠입명령이나 아날로그 마킹과 함께 사용하면 더욱더 효과적이며 이름을 불리게 되는 고객은 세일즈맨이 쳐놓은 덫에 걸린 것처럼 라포를 형성하게 된다. 세일즈맨은 고객이 가장 듣기 좋아하는 호칭이 무엇인지를 파악하는 것이 중요하다.

- 고객님
- 사모님
- 사장님
- 대표님

- 선생님

【예문】

- 사장님께 너무나 잘 어울리는 상품입니다. 이 상품이 사장님의 품격을 한 단계 더 업그레이드해드릴 것입니다.
- 고객님, 반갑습니다.

  고객님께서 보고 계시는 이 자동차는 아무나 구입할 수도 없지만 공짜로 준다고 해도 일반 사람들은 경제적 부담감 때문에 못 탈 겁니다. 고객님도 아시다시피 이 차는 어느 정도 이상의 경제력을 가진 성공한 사람들이 타는 차이기 때문에 고객님께 너무나 잘 어울릴 것 같습니다.

- 외부적으로 성공한 사람의 기준을 그 사람이 어떤 차를 타고 있는가에 두고 있다는 사실을 고객님도 잘 알고 계실 거예요.

  그것이 바람직한가에 대한 판단을 떠나 차는 이미 그 사람의 인격과 사회적 신분을 나타내는 척도가 되고 있다는 것에 대해 고객님도 인정하고 계실 거예요.

  성공하신 고객님께는 이 모델이 가장 잘 어울릴 것 같습니다.

- 김수찬 선생님 되시죠? 김수찬 선생님께 항상 감사드립니다.

  이번에 저희 회사에서 새롭게 나온 좋은 상품이 있어 평소에 제가 존중하는 김수찬 선생님께 제일 먼저 연락드렸습니다.

- 이번에 박영찬 사장님께만 특별히 제가 추천드리는 이 상품에 대한 안내를 드려도 될까요?

Part 8

고객저항과
언어활용

고객저항

모든 사람의 행동에는 긍정적 의도와 목적이 있다. 세일즈맨과 상품에 대한 고객의 저항은 단순히 저항 의사를 태도와 행동으로 나타내는 것일 수도 있지만 긍정적 의도와 목적이 있는 경우가 많다.

구매능력이 충분히 있는데도 불구하고 구매결정 단계에서 금전적인 부담을 이유로 저항하기도 하고 상품이 마음에 들지 않는다는 표정을 짓기도 한다.

고객은 항상 저항하고 도망갈 준비를 하고 있다. 상품과 세일즈맨의 서비스에 약간의 빈틈만 보여도 적당한 이유를 둘러대며 등을 돌릴 준비를 하는 것이다. 세일즈맨은 고객이 저항하거나 도망가는 태도와 행동이면에 숨어있는 고객의 진짜 의도와 목적을 알아차릴 수 있어야 한다. 그래야만 고객의 저항에 효과적으로 대처할 수가 있게 된다.

만약에 결정을 바꿀 가능성이 없는 확고한 신념이 만들어진 'NO'라고 결정한 상태의 고객이라면 빨리 초점을 거둬들이는 것이 현명하다. 구매의사가 전혀 없는 고객에게 초점을 맞추고 세일즈맨의 에너지를 계속 쏟는 것은 무의미하다. 하지만 저항하는 고객의 의도나 목적을 알아차리는 과정에서 세일즈맨이 효과적으로 대응할 수 있는 정도의 구매 가능성이 있다면 언어적 기법을 충분히 활용하여 최선을 다해 상담을 이끌어야 한다.

고객의 드러난 저항은 부정적인 것이지만 그 이면에 있는 긍정적 의도와 목적에 맞는 상담과 더 나은 선택을 위한 대안을 제시해줄 수 있다면 오히려 고객의 저항이 고객과의 끈끈한 라포를 형성시켜주는 전화위복의 계기가 될 수 있다.

∴ 피드백

실패에 대한 귀인과 피드백을 어떻게 하느냐에 따라 실패가 삶의 걸림돌이 될 수도 있고 디딤돌이 될 수도 있다.

세일즈에서 실패는 없다. 다만 피드백만 있을 뿐이다. 실패라는 명사화된 부정적 상태를 인정하고 수용하면 그것은 영원한 실패이다. 하지만 실패에 대한 원인을 파악하여 긍정적인 피드백을 통해 더 나은 선택을 할 수 있고 다시 도전할 수 있다면 실패는 성공으로 가는 중요한 과정이 된다. 이렇게 실패가 과정으로 변화되면 쉽게 마무리된 판매과정보다 더 강한 라포를 형성하여 재구매에도 긍정적인 영향을 미친다. 고객이 구매를 포기하겠다는 마음을 확정했다면 그 결정이 구매과정에서의 작은 한 부분인 것처럼 이야기해야 한다.

【사례_1】

(고객) 제가 생각했던 것과는 좀 다르네요.

　　　다음에 다시 보도록 하죠.

(세일즈맨) 그렇게 결정을 하셨을 때 가장 중요하게 생각하신 부분이

　　　　　무엇인지 여쭤어봐도 될까요?

(고객) 네, 그것은...

【사례_2】

(고객) 좀 더 생각해보고 다음에 다시 오겠습니다.

(세일즈맨) 좀 더 생각해야 할 가장 중요한 부분이 어떤 것인지 질문
　　　　　 드려도 괜찮을까요?

(고객) 네, 그것은...

∴ 포괄적 수량화

　고객이 구매결정을 미루거나 포기하겠다는 확신적인 표현을 사용하는 경우에 메타화법적으로 디테일하게 질문을 하는 언어기법이다.

고객의 확신적인 현재 결정에 예외를 찾고 그것을 고객이 알아차리도록 유도하는 것이다. 예외적인 사실을 확인하고 선택의 폭을 더 넓힐 수 있는 질문을 한다.

　포괄적 수량화는 한 부분을 전부 또는 전무한 것으로 표현하는 생략, 왜곡, 일반화된 표현으로 '절대', '모두', '항상'과 같이 전부 똑같은 것으로 단정 짓는다. 그렇기 때문에 과거에 어떤 예외가 있었는지를 탐색하거나 메타포를 활용하여 예외를 확인시킨 후 고객의 저항에 대응하게 되면 고객의 포괄적인 확신이 과정으로 변하면서 예외적인 선택을 수용하게 된다.

【사례】

(고객) 저는 세일즈맨의 말은 절대로 믿지 않습니다.

(세일즈맨) 절대로요? (얼굴표정, 시선처리, 아날로그 마킹)

(고객) 아니요. 모두 다 그렇다는 것은 아니고...

(세일즈맨) 그렇다면 신뢰하는 세일즈맨도 있다는 말씀이군요.

(고객) 네, 당연히 있죠.

(세일즈맨) 그럼 고객님께서 가장 신뢰하는 세일즈맨이 추천한 상품은 어떨까요?

(고객) 그야 당연히 믿고 살 수 있죠.

(세일즈맨) 네, 그러시군요.

고객님은 합리적인 분이시라서 아무에게나 신뢰를 보내지 않으시지만 신뢰가 형성된 세일즈맨에게는 마음을 완전히 열어주시는군요. 저도 고객님의 신뢰를 받을 수 있는 세일즈맨이 되고 싶습니다.

저에게도 기회를 부여해주시겠습니까?

(고객) 네. 좋은 인연이 되기 바랍니다.

∴ 서법기능어

필수성의 서법기능어에는 가능성을 제한하거나 필요성에 얽매여 저항하는 고객에게 새로운 선택을 할 수 있도록 질문을 하는 언어기법이다. 서법기능어의 제한에서 벗어나는 순간 제한된 상태와의 차이를 명확하게 하여 선택의 폭을 넓히고 능력을 활용할 수 있도록 유도한다.

특히 필수성의 서법기능어를 사용한 고객의 저항은 확고한 심리상태이기 때문에 세일즈맨이 일반적인 반대 의견을 제시하면 반발을 더 키울 수 있다. 일단은 고객의 저항 의도를 수용하고 그 의도를 잘 이해한다는 것을 보여주어 고객의 마음을 안정시킨다. 이후에 상품에 대한 저항과 관련된 잘못된 확신을 무너뜨리는 작업이 가능해진다.

【사례】

(고객) 다른 회사의 상품과 꼭 비교해봐야 될 것 같아요.

(세일즈맨) 네, 고객님은 합리적인 선택을 원하시는군요.

고객님은 상품 구매 전에 신중하고 합리적인 생각을 하시는 분이시네요. 더 나은 선택을 할 수 있는 기회를 포기하는 것은 후회 감정을 일으킬 수도 있죠. 그런 면에서 다른 상품과의 비교는 고객님의 합리적인 선택에 도움이 될 수 있을 것입니다. 그렇지 않나요?

(고객) 맞아요. 잘 아시네요.

(세일즈맨) 네, 충분한 자료를 검토하시고 최상의 선택을 하고 싶은 고객님께 제가 도움을 드리겠습니다. 다른 상품과 저희 상품의 팸플릿입니다. 보시고 궁금하신 것은 무엇이든 말씀하세요. 아무 부담 없이 말씀해주시면 자세히 답해드리겠습니다. 제 설명과 상품이 다른 상품과 비교해보는 고객님의 번거로움과 시간을 절약해줄 것입니다.

이것을 보시면 고객님의 빠른 결정에 큰 도움이 될 것으로 생각합니다.

∴ 인과관계

분명한 근거도 없이 두 가지 별개의 사실을 연결하여 할 수 없다고 이야기하는 고객의 심리적 걸림돌을 제거해주는 언어기법이다.

고객은 'A'로 인해서 'B'가 생겼다는 믿음을 가지고 있다. 즉 '~ 때문에 할 수 없다', '~ 때문에 불가능하다'는 저항을 한다.

고객이 구매에 저항하는 믿음은 실제 구매가 불가능하거나 심리적 걸림돌 때문이거나 둘 중 하나이다. 이 두 가지에 대해 빠르고 정확하게 파악하여 심리적 걸림돌 때문이라면 고객이 구매를 할 수 있는 명분과 이유를 제시해 주어야 한다. 고객이 A로 인해서 구매를 할 수 없다고 저항하는 상태에서 B를 선택한다면 A가 문제 되지 않는 상태로 유도하는 질문 방법이다.

【사례】

(고객) 마음에 드는데 가격이 비싸서 살 수가 없을 것 같아요.

(세일즈맨) 네, 그것 때문에 구입을 망설이고 계셨군요.

그런데 만약 소형차를 구입하는 가격으로 이 고급차의 주인이 되실 수 있는 기회가 주어진다면 고객님은 그 기회를 포기하실 수 있나요?

소형차 가격으로 이 차의 주인이 되시고 나머지는 큰 부담 없이 월 납입금만 나누어 내시면 됩니다. 이 고급차의 주인이 된 뿌듯함과 자부심, 차의 가치를 생각하시면 결코 비싸거나 부담을 느낄 수 있는 가격은 아닙니다.

친구분과 술자리 두 번 줄이시고 외식 몇 번만 안 하면 이 고급차의 주인이 되실 수 있습니다.

질문하기

반복적인 학습과 경험을 통해 사람의 뇌는 어떠한 질문에도 성실하게 답을 하게끔 세팅되어 있다. 장기기억의 신경망은 외부에서 입력되는 질문 내용과 관련된 특정 신경회로를 더 많이 활성화시켜 반응하게 된다. 그래서 세일즈맨이 어떠한 질문을 하는가에 따라 고객의 마음과 행동의 변화를 이끌어낼 수가 있는 것이다. 사냥을 할 때 사냥감을 원하는 구석으로 몰아가는 것과 마찬가지로 질문하기는 고객의 선택을 간접적으로 유도하는 언어기법이다.

세일즈맨 자신이 의도하는 방향으로 고객을 이끌거나 유도하기 위해 사용하며 세일즈맨의 좋은 질문이 고객의 좋은 반응과 행동을 이끌어 낸다. 특히 상품 판매의 마무리 단계에서는 고객과의 충분한 라포를 바탕으로 질문을 통해 구매를 완성시킨다. 질문을 잘하기 위해서는 고객의 현재 상태와 욕구정도에 대한 파악이 필요하며 그것을 바탕으로 질문을 해야 한다. 마무리 단계에서는 고객과의 충분한 라포형성 뿐만 아니라 세일즈맨의 긍정적인 태도와 초점, 맞추어주기 등을 잘하고 있는지 확인해본다.

∴ 패턴깨기 질문

상품 판매를 빨리 마무리하기 위해서는 고객의 태도와 행동을 캘리브레이션하여 타이밍을 찾아야 한다. 맛있는 밥을 지을 때 적당한 시간의 뜸을 들이는 과정이 필요하듯이 상품을 판매하는 목적을 완성하기 위해서도 적당한 시간이 필요하다.

상담을 시작하자마자 세일즈맨이 원하는 대로 판매를 마무리 할 수는 없다. 그렇다고 너무 시간을 길게 끌게 되면 심리적 간섭에 의해 결정 장애를 겪게 된다. 고객의 구매 욕구는 적당히 자극되고 비판의식은 가라앉을 정도의 시간이 필요하다. 상품 판매에서 고객의 사고가 더 깊어지고 분석, 비판의식이 높아지기 전에 그 진행을 고정시키고 상품 판매를 마무리하는 것이다. 고객의 의식적인 생각을 상품 구매 결정이라는 초점으로 전환하여 마무리 상황으로 유도한다.

【사례_1】
(고객) 초기 구입 비용이 부담이 되어 망설여지네요.
(세일즈맨) 잠깐만요. 그럼 초기 비용이 적게 드는 견적을 새롭게 보여드리면 구매 결정에 도움이 되겠습니까?

【사례_2】
(고객) 마음에 들기는 하는데 좀 더 생각해볼게요.
(세일즈맨) 저희 상품이 마음에 들었다니 참으로 다행이네요.

그럼 언제쯤 구매를 결정할만한 마음의 준비가 되실지 여쭈어봐도 될까요?

∴ 핵심적 질문

고객이 마지막 단계에서 상품 구매를 위한 결정과 행동을 하지 못하고 망설일 때 직접적인 질문 방법으로 고객의 심리적 걸림돌을 제거할 수 있다. 이러한 핵심 질문은 고객과의 충분한 라포가 형성된 상태에서 효과를 볼 수 있다. 고객의 가장 중요한 정보를 핵심 질문을 통해 얻게 되면 상품 판매를 방해하는 걸림돌을 제거할 수 있는 쉽고 빠른 방법을 찾을 수 있게 된다.

【예문】

■ 혹시 고객님이 구매 결정을 하는데 중요한 걸림돌이 있다면 그것이 무엇인지 여쭈어봐도 될까요? 제가 최선을 다해서 고객님의 합리적인 선택에 도움을 드리겠습니다.

■ 고객님이 이 상품을 기쁜 마음으로 만족하며 구매하실 수 있도록 도움드리기 위해 제가 마지막으로 무엇을 더 해드릴 수 있을까요?

■ 이렇게 마음에 드는 상품을 구매하시는데 고객님을 망설이게 하는 마지막 걸림돌이 무엇입니까?

■ 고객님, 상품 구매를 위해 제가 더 도와드릴 일이 있다면 말씀해 주시겠습니까?

∴ 직접질문

　일반적으로 상담과정에서는 직접질문은 몰아가거나 추궁당하는 느낌이 들고 강요받는다는 심리적 부담감을 주어 고객의 저항과 거부감을 갖게 만들기 때문에 잘 사용하지 않지만 상담의 마지막 단계에서는 매우 중요한 언어기법이 된다.

　세일즈의 마지막 단계까지 잘 이끌어 왔다면 상품 판매를 매끄럽게 마무리 짓기 위해서는 직접질문을 활용하는 것이 도움이 될 때도 있다. 고객과의 충분한 라포 속에 판매를 위한 고객의 걸림돌이 없는 상태에서 직접질문을 통해 끝맺음을 한다.

【사례_1】

(세일즈맨) 고객님, 오늘 제가 고객님의 상품 구매를 도와드리기 위해
　　　　　상품의 우수성을 말씀드렸는데 완전히 이해가 되셨나요?

(고객) 아직 완전히 이해가 안 되네요.

(세일즈맨) 네, 제 설명이 부족했네요. 다시 한 번 말씀드리지만 이
　　　　　제품이 가지고 있는 최고의...

(고객) 네, 그렇군요. 이 상품으로 결정했어요.

(세일즈맨) 네, 훌륭한 선택을 해주신 고객님께 감사드립니다.

【사례_2】

(세일즈맨) 고객님이 마음에 들어 하시는 상품을 결제하시는데 특별

히 걸림돌이 되는 것이 있나요?

(고객) 네, 특별히 걸림돌이라기보다 경쟁사의 상품보다 가격이 조금 비싼 느낌이 드는군요.

(세일즈맨) 네, 맞습니다. 저희 상품의 품질이나 성능이 한 단계 위에 있다 보니 약간 차이가 있습니다.

하지만 그 작은 가격차이를 상쇄시킬 만큼의 우수한 상품가치와 성능을 생각하시면 당연히 선택의 기준이 달라지겠죠. 이 상품을 구입하셔서 최소한 몇 년을 사용하실 텐데 큰 차이가 없는 비슷한 가격대라면 당연히 이 상품이 더 낫다고 생각하는데 고객님의 생각은 어떠신가요?

(고객) 그렇게 생각해보니 맞는 말이네요.

이 상품을 구입하기로 결정했습니다.

(세일즈맨) 역시 고객님은 합리적인 선택을 통해 최고의 상품을 가치 있게 구입하시는군요.

【사례_3】

(세일즈맨) 혹시 고객님, 구매 전에 제가 설명을 못한 것은 없는지 모르겠습니다.

(고객) 네, 프로모션을 얼마까지 해주실 수 있는지를 구체적으로 설명듣지 못했습니다.

(세일즈맨) 아, 죄송합니다. 제가 제일 중요한 설명을 못드렸네요.

고객님이 요구하셨던 부분을 어렵게 맞출 수 있었습니다.

정말 힘들게 조건을 맞추었습니다.

(고객) 아, 그래요. 고맙습니다. 바로 계약하죠.

【사례_4】

(세일즈맨) 혹시 가격이 구매의 걸림돌이 되시나요?

저희 상품과 서비스에 충분히 만족하시나요?

할부 조건과 할인 혜택은 마음에 드시나요?

혹시 다른 디자인을 원하시나요?

제가 고객님께 도움이 되는 방법을 찾을 수 있는 기회를 주시겠습니까?

불만고객

뛰어난 의사는 100명의 환자를 잘 치료하는 것도 중요하지만 단 한 명의 의료사고도 발생하지 않게 심혈을 기울인다. 한 명의 의료사고가 사람의 생명과 관련되어 있기 때문이다.

마찬가지로 100명의 충성고객을 만드는 것도 중요하지만 한 명의 불만고객이 생기지 않도록 해야 한다. 한 명의 불만고객이 100명의 충성고객을 쫓아내기 때문이다. 세일즈에서 불만고객에 대한 대처가 중요한 이유는 고객이 불만을 가지고 있다고 해도 세일즈맨에게 바로 표현하지 않아 모르고 넘어가는 경우가 더 많기 때문이다.

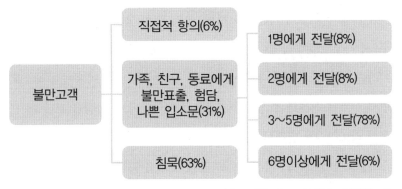

〈자료 : 와튼스쿨 2006년 불만고객 연구보고서〉

통계에 따르면 현장에서 불만을 표출하는 고객은 6% 정도이며 94% 의 고객은 불만을 직접적으로 바로 표출하지 않고 침묵하는 것으로 나타났다. 문제는 그 침묵이 영원한 침묵이 아니라 주변에 부정적인 정보를 흘리기 때문에 소리 없이 구전을 통해 확산되면서 큰 부작용을 일으키는 것이다.

불만고객 대처

과거에는 고객의 불만이 무조건 부정적인 영향을 미친다는 왜곡된 관점을 갖고 있었다. 하지만 요즘 세일즈 고수들은 고객의 불만을 오히려 고객과의 라포형성을 위한 긍정적인 기회로 활용한다. 위기는 곧 기회가 된다는 말처럼 불만고객이 세일즈맨에게는 최고의 좋은 인연을 만드는 기회가 될 수 있는 것이다.

어릴 때 친구와 주먹다짐을 하며 크게 싸운 후 화해하게 되면 그 친구와는 둘도 없이 막역한 사이가 되는 경험을 해보았을 것이다.

이러한 현상은 싸웠던 친구와의 나쁜 감정이 싸우는 과정에서 해소되면서 서로를 이해하는 정서적 경험으로 기억되어 두 사람을 보다 더 끈끈한 라포관계로 발전시키기 때문이다.

세일즈 현장에서도 마찬가지로 불만을 가진 고객의 문제를 해소시켜주거나 만족스런 서비스를 제공해줄 수만 있다면 나빴던 감정이 오히려 좋은 감정으로 바뀌면서 충성고객이 될 확률이 아주 높아지게 된다. 감정이 연합된 관계는 잠재의식에서 강력한 연결을 만들기 때문에 적극적으로 불만을 해소해주게 되면 중립적인 감정상태에서 보다 충성고객이 될 확률이 더 높아지는 것이다.

고객이 가진 불만을 알아차리지 못하거나 잘못 대처하게 되면 고객은 저항하거나 멀리 도망가게 된다. 그래서 불만을 표현하는 고객에 대해서 세일즈맨은 오히려 감사하는 긍정적인 관점을 가질 필요가 있다.

불만을 표현하는 고객에 대해서는 적극적 의사표현 방법인 경청을 해주는 것이 중요하며 수용과 공감, 이해, 해결을 해줌으로써 고객 불만이 오히려 전화위복이 되어 강력한 라포가 형성된다.

∴ 경청

경청은 세일즈에서 가장 기본적인 전제조건이며 가장 중요한 불만 대처 전략이다. 고객의 불만에 온몸으로 집중하고 반응하여 고객의 속마음에 쌓였던 응어리들을 모두 말하고 싶도록 적극적으로 들어주는 의사표현기법이다.

어설픈 조언이나 정보제공보다 경청이 더 효과가 있는 것은 고객이 자신의 불만에 대해 말을 하는 동안 초기에는 화난 감정상태가 되지만 적극적으로 들어주며 감정이입을 해주는 세일즈맨의 경청 태도에 공감을 받고 부정적 감정이 사그라들게 된다. 경청은 수용과 공감을 느끼게 만들기 때문에 나쁜 감정은 스펀지에 흡수되듯이 사라지게 만든다.

그래서 고객이 불만을 이야기할 때는 섣불리 끼어들거나 피드백하려 하지 말고 기다려주는 인내심을 가지는 것이 중요하다. 세일즈맨의 의견을 드러내기보다 고객의 불만을 경청해주며 맞추어줄 수 있을 때 고객의 마음을 훔칠 수가 있다. 고객의 말에 경청을 하면서 고객의 생각을 이해하고 고객의 입장에서 문제를 해결하기 위한 단서들을 찾을 수 있다. 그 과정에서 인간적인 유대가 강화된다.

∴ 공감과 수용

사물이나 사람을 처음 접촉했을 때의 느낌이나 인상을 첫인상이라고 한다. 불만고객이 느끼는 세일즈맨에 대한 첫인상이 불만 대처의 전체적인 결과를 결정짓는다. 그래서 첫인상을 좋게 형성하기 위해 공감과 수용이 필요한 것이다. 그래야만 불만고객이 세일즈맨에 대한 적대감을 거두고 자신의 편으로 인식할 수 있게 된다. 고객의 말속에 담겨있는 불편한 기분이나 감정을 함께 느끼며 고객의 마음속으로 들어가서 하나가 되는 적극적인 커뮤니케이션 방법이다.

고객의 말이 모순되거나 틀렸다 하더라도 절대로 논쟁을 해서는 안
된다. 고객과의 논쟁은 이겨도 지는 것이고 져도 지는 것이다.
고객과의 논쟁은 전혀 무의미하며 이기든 지든 무조건 마이너스로 작
용될 수밖에 없는 최악의 선택이다. 왜냐하면 고객은 이겨야 할 대상
이 아니라 존중을 통해 나의 편으로 만들어야 하는 대상이기 때문이
다. 세일즈 고수는 고객의 마음을 훔치는 고급 기술인 공감과 수용적
인 태도를 가지고 있다.

【사례_1】

(고객) 제가 어제 구입한 상품이 불량품이었어요.

(세일즈맨) 아, 정말 죄송합니다.

　　　　구입하신 상품이 불량이었다고요?

　　　　제가 최선을 다해 고객님의 문제를 해결해드리겠습니다.

　　　　고객님, 구체적으로 어떤 부분이 불량인지 저에게 자세히

　　　　말씀해주시겠어요?

【사례_2】

(고객) 여기 책임자가 누구에요?

　　　　당장 나오라고 하세요.

　　　　이런 엉터리 상품을 판매해서 되겠어요?

(세일즈맨) 고객님, 죄송합니다.

고객님 제가 고객님의 문제해결을 위해 도움을 드릴 텐데 조금만 진정해주실 수 있으신가요?

고객님을 이렇게 화나게 한 상품의 문제점을 제게 자세히 말씀해주시면 고객님의 입장에서 최선을 다해 문제를 해결할 수 있도록 도와드리겠습니다.

∴ 백트래킹

불만고객이 표현하는 말을 되뇌며 그 말을 그대로 반복해서 말해주는 기법이다. 고객의 불만을 이끌어내고 공감하기 위한 표현이며 고객의 말을 되풀이하게 되면 일치감과 친밀감을 느끼고 세일즈맨이 자신의 말에 경청하고 있다는 느낌을 갖는다. 이야기 중 고객의 긍정적인 이야기에 즉시 백트래킹 하게 되면 반론 불가의 효과를 얻을 수 있다.

【사례】

(고객) 출고한지 한 달밖에 안 된 차에 잡소리가 이렇게 심하게 나는데 제가 새 차를 샀는지 중고차를 샀는지 모르겠습니다.

정말 화가 나서 미치겠어요.

(세일즈맨) 죄송합니다. 고객님.

한 달 만에 심한 잡소리가 나서 불편하셨다고요?

저라도 화가 많이 났을 겁니다.

혹시 다른 문제는 더 없으신가요?

(고객) 네, 잡소리 나는 것 말고는 만족합니다.

(세일즈맨) 그럼 제가 최대한 빠른 시간 안에 조치를 취해서 완벽하게 서비스를 받겠습니다. 고객님이 바쁘시면 제가 직접 서비스 센터에 다녀오겠습니다.

어떻게 하시는 것이 편할까요?

∴ 감정해소

불만고객의 마음속에 해소되지 못한 불만의 감정 응어리가 남아있으면 고객과의 라포가 상실되고 나중에 부메랑이 되어 돌아온다.

미해결된 부정적 감정이 고객의 마음에 남지 않도록 불만 감정을 모두 쏟아내게 유도한다. 고객이 격한 분노의 감정을 가진 경우 공감과 백트래킹을 통해 모든 감정을 다 쏟아서 해소시킬 수 있도록 도와주어야 한다. 부정적 감정을 완전히 해소하기 위해 계속적인 경청과 공감, 수용적인 태도가 요구된다.

【사례】

(고객) 이것도 상품이라고 판매한 것입니까?

추천해준 상품이 아무런 문제가 없다고 해서 믿고 구입했는데 사람을 뭘로 보고 이 따위로 장사를 하는 것입니까?

책임자를 당장 데려오세요.

(세일즈맨) 아, 그러세요. 고객님. 정말 죄송합니다.

제가 추천해드린 상품 때문에 마음에 심려를 끼쳐드려 뭐라 드릴 말씀이 없습니다. 충분히 화가 나실만합니다.

처음 믿고 구입한 상품이 문제가 있을 때 얼마나 실망이 컸을지 짐작이 갑니다. 고객님이 말씀하신 문제를 빠르게 해결해 드리겠습니다. 혹시 다른 문제점은 더 없나요?

∴ 문제파악 및 해결

고객의 감정이 어느 정도 해소되고 진정되면 고객의 문제가 무엇인지 파악해야 한다. 고객이 흥분해서 놓치고 있는 세부적인 사항에 대해 질문을 하며 확인하고 그 문제가 해결 가능한 것인지 알아본다.

문제 파악은 고객의 입장에서 하며 문제해결을 통해 고객이 충분히 만족할 수 있을지 점검한다.

【사례】

(세일즈맨) 고객님께서 말씀해주신 문제에 대해 해결을 해드렸습니다. 그동안 불편함을 끼쳐 정말 죄송합니다.
한번 확인 해보시겠어요?

(고객) 네, 이제 괜찮네요.

(세일즈맨) 네, 고객님. 기다려주셔서 감사드립니다. 저희가 고객님께 최선을 다해 서비스는 완벽하게 해드렸는데 문제가 생기면 언제든지 다시 찾아주시기 바랍니다.

혹시 서비스가 더 필요한 부분은 없나요?

더 필요한 서비스가 있다면 언제든지 말씀해주세요.

∴ 거절하기

고객의 불만을 경청하고 수용, 공감, 이해, 해결하는 것이 중요하다고 해도 고객의 요구사항이 세일즈맨의 능력으로 들어줄 수 없는 무리한 것이거나 해결이 안 되는 불가능한 경우에는 분명하게 거절을 할 수 있어야 한다. 이때 직접적인 거절은 세일즈맨에 대한 부정적 이미지를 만들 수 있으므로 고객에 대한 거절은 간접적인 방식으로 이루어지는 것이 효과적이다. 그리고 간접적인 거절 이후 고객에게 어떤 이익이 되거나 다른 관점에서 혜택이 될 만한 것이 있다면 말해주도록 한다.

【사례_1】

(고객) 지금 결제하면 이 TV를 한 시간 이내로 설치해주세요.

(세일즈맨) 아, 급하게 봐야 할 프로가 있나보죠?

그런데 정말 죄송하게 됐습니다.

결제를 지금 하시더라도 설치는 내일 가능할 것 같습니다. 요즘 전자제품의 기능이 워낙 복잡해서 전문 기사가 직접 설치해야 안전성이 보장되고 사용방법도 자세히 알려드릴 수 있습니다. 최대한 빠른 시간에 방문할 수 있도록 조치를 취해드리면 괜찮을까요?

(고객) 아, 그렇군요. 그렇게 해주세요.

【사례_2】

(고객) 새로 구입한 차가 1년 만에 벌써 다섯 번이나 서비스를 받았습니다. 차가 이렇게 계속 문제를 일으키면 새 차로 교환해주어야 하지 않나요?

저도 참을 만큼 참았는데 더 이상은 못 참겠습니다.

(세일즈맨) 네, 고객님. 정말 죄송합니다.

제가 판매한 차량이 고객님께 큰 스트레스를 주게 되어 할말이 없습니다. 고객님이 겪었던 불편사항과 문제점 등을 모두 취합해서 본사에 보상 규정을 알아보겠습니다.

그리고 법률적으로도 더 나은 보상 방법이 있는지 최대한 알아보고 고객님께 자세히 설명드리겠습니다.

(고객) 신경써주셔서 고맙습니다.

(세일즈맨) 아닙니다. 당연히 제가 알아봐드려야죠.

저를 믿고 비싼 차를 구입하셨는데 제 능력껏 고객님 편에서 알아보고 연락드리겠습니다.

Part 9

세일즈맨의
멘탈강화

멘탈강화

멘탈은 정신의, 지적인, 관념적인, 마음과 같은 사전적 의미를 갖고 있으며 일반적으로 정신, 마음이라고 정의할 수 있다. 사람의 마음은 뇌라는 생산공장에서 찍어내는 특별한 상품이며 그 상품의 종류는 헤아릴 수 없을 만큼 많다. 그래서 뇌가 없다면 마음이 존재하지 않으며 마음이 없는 뇌는 단순한 생리적인 기능만 할 뿐이다. 천억 개가 넘는 뇌신경세포에 저장된 수많은 기억들이 서로 연결을 지으며 신경회로를 만들고 그 회로가 그물처럼 이어져 신경망을 형성하고 있으며 여기서 마음이 생성되는 것이다.

사람은 어릴 때부터 다양한 학습과 경험을 통해 반복적으로 사용하는 특정 신경회로가 활성화되면서 신경망의 연결이 강화되어 습관이 형성되고 개인의 특성을 구분 짓는 저마다의 개성과 정체성을 만든다. 뇌는 그 무엇이든 반복하면 사실로 받아들이고 믿음을 만들어 스스로 그 믿음에 통제당하게 된다. 반복적인 생각이 믿음을 만들면 그 믿음에 통제당하는 습관의 순환고리를 만들게 되는 것이다.

우리의 반복적인 생각이 뇌의 전용신경회로를 굵게 만들고 신념체계를 형성하게 된다. 이렇게 형성된 신념체계가 정신적, 신체적인 일치를 통한 에너지를 만들어 존재와 정체성을 형성한다. 반복적인 생각이 에너지가 되고 이 에너지가 원하는 성취를 실현시켜주는 멘탈의 힘이 되는 것이다. 모든 삶의 성취 결과는 우리가 어떠한 멘탈상태에서 어떠한 신념과 에너지를 갖고 있느냐에 따라 결정된다. 특히 수많은 고객과의 관계에서 성과를 창출해내어야 하는 세일즈맨에게는 더 강한 멘탈상태가 요구된다. 그것은 세일즈맨의 멘탈이 어떤 상태인가에 따라 세일즈에서 얻는 성과가 달라지기 때문이다.

고객의 저항을 무력화시켜 구매 행동을 유도하기 위해서는 세일즈맨의 강한 멘탈상태와 멘탈언어 구사능력이 필요하다. 세일즈맨은 상품의 우수성을 알리는 능력도 필요하지만 더 중요한 고객의 마음을 훔칠 수 있는 강한 멘탈과 언어적 기술을 가져야 하는 것이다.

성공한 세일즈 고수들의 공통적인 특성을 분석해보면 그들은 대부분 자신만의 강한 멘탈상태를 유지하고 있으며 멘탈언어패턴을 많이 사용하고 있다는 사실이다. 세일즈맨이 자신의 멘탈 1%를 바꾸면 실적이 99% 향상된다는 믿음을 가지는 것이 중요하다.

∴ 자신과의 라포형성

성공한 세일즈 고수는 자신의 꿈과 목표를 성취하기 위해 초점을 일치시키고 그것을 이루기 위하여 끊임없이 노력한다. 세일즈맨이 자신의 꿈과 목표를 성취하는 삶을 원한다면 자신의 멘탈을 성취할 수 있는 상태로 바꾸는 것이 먼저이다. 고객의 변화를 유도하기 위해서는 세일즈맨 자신의 멘탈상태가 고객을 이끌 수 있는 끌어당김의 강력한 자성을 가지고 있어야 하기 때문이다.

고객과의 단단한 라포형성을 통해 원하는 성취결과를 얻기 위해서는 자기 자신과의 라포형성이 먼저이다. 자신과의 라포가 형성될 때 자신의 모든 내적자원을 일치시키고 심리적 간섭을 배제한 자신감과 당당함으로 고객에게 완전한 초점 맞추기와 라포형성을 통해 상품 판매의 목적을 달성할 수 있다. 세일즈맨의 모든 성취는 먼저 자기 내면의 일치시키기를 통하여 형성된 자신과의 라포에서부터 시작된다. 많은 세일즈맨들이 자신의 꿈과 목표를 성취하지 못하고 중도에 포기하는 이유가 자신과의 완전한 라포형성이 되지 않았기 때문이다.

자신과의 라포가 형성되지 않으면 내면의 일치시키기를 통한 외부적인 활동과 고객과의 건강한 라포형성 자체도 힘들어진다. 세일즈맨에게 가장 중요한 자신감과 당당한 태도는 자신과의 라포가 제대로 형성되어 멘탈이 건강한 상태에서 만들어지는 것이다. 자신감과 당당함이 있을 때 외부환경과 고객을 캘리브레이션하고 원만하게 소통할 수 있는 민감한 촉수를 가질 수 있다. 세일즈맨이 자신과의 라포만 단단하게 형성할 수 있다면 고객의 모든 자원과 시너지 효과를 낼 수 있는 단단한 연결을 만들어 원하는 성취결과를 실현시킬 수가 있게 된다.

위대한 업적을 이루었거나 탁월한 능력을 가진 세일즈 고수들은 모두가 먼저 자신과의 강력한 라포가 형성되어 있었다. 대부분의 세일즈맨들이 자신이 원하는 꿈과 목표를 성취하지 못하는 이유가 자원과 능력이 없어서가 아니라 자신과의 라포가 부족했기 때문이다.

그래서 세일즈에서 성공의 답은 밖에 있는 것이 아니라 자기 자신과의 강력한 라포에 있는 것이다.

∴ TESA

TESA는 뇌의 전용신경회로를 구축하여 원하는 성과를 달성할 수 있는 성공전략이면서 구체적인 기법이다. 원하는 것을 성취하기 위한 네 가지 열쇠를 어떻게 구하고 활용할 수 있는지에 대한 훌륭한 길잡이가 TESA이다. 특정한 생각(T)과 정서(E), 말(S), 행동(A)을 반복하면 그와 관련된 전용신경회로가 만들어지고 이 전용신경회로가 그 사람의 신념체계를 형성한다.

긍정의 세상모형을 가진 세일즈 고수는 자신이 가진 끌어당김의 자성으로 고객의 긍정적 자원과 상태를 상품 구매라는 목적으로 유도하는 능력이 탁월하다. 사람들은 누구나 끌어당김의 자성을 자기 안에 갖고 있다. 특히 강력한 긍정의 자성을 가진 세일즈 고수는 고객의 마음을 끌어당겨 자신과 상품에 초점을 일치시키기를 통하여 상품 구매의 가능성을 높일 수 있는 능력을 가지고 있다.

뇌는 뛰어난 가소성을 갖고 있기 때문에 새로운 자극과 정보를 반복적으로 입력하거나 출력하게 되면 특정한 신경회로를 선택하여 강화시키고 기존의 세상모형과 마음상태까지 바꾸게 된다. 고객과의 관계나 세일즈 상황에 대해 긍정적인 생각과 느낌, 말, 행동을 반복하면 긍정의 상태가 만들어지고 그 상태가 강력한 끌어당김의 자성을 만들어 세일즈맨 자신의 멘탈을 강화한다. 세일즈맨 자신의 긍정적인 멘탈이 심리적, 신체적, 물질적인 변화와 성과를 이루게 하는 자성이 되어 고객이 세일즈맨과 상품에 대한 라포를 형성하게 되는 것이다.

그 무엇을 성취하고자 한다면 세일즈맨 자신이 먼저 그 무엇인가가 되어 있어야 한다. 세일즈맨 자신의 마음에 원하는 목표를 선명하게 가득 채워야만 현실에서의 원하는 성과가 만들어질 수 있는 것이다.

만약 원하는 목표나 성과가 실현되지 않는다면 그것은 환경과 고객의 문제가 아니라 세일즈맨 자신의 마음에 그것을 이룰 수 없다고 생각하는 부정적인 제한이 있기 때문이다. 반대로 할 수 있다는 긍정적인 생각과 느낌, 말, 행동을 반복하게 되면 그것이 뇌에 프로그래밍되어 스스로를 통제하는 힘을 가지게 된다. 이것이 세일즈맨의 멘탈을 강화하여 더 강력한 자성을 가질 수 있도록 해주는 TESA의 힘이다.

자기최면

모든 최면은 자기최면이라고 할 만큼 최면은 스스로 그 상태에 들어가는 것이다. 최면은 의식의 활동이 둔화되고 잠재의식이 활성화된 상태에서 의식을 우회하여 잠재의식에 바로 접근하는 방법이다.

잠재의식은 이해와 분석, 판단을 하지 않고 그대로 받아들이는 수용성과 무한한 저장용량을 갖고 있다. 사람의 감각기능과 자율신경계는 잠재의식에서 종합적으로 운영하고 있으며 잠재의식에 바로 접근할 수 있는 방법을 알기만 한다면 원하는 최면상태까지도 유도할 수 있게 된다.

최면은 다른 사람이 인위적인 의도와 목적을 달성하기 위하여 특수한 유도와 암시를 통해 들어가는 타인최면이 있고 스스로에게 반복적인 암시를 통해 들어가는 자기최면이 있다. 고객과의 상담과정에서는 타인최면의 원리와 기법을 많이 활용하고 세일즈맨 자신의 멘탈을 강화하기 위해서는 자기최면을 많이 활용하게 된다.

자기최면을 통해 상담과정과 고객 접촉에서의 부정적인 예감과 생각을 떨쳐내고 희망적이고 긍정적인 암시를 통해 스스로를 활력상태로 바꾸고 성공신념을 강화시킬 수 있다. 자기최면은 고도로 집중된 이완상태이기 때문에 반복해서 훈련하게 되면 흔들림 없는 성공신념과 강철 멘탈을 가질 수 있게 된다. 이러한 자기최면의 효과는 완전한 믿음을 만드는 과정이다. 자기최면을 통해 세일즈맨의 멘탈을 강화하기 위해서는 자기 확신이나 암시, 자율훈련을 반복하는 것이 필요하다.

∴ 반복 확신

사람의 뇌는 그 무엇이든 반복하면 사실로 받아들이고 믿음을 만든다. 특히 의식이 가라앉고 잠재의식이 활성화된 트랜스 상태나 강력한 라포가 형성된 상태에서 받아들이는 반복적인 자극과 정보에 대해서는 신념체계를 형성하게 된다.

세일즈맨이 원하는 자신의 상태나 목표에 대해 반복적으로 암시를 하게 되면 그것을 자신의 존재와 정체성으로 연결시켜 변화하게 만드는 강력한 효과가 있다. 아침, 점심, 저녁에 규칙적으로 매일매일 장기간 실시하게 되면 내면에 무엇이든 할 수 있는 긍정의 기운과 자신감, 자부심이 높아지게 된다.

【예문】

- 나는 날마다 모든 면에서 점점 더 좋아지고 있다.

- 나는 할 수 있다. 내가 할 수 있다고 생각하면 할 수 있다.

  내가 할 수 없다고 생각하면 할 수 없다.

  나는 할 수 있는 사람이다. 나는 할 수 있다.

- 고객을 만나는 일이 가슴 설레인다.

  나를 만나 더 행복해지는 고객을 생각하면 나도 행복하다.

  오늘도 나는 고객과 나의 행복을 위해 가슴 설렘을 갖고 힘찬 하루를 시작한다. 파이팅.

- 나는 밝게 미소 지으며 고객에게 먼저 다가가 인사한다.

  내가 먼저 말을 건네고 고객의 관심사에 대해 질문한다.

  내가 오늘 만나는 모든 사람들은 내게 소중한 사람이다.

  오늘도 소중한 사람과 인연을 만들기 위한 힘찬 도전을 시작하자.

∴ 긍정의 암시

자기최면의 효과를 더 높이기 위해서는 세일즈와 관련된 긍정적인 자신의 모습과 멘탈상태를 구체적이고 선명한 이미지와 문장으로 만들어야 한다. 고객과 편안하게 대화하는 당당한 모습으로 고객을 리드하고 고객의 질문에 여유 있게 답하며 원만하게 마무리하는 자신의 모습을 상상한다. 반복해서 긍정적인 모습을 상상하게 되면 뇌는 그것을 사실로 믿게 되어 실제 고객과의 만남이 편안하고 여유 있게 된다.

성공에 관련된 자기암시 문장을 만들어 하루 100번 이상 반복한다.

자기암시 문장 만들기

- 문장의 길이가 짧고 간결하며 분명해야 한다.
- 추상적이거나 애매한 문장이 아니라 구체적이어야 한다.
- 이미지는 구체적이고 선명해야 한다.
- 내용과 방향이 긍정적이고 확신을 가져야 한다.

【예문】
- 나는 성공한 나 자신의 모습을 본다.
- 나는 고객을 만날 때 설렘이 있고 자신감과 활력이 넘친다.
- 오늘도 판매에 성공한 나를 본다.
- 언제나 최선을 다하는 부지런한 나의 모습을 좋아한다.
- 나의 꿈과 목표는 반드시 이루어진다.

∴ 자기암시의 실행

자기암시는 특정한 장소나 시간에 구애받지 않고 언제 어디서나 실행할 수 있다. 잠에서 깨어났을 때, 잠들기 전, 운전할 때, 상담 전, 휴식 시간에도 가능하며 특정 상황에서 자기암시의 효과를 보기 위해서는 평소에 수많은 반복적인 훈련을 해야 한다.

가장 효과가 좋은 시간은 잠들기 직전과 잠이 깬 후 아침이다.

이 시간이 자기암시의 효과가 가장 극대화된다. 잠들기 직전과 잠이 깬 후는 수면과 비수면의 경계에 있기 때문에 의식이 가라앉고 잠재의식이 가장 많이 활성화되는 트랜스 상태에 있기 때문에 강력한 신념을 형성할 수 있다. 자신이 원하는 자기암시를 되뇌는 훈련 외에 암시멘트를 휴대폰에 10분가량 녹음하여 명확하고 긍정적인 성공 메시지를 반복해서 듣게 되면 자기암시와 관련된 신경망이 강하게 형성된다.

아침

■ 잘 잤다. 푹 자고 나니 기분이 너무 좋다.

오늘도 멋진 하루가 기다리고 있다.

내 꿈과 목표를 향해 한 걸음 더 가까이 가기 위해 설렘이 있는 마음으로 고객을 만날 것이다. 고객을 만나는 것이 즐겁고 보람이 있다. 오늘도 좋은 일이 많이 생길 것이다.

잠들기 전

■ 오늘 하루도 수고 많았다. 하루를 보람 있게 마무리하고 지금부터 깊은 잠에 빠져들게 될 것이다.

잠을 자는 동안 내 생각이 정리정돈되어 아침에 일어날 때 맑은 정신이 될 것이다. 방전된 몸과 마음이 잠을 자고 나면 완전히 충전되어 활력이 넘치게 된다. 세일즈 고수로써 내일의 멋진 하루를 위해 잠시 후 편안하게 잠을 잘 것이다.

나는 세일즈로 성공할 수 있다. 나는 최고의 세일즈맨이다.

나는 고객을 사랑하며 나의 일을 사랑한다.

희망찬 내일을 위해 편안한 마음으로 잠을 푹 자자.

∴ 자기암시 훈련

자기암시를 통해서 형성된 변화의 지속성은 영구적이지 않기 때문에 정기적으로 반복해주는 것이 좋다. 외부적인 빛이나 소음에 방해받지 않는 장소에서 10분 내외로 훈련한다. 자기암시는 단계별로 연습해도 되고 별도의 형식이나 단계 없이 간단한 암시를 반복해도 세일즈맨의 멘탈을 강화시켜주는 효과가 생긴다.

1단계

- 심호흡을 하라.
  몸을 이완시키기 위해 깊은 심호흡을 3회 실시하고 편안한 상태를 취한다. 의자에 앉거나 침대에 누워서 해도 된다.

【예문】
- 나는 지금 건강한 기운을 마시고 스트레스를 내뿜고 있다.

숨을 쉴 때마다 몸이 이완되고 편안해진다. 몸이 나른하다.

2단계

- 트랜스를 느껴라.
  의식이 가라앉고 잠재의식이 활성화되면서 암시에 대한 수용성이
  점점 더 높아져간다. 마음과 몸의 편안함과 안정감을 느끼면서
  차츰 트랜스에 들어간다.

【예문】

- 힘이 빠지고 나른해지면서 트랜스에 들어가고 있다.
  트랜스는 기분을 좋게 해준다. 나는 지금 고도로 집중된 이완 상
  태를 느끼고 있다. 점점 더 트랜스에 빠지기 시작한다.

3단계

- 초점을 맞추어라.
  트랜스를 유도하는데 도움이 되는 한 가지 사물이나 지점에 초점
  을 맞추고 마음을 자유롭게 만든다. 천장의 한 점을 응시한다든
  지 불빛이나 시계 등 감정적 변화를 일으키지 않는 중립적인 초점
  을 활용해야 한다.

4단계

- 자기암시를 반복하라.

  이완 상태에서 특정한 사물이나 장소에 초점을 맞춘 상태로 자기
  암시 단어를 반복한다.

【예문】

- 나는 지금 완전한 트랜스 상태에 있다.

  나는 몸과 마음이 이완된 상태에서 완전한 편안함과 자유를 느낀
  다. 나는 점점 더 깊이 더 깊이 계속 트랜스에 빠져들고 있다.

5단계

- 암시단어를 프로그래밍시켜라.

  완전한 트랜스 상태가 확인이 되면 긍정적인 암시단어를 반복해
  서 프로그래밍시킨다.

【예문】

- 나는 최고의 세일즈 고수다. 나는 고객과의 상담이 즐겁다.

  나는 고객을 이끌 수 있는 능력을 갖고 있다.

6단계

- 탈 트랜스 하라.

   트랜스 상태에서 원하는 긍정적인 암시가 프로그래밍되고 나면 원래 상태로 각성시킨다. 잠들기 전에 침대에서 실시할 때는 굳이 각성시킬 필요 없이 그대로 잠이 드는 유도문을 통해 깊이 잠들게 되면 잠자는 동안 잠재의식에 더 큰 변화를 이룰 수 있다.

【예문】

- 트랜스 훈련을 아주 잘했다.

   잠시 후 다섯을 세고 나면 맑고 상쾌한 기분으로 트랜스에서 빠져나올 것이다. 트랜스 상태에서 입력된 이미지와 메시지는 나의 신경망에 굵게 저장되어 생각과 행동을 통제하게 될 것이다.

   하나, 둘, 셋, 넷, 다섯.

Part 10

NLP전제조건과
멘탈언어

NLP전제조건

NLP의 전제조건은 세일즈맨에게 아주 중요한 멘탈적 가치와 준거를 제공해준다. 전제조건이란 그것이 반드시 옳거나 진리이기 때문이 아니라 다만 전제조건의 내용에 바탕하여 실천 및 행동할 때 원하는 성과를 얻을 수 있기에 그것을 옳고 진리라고 받아들일 수 있는 명제를 말한다. 그렇기에 전제조건을 진리처럼 여기고 실천하며 살아간다면 보다 효율적이고 만족스러운 인생 경험을 창조해나가는데 도움을 얻을 수 있다. 마치 '~인 것처럼' 믿음을 가질 때 그 믿음에 대한 결과를 얻게 되는 것이다.

NLP에서는 인간을 긍정적이고 무한한 성장 가능성을 가진 존재로 본다. 우리의 믿음이 우리를 통제하기 때문에 전제조건을 진리처럼 여기고 살아가게 되면 성취와 건강, 행복이 충만한 삶의 결과를 얻게 된다. 전제조건은 세일즈맨 자신에게도 적용할 수 있는 중요한 준거이지만 고객에게도 적용되기 때문에 혼합해서 설명한다.

∴ 지도는 영토가 아니다

사람들은 실재 그 자체가 아닌 자신이 갖고 있는 실재에 대한 지도에 반응한다. 지도는 영토가 아니다. 지도는 영토를 편리하게 볼 수 있도록 축소하여 그려놓은 그림일 뿐이다. 그런데도 우리는 그 지도가 실재적인 영토라고 착각하며 그러한 지도에 의해 생각하고 행동하며 의사소통한다. 모두가 자신의 지도로 다른 사람의 지도와 연결을 짓고 소통하고 있는 것이다.

세일즈맨은 고객의 지도를 바꿀 수 있는 능력을 가져야 한다.

그래서 세일즈맨은 지도를 바꿀 수 있는 기술을 가지는 것이 중요하며 지도를 바꾸는 가장 쉽고 빠른 방법이 언어를 통해 고객의 신경회로를 바꾸는 것이다. 언어는 뇌신경과 연결되어 있어 언어를 바꾸면 마음의 지도를 만드는 신경회로가 바뀌기 때문이다. 고객이라는 영토를 직접 바꿀 수는 없지만 고객의 마음속 지도를 바꾸게 되면 세일즈맨과 상품에 대한 고객의 감각도 함께 변화하게 된다.

∴ 모든 행동은 목적지향적이다

사람들이 의식하지 못할지라도 모든 행동에는 목적이 있으며 목적이 없는 행동은 존재하지 않는다. 고객의 행동은 어떤 목적을 지향하고 있으며 그 목적을 이해한다면 고객의 행동에 대한 순수한 의도를 파악할 수 있다. 세일즈맨은 고객의 드러난 행동이면에 있는 긍정적인 목적을 알아차릴 수 있어야 한다.

∴ 모든 행동은 긍정적 의도에서 나온다

고객의 행동은 언제나 가치 있는 무엇인가를 추구하고 성취하려 한다. 고객의 행동은 눈에 보이는 그 자체가 아니다. 그 행위 자체와 행위

316

뒤에 숨어있는 긍정적 의도나 목적을 분리해서 봐야 한다.

고객의 행동이 부정적으로 보이는 것은 세일즈맨이 고객의 행동만 보고 행동이면에 있는 긍정적 의도와 목적을 보지 못하기 때문이다.

∴ 잠재의식은 선의적이다

잠재의식은 자신을 지키려는 선의적인 의도를 가지고 있다.

고객의 드러난 행위에만 초점을 맞추면서 잠재의식의 선의적 의도를 알아차리지 못할 뿐이다. 고객의 잠재의식은 자신에게 이익이 되는 생각과 말, 행동을 우선적으로 한다.

∴ 이해하기를 원한다면 실행하라

생각만 하고 행동하지 않는다면 본질에 가까이 다가갈 수 없다.

물에 빠져보지 않고 물의 깊이나 온도, 느낌을 알 수 없듯이 물 밖에서 보는 물과 물속에서 직접 체험한 물은 다르다. 그래서 '백견이 불여일행'이라고 하며 백번 보는 것보다 한번 행하는 것이 더 낫다는 뜻이다. 지루한 설명보다 고객이 직접 체험해보는 것이 더 낫다.

∴ 선택할 수 있는 것이 좋다

우리의 삶은 선택의 연속이다. 가능하면 광범위하게 여러 가지 선택을 할 수 있는 고객의 지도를 찾고 최선의 선택을 할 수 있는 자유를 가진 유연성을 제공해주어야 한다. 가장 폭넓은 선택을 할 수 있다는 것은 유연한 사고와 행동으로 선택의 자유를 가진 것이며 유연성을 가질 때 가장 큰 영향력을 가질 수 있는 것이다.

이후 고객과의 상담에서 이렇게 넓혀져 있는 선택의 자유를 좁혀 세일즈맨과 특정 상품에 고객의 초점을 모을 수 있게 해야 한다.

세일즈맨은 고객과의 소통에서 유연한 상태로 최상의 선택을 할 수 있는 고객의 초점을 모으는 능력이 필요하다.

∴ 누구나 최선의 선택을 한다

고객은 자신의 포지션과 관점에서 그 당시에 자신이 할 수 있는 최선의 선택을 한다. 고객의 수준에서는 최선을 다하고 있는 것이다.

그래서 세일즈맨은 그 고객의 표면적 행동을 보고 대응하기 이전에 고객의 세상지도에서 좀 더 나은 선택을 할 수 있는 정보를 제공해준다면 고객이 최선의 선택을 할 수 있게 된다.

∴ 실패란 없다. 다만 피드백만 있을 뿐이다

세일즈에서 실패라는 글자는 존재하지 않는다.

세상에서 가장 어리석은 사람은 같은 행동을 매일 반복하면서도 다른 결과를 기대하는 사람이다. 다른 결과를 바란다면 다른 선택과 행동을 할 수 있는 피드백을 해야 한다.

성공은 성공전략을 사용하여 성공이라는 결과를 얻는 것이며 실패는 실패전략을 사용하여 실패라는 결과를 얻는 것이다.
두 가지 모두 성공을 했지만 결과는 정반대이다. 실패라는 결과가 마음에 들지 않는다면 피드백을 통해 성공전략을 선택하면 그 전의 실패는 과정이 되고 성공의 결과를 얻게 된다. 고객의 선택이 세일즈맨이 원하는 것이 아니라면 피드백을 통해 전략을 새롭게 수정해야 한다.

∴ 고객은 완벽한 선택을 한다

어느 누구도 자신의 입장에서 최선을 다하지 않는 사람은 없다.
그리고 어느 누구에게도 잘못하고 있다거나 서툴다고 말할 수 없다.
다만 그 방법의 선택이 잘못된 것일 수도 있으며 고객이 잘못된 방법을 선택했다면 바람직한 방향으로 변화시키는 세일즈맨의 도움이 필요하다. 고객은 언제나 고객의 입장에서 최선을 선택할 뿐이다.

∴ 의사소통은 고객의 반응이다

의사소통에서 실패란 있을 수 없다. 단지 고객으로부터 어떤 피드백을 받느냐일 뿐이다. 고객이 나의 말을 잘못 이해했다면 그것은 고객에게 문제가 있는 것이 아니라 세일즈맨 자신에게 있는 것이다.
세일즈맨이 하는 말이 의도와 다르게 고객에게 잘못 전달될 수 있으며 그것은 고객의 반응을 보고 확인할 수 있다.

∴ 고객의 세계관을 존중하라

사람은 모두가 다른 학습과 경험을 통해 다른 마음의 지도를 가지고 있다. 각자가 가진 세상모형이 다르기 때문에 세일즈맨은 고객의 세상 모형을 수용하고 존중하는 긍정적인 태도를 가져야 한다.
고객은 자신과 다른 것이지 틀린 것이 아니다. 틀림은 고객을 비난하거나 통제하려는 잘못된 관점이고 다름은 고객을 존중하는 관점이다.

∴ 자원이 없는 고객은 없다

모든 사람에게는 이미 필요한 자원이 있거나 아니면 새롭게 창조할 수 있다. 그래서 자원이 없는 사람은 없다. 다만 자원이 없는 상태가 있을 뿐이다. 자원이 없는 것이 아니라 자원을 활용하는 방법을 모르고 있는 것이다. 세일즈맨은 고객의 긍정적인 자원을 발견하여 그 자원을 세일즈맨 자신과 상품에 연결하고 구매 행동으로 유도할 수 있는 능력을 가지고 있어야 한다.

∴ 탁월성은 복제가 가능하다

누군가 할 수 있다면 다른 사람도 할 수 있다.

성공한 사람의 핵심적인 마음속 지도와 구조를 모델링 한다면 그것을 자신의 성공을 위한 자원으로 만들 수 있다. 경험은 구조를 가지고 있으므로 성공한 사람의 핵심기술을 찾아내어 그대로 모델링 한다면 그것을 활용할 수 있게 되는 것이다. 성공한 사람의 탁월성을 모델링하여 생각과 느낌, 말, 행동을 일치시키게 되면 강력한 라포가 형성되어 세일즈맨의 영향력이 증폭될 수 있다.

∴ 감각을 통해 모든 정보를 처리한다

고객의 모든 경험은 오감적으로 이루어지는 신경계통의 작용이며 언어적 표현도 오감적으로 이루어진다. 그래서 고객의 감각을 바꾸면 뇌의 신경회로가 바뀐다. 그것이 실제 경험이든 상상이든 오감을 동원하기만 한다면 뇌에 선명하게 프로그래밍시킬 수 있다.

∴ 경험은 일정한 구조로 구성된다

사람의 사고와 기억은 시냅스 연결이 강화된 신경회로에 의해 일정한 패턴으로 이루어진다. 구조와 패턴을 바꾸면 경험 내용도 자동적으로 변하게 된다. 경험 당시의 기억 구조를 바꾸면 경험 자체는 변화하지 않지만 경험에 대한 느낌과 정서는 변화하게 되는 것이다. 지금 여기에서의 새로운 경험을 통해 고객의 현재 상태를 바꾸면 과거와 미래에 대한 느낌이 달라질 수 있다.

∴ 정신과 육체는 하나의 체계이다

사람의 마음이 바뀌면 몸도 바뀌고 몸이 바뀌면 마음도 바뀐다. 마음과 몸은 심신상관성에 의해 상호보완적인 관계이다. 정신과 육체는 상호작용을 하며 서로에게 영향을 미치게 된다. 그래서 하나를 바꾸면 나머지 하나도 바뀌는 것이며 하나에 영향을 주지 않고 다른 하나를 변화시킨다는 것이 불가능하다. 고객이 체험을 통해서 몸의 감각을 바꾸든 상담을 통해 마음을 바꾸든 결과는 같아지는 것이다.

밀턴화법 모음

탁월한 성취를 이룬 세일즈 고수들은 대부분 최면적 언어패턴을 사용하고 있다. 밀턴화법은 의도적으로 생략, 왜곡, 일반화하여 추상적이고 모호한 트랜스 상태를 유도하고 그 상태를 유지하기 위한 최면적 언어기법이다. 밀턴화법은 최면치료 분야에서 최고의 전문가인 밀턴 에릭슨의 언어패턴을 모방하여 분석하고 체계화한 것이다.

밀턴화법의 의사소통 방법은 고객에게 먼저 맞추어준 후 이끌기가 쉽게 될 수 있게 만들고 고객의 의식적 마음을 분산시켜 잠재의식에 직접 접근할 수 있게 해준다. 비지시적인 암시를 통해 긍정적 의도와 행동을 일으키며 의식이 눈치채지 못하는 가운데 잠재의식에서 수용하게 만든다. 이 화법은 최면언어로서 트랜스를 유도하여 고객의 긍정적 자원을 이끌어내어 증폭시킴으로써 고객의 초점이 세일즈맨과 상품에 일치될 수 있게 해준다.

∴ 마음읽기

고객에 관한 구체적인 증거나 근거도 없이 고객의 감정과 마음을 읽는 것처럼 표현하는 방법이다. 고객의 마음을 읽기 위해서는 캘리브레이션을 잘해야 한다.

【예문】
- 나는 고객님이 ...에 대해서 궁금하게 여기고 있다는 사실을 잘 알고 있습니다.

∴ 수행자 상실

가치를 판단하는 사람이 생략된 채 가치판단을 내린다.
즉, 가치 판단자인 세일즈맨의 의견이 생략되어 표현되는 방법이며 고객은 세일즈맨의 주관적 의견에 대해 객관적 사실로 받아들이고 생각하게 만드는 언어기법이다.

【예문】
- 고객님이 그 일에 대해 궁금하게 여기는 것은 좋은 일이죠.

∴ 인과관계

어느 한 사건이 있다면 그 사건이 다른 사건을 일어나게 하는 원인으로 작용된다는 사실을 암시하는 것으로 'A'때문에 'B'가 일어난다는 표현방법이다. 'A'라는 사실이 있다면 'B'는 어떤 일이라도 일어날 수 있고 'A'를 수용하고 받아들이면 'B'도 사실로 받아들이게 된다.

【예문】

■ 만약 고객님이 지금 바로 결단하기만 한다면 고객님이 원하는 결과를 반드시 얻을 수 있게 될 것입니다. 결단하는 순간 그것은 현실이 됩니다.

∴ 복문등식

서로 다른 두 가지 일을 같은 것으로 동일시하는 표현방법이다.
'A'라는 사실이 존재한다면 'B'에 어떤 의미를 부여해도 그대로 받아들인다. 'A'와 'B'는 같다는 것으로 'A'를 받아들이면 'B'는 'A'와 같은 것으로 수용된다.

【예문】

■ 고객님이 지금 이 시간에 저와 함께 있다는 사실은 더 좋은 일이 생길 것이라는 의미가 있는 것 같습니다.

∴ 기본가정

어떤 사실의 특정한 표현에 감춰진 언어적 가정을 말하며 이것은 표면적인 말에 표현되지 않은 다른 사항들을 사실로 여기고 암묵적으로 수용하고 인정하는 것을 말한다.

【예문】

■ 고객님, 이 상품이 그 이전의 상품보다 얼마나 더 업그레이드 되었는지 잘 아시겠죠?

혹시 어떤 부분이 가장 많이 좋아졌는지 알고 계시나요?

∴ 포괄적 수량화

모든, 항상, 전부, 온갖, 절대로, 모두와 같은 표현을 활용하여 일반화하는 언어기법이다. 뇌는 많은 사람이 선택한 것이 옳거나 안전하다는 대중심리가 작동되어 포괄적 수량화된 표현을 당연한 것으로 수용하게 된다.

【예문】

■ 고객님, NLP는 모든 사람의 긍정적 자원을 이끌어내어 성장시켜주는 우리 모두의 마음사용설명서입니다. NLP는 무엇이든 성취할 수 있게 도움을 줍니다.

∴ 서법기능어

'~해야 한다'와 같이 필연성의 서법기능어와 '~할 수 있다'처럼 가능성의 서법기능어를 표현하는 언어기법이다. 서술형태로 표현되며 생활의 규범과 같은 준거가 된다.

【예문】

- 가능성

  ☞ 고객님, 우리는 NLP를 배울 수 있습니다.

- 필연성

  ☞ 고객님, 우리는 반드시 NLP를 배워야 합니다.

∴ 명사화

동사를 명사로 표현하여 많은 정보를 삭제하고 시간적으로 고정화되어 명사화된 언어기법이다. 삭제된 공백부분을 고객의 주관적 경험에 의해 상상으로 채워 넣게 된다.

【예문】

- 고객님의 희망찬 미래를 생각하며 지금 무엇을 준비해야 할지 고민을 해야 합니다. 저는 고객님이 지금보다 훨씬 더 훌륭한 성취를 이룰 수 있을 것이라고 확신합니다.

∴ 비구체적 동사

구체적으로 무엇이 일어나는지 나타나지 않는 표현방법으로 형용사나 부사가 동사를 구체화하지 않는 생략된 언어기법이다. 생략된 구체적인 내용은 고객이 상상을 통해 마음대로 해석하고 수용하게 된다.

【예문】
- 고객님은 언제나 뜨거운 열정으로 목표를 이루기 위해 최선을 다해 노력하고 있습니다.

∴ 부가의문문

진술문 뒤에 부가되는 질문으로 상대의 저항방지를 위해 표현하는 언어기법이다. 긍정문에는 부정문을 붙이고 부정문에는 긍정문을 붙여서 문장의 뜻을 강조하고 잠재의식 차원에서 거부없이 따르고 싶은 느낌을 준다. 문장의 어미를 높이면 긍정적인 대답을 유도할 수 있고 어미를 내리면 명령문이 된다.

【예문】
- 제가 판단하기에 고객님은 이번 투자에 대하여 부정적인 생각을 하고 있군요. 그렇지 않나요?
- 이번에는 느낌이 너무 좋습니다. 그렇지 않나요?

∴ 참조색인결여

구체적으로 누가, 무엇을 하는지에 대해서 밝히지 않는 표현방법으로서 밝혀지지 않은 생략된 부분을 고객이 상상해서 구체적으로 채워 넣을 수 있게 해주는 언어기법이다.

【예문】
- 사람들은 누구나 마음만 먹으면 무엇이든 성공할 수 있습니다.
- 그들은 언제나 최선을 다하고 있습니다.

∴ 비교생략

비교대상이 있어야 비교가 되는데 비교대상을 구체적으로 밝히지 않은 채 표현하는 언어기법이다. 무엇과 비교해서 나온 결과인지 어느 정도의 수준인지 비교되지 않지만 고객이 스스로 상상하고 이해하여 더욱더 좋다는 느낌이 들게 하도록 만든다.

【예문】
- 보다 더 건강하고 행복한 삶을 영위하기 위한 지금의 시련에 더 감사해야 합니다.
- 저희 상품이 그 어떤 상품보다도 성능이 우수하고 가격도 저렴하다는 사실을 알고 있나요?

∴ 현재경험에 맞추기

고객의 현재 상황과 상태, 외적인 경험을 활용하여 부정할 수 없는 방식으로 표현하는 방법이다. 상대의 현재경험에 맞추어 사용함으로써 고객은 반드시 긍정으로 수용할 수밖에 없는 느낌을 갖게 된다. 현재경험은 부정할 수 없기 때문에 그 뒤에 이어지는 말은 저항없이 그대로 수용한다.

【예문】

■ 오늘 이 자리에서 고객님을 만나는 순간 고객님의 뜨거운 열정을 느낄 수 있었습니다.

∴ 이중속박

고객에게 긍정적인 두 가지 중 한 가지를 선택할 수 있도록 표현하는 언어기법이다. 어느 것을 선택하더라도 긍정적인 결과를 얻을 수 있도록 '또는', '혹은'이라는 말로 표현한다.

【예문】

■ 변화를 위한 교육참여를 희망하신다면 그 희망을 현실로 만들기 위한 행동을 실천해야 합니다. 그 실천을 지금 바로 하는 것이 좋을까요, 내일부터 하는 것이 좋을까요?

∴ 과다인용

세일즈맨이 자신의 생각이나 주장을 뒷받침하기 위해 권위 있는 사람의 말이나 자료 등을 다양하게 인용함으로써 고객의 저항과 분석을 최소화시키는 언어기법이다. 고객의 저항을 막고 다른 관점에서의 분석이나 주장을 방지하기 위해 정도 이상으로 인용을 많이 하는 것이다.

【예문】

■ 우리에게 제일 중요한 것은 사명입니다.
왜냐하면 사명을 찾을 때 성취에너지인 열정이 생기기 때문이죠.
사명과 열정하면 어떤 사람이 떠오르나요?
우리나라 역사에서도 세종대왕, 이순신 장군, 다산 정약용, 백범 김구선생 등은 분명한 사명을 찾은 위인들입니다.
그들의 사명이 그들의 성취를 이루는 힘이었습니다.

∴ 의문문형 진술문

밖으로 표현되는 형식은 의문문형 형태로 표현되지만 실제 내용상으로는 진술문적인 언어기법이다. 고객은 스스로 판단하고 행동했다고 생각하지만 사실은 질문 속에 세일즈맨의 암시가 포함되어 있다.
즉, 의문문의 질문 속에 요구사항이 포함되어 있기 때문에 긍정의 대답이 나오게 되면 즉시 요구사항에 대한 행동이 발생한다.

【예문】

■ 저에게 더 많은 투자를 해달라고 말하지 않겠습니다.

다만 이번 투자 물건에 관심을 가져줄 수는 있지 않나요?

∴ 선택제한침해

인간과 동물만이 감정을 가질 수 있음에도 불구하고 감정이 없는 무생물을 의인화하여 감정이 있는 것처럼 표현하는 언어기법이다.
잠재의식 차원에서 의인화된 표현을 받아들이게 됨으로써 실제처럼 수용하게 된다.

【예문】

■ 넓은 바다는 우리의 좁은 마음을 꾸짖고 있습니다.

∴ 모호성

한 가지 단어에 포함된 여러 가지 뜻을 이용하여 다양한 선택과 이해가 가능하도록 표현하는 언어기법이다. 모호한 표현에 고객은 한 가지 의미만으로 이해할 수도 있고 두 가지 의미 모두를 수용할 수도 있다.

【예문】

■ 고객님 저 배를 보세요. 저 배의 주인은 배가 참 크고 배가 부른

것 같지 않나요. 역시 배는 나무로 만든 배가 최고죠.

∴ 활용

듣는 쪽의 현재 상황에서 일어나는 모든 경험과 언어를 활용하여 다른 체험으로 인도하는 언어기법이다. 고객의 부정적인 말조차도 활용하여 긍정적인 상태로 변화시킨다.

【예문】

■ 고객님이 아직 어렵다고 한 말은 옳아요.
   왜냐하면 고객님은 아직 제대로 이해할 수 있을 만큼의 학습이 아직은 부족하거든요. 그래서 고객님은 현재 학습을 하고 있으며 그 학습이 누적되어 앞으로 보다 더 쉽게 학습할 수 있는 상태를 만들어줄 거예요.

세일즈맨의 멘탈훈련

세일즈는 무에서 유를 창조하는 직업이라고 할 수 있다.
무에서 유를 창조하기 위해서는 자기 안에 먼저 유를 창조해야 하며 세상의 모든 창조는 마음이 먼저 생긴 후에 가능하다. 세일즈 과정은 수많은 도전과 성취, 좌절, 실패를 함께 겪기 때문에 멘탈이 강하지 못하면 세일즈 일 자체가 힘이 든다. 원하는 것을 얻고 싶으면 그 원하는 것을 먼저 내 마음 안에 만들어야 한다. 멘탈강화훈련을 통해 내 안에 그 무엇을 먼저 창조할 수 있을 때 외부적인 그 무엇을 얻을 수가 있다.

∴ 기상 멘탈훈련

- 아침에 잠에서 깬 후 기지개를 켜며 크게 심호흡을 한다. 그리고 자기 확신 훈련을 한다.

【훈련】
- 아, 잘 잤다. 오늘도 멋진 하루가 나를 기다리고 있다.
- 힘찬 기운으로 하루를 시작하자.
- 새로운 고객을 만나는 생각에 가슴이 설레인다.
- 오늘은 왠지 좋은 일이 많이 생길 것 같다.
- 내 생각대로 모든 일이 잘 될 거야. 오늘도 파이팅 하자.
- 아자, 아자, 파이팅. 나는 무엇이든 잘 할 수 있다.
- 나는 무엇이든 잘할 수 있다. 나는 무엇이든 잘할 수 있다.

∴ 시련극복 멘탈훈련

세일즈맨이 세일즈 현장에서 겪게 되는 시련과 고난은 스스로 견딜 수 있는 만큼만 주어진다. 세일즈맨이 겪는 시련의 99%는 멘탈의 힘으로 충분히 극복할 수 있다. 극복할 수 없는 1%는 세일즈맨이 어쩔 수 없다. 그래서 어쩔 수 없는 것에 초점을 맞출 필요가 없는 것이다.

【훈련】

- 지금 내게 찾아온 시련이 나를 힘들게 하지만 나는 이러한 시련에 쓰러질 만큼 나약하지 않다.
- 난 이겨낼 수 있다. 그리고 반드시 이겨내야만 한다.

  내 안에 그러한 멘탈의 힘이 있다. 지금 내가 많이 힘들다는 것은 성공에 그만큼 가까이 와있다는 증거이다.

  지금의 이 시련이 나를 더 강하게 담금질하는 과정이 될 것이다.
- 나는 나를 믿는다. 내 안에 잠들어 있는 멘탈의 힘이 나를 성공으로 이끌어줄 것이다. 이 시기만 잘 넘기자. 그러면 모든 상황이 점점 더 나아질 것이다. 조금만 더 참고 노력하자.
- 앞으로 모든 면에서 점점 더 나아질 것이다.

  앞으로 모든 면에서 점점 더 나아질 것이다.

  앞으로 모든 면에서 점점 더 나아질 것이다.

∴ 성공 멘탈훈련

성공한 세일즈맨은 사용하는 언어와 멘탈이 다르다.

성공하기 위해서는 성공에 대해 생각하고 성공에 대해 말하며 성공한 사람처럼 행동해야 한다. 뇌에 성공과 관련된 회로를 활성화시키는 반복 암시를 통해 성공을 위한 강철 멘탈을 만들 수 있다.

【훈련】

- 그래, 아주 잘되고 있어. 앞으로도 계속 잘 될 거야.
- 성공을 생각하고 말하며 성공을 위한 행동을 하고 있는 나는 반드시 성공할 수밖에 없어.
- 난 무엇이든 할 수 있어. 난 무엇이든 할 수 있어.

∴ 실패극복 멘탈훈련

사람은 누구나 실패를 한 번 이상 경험한다. 세일즈맨이 겪는 실패경험은 성공의 과실을 얻기 위한 사다리와 같은 것이다.

【훈련】

- 내가 지금 경험하고 있는 실패의 고통이 나를 더 강하게 만들어 줄 거야. 누구나 실패를 할 수 있는 거야.
- 실패를 경험하고 있는 나 자신을 진실되게 만나자.
  나를 만나면 이 실패를 성공으로 가는 징검다리로 만들 수 있게 되는 거야. 나는 다시 시작한다. 나는 다시 도전한다.
- 나는 반드시 성공한다.
  어떻게, 어떻게, 어떻게 더 좋은 방법을 찾을 수 있을까?
  어떻게라는 질문에 대한 답는 내 안에 있다.

∴ 도전 멘탈훈련

세일즈맨은 끝없는 호기심과 실험정신으로 새로운 목표나 과제에 도전하는 멘탈을 갖고 있어야 한다. 성공은 도전하는 사람만이 얻을 수 있는 결과이다.

【훈련】

- 나는 그동안 끊임없는 도전정신으로 잘해왔다.
- 나는 충분한 능력과 자신감으로 원하는 목표를 이룰 수가 있다.
- 새로운 도전은 나에게 설레임을 준다.
- 할 수 있다고 생각하면 할 수 있다.

  나는 할 수 있다. 나는 할 수 있다. 나는 할 수 있다.
- 도전이 없다면 가치 있는 성취도 없다.

고객과의 관계기술

고객과의 소통에서 가장 중요한 것은 상호 신뢰관계 형성이다.

상호 친밀감을 가지고 이야기를 할 수 있는 편안한 분위기가 중요하며 가장 우선적으로 전제되어야 한다. 이처럼 고객과의 소통은 상호 라포가 전제되어야 하며 고객과의 관계 기술들은 모두가 라포를 형성하기 위한 과정들이다. 고객이 먼저라는 신념을 가지고 고객에게 도움을 줄 수 있는 세일즈맨이 되어야 한다.

∴ 관심 갖기

사람들은 예외 없이 모두가 다른 사람으로부터 더 많은 관심을 받고 싶은 심리를 가지고 있다. 고객은 단순히 물건을 구매하는 대상이 아니다. 세일즈맨의 위치에서 볼 때 고객은 수용과 공감, 존중의 대상이다. 관심 갖기 기술은 몸과 마음으로 고객에게 관심과 주의를 집중함으로써 고객이 스스로를 귀하고 존중받는 대상이라는 자부심과 자존감을 갖게 해주기 때문에 세일즈맨과 단단한 라포가 형성된다.

좋은 자세

진정으로 고객을 존중하는 마음이 묻어나는 진솔된 자세가 중요하다. 고객을 향한 몸의 위치, 움직임 등이 따뜻함과 친밀감을 느낄 수 있게 해야 한다.

아이컨택

눈은 고객과 마음을 이어주는 연결 끈이면서 소통하는 통로이다. 고객과 부드럽게 눈빛을 마주함으로써 세일즈맨과 상품에 대한 고객의 집중력을 높일 수 있으며 고객에 대한 관심을 전해줄 수 있다.

밝은 표정

세일즈맨의 밝은 표정과 가벼운 미소, 부드러운 음성이 고객의 정서를 안정시키고 편안함을 주게 되어 긍정적인 관계로 발전시키는 라포를 증대시킨다.

긍정적 반응

의사소통에서 신체언어가 차지하는 비중이 55%나 된다.
그래서 고객과의 소통에서 신체적인 반응을 긍정적으로 보내는 것은 라포형성을 위한 좋은 연결을 만든다. 고객의 말이나 행동에 긍정적인 반응을 보여주어야 한다. 고개를 끄덕이거나 눈빛 보내기, 미소 짓기, 맞장구치기 등으로 고객을 이해하기 위해 진심으로 애쓰고 있는 것을 고객이 느낄 수 있게 해준다.

∴ 일치시키기

고객과의 소통을 통해 얻고자 하는 궁극적인 목적은 일치시키기이다. 고객과의 불일치와 차이를 좁혀가면서 일치시키기를 통해 고객의 말에 대한 수용과 공감, 이해를 높인다. 그리고 일치시키기가 되면 편안하고 안정된 느낌을 가질 수 있으며 고객의 말을 구체화하거나 요점을 정리하는데도 도움이 된다.

백트랙

고객이 한 말을 앵무새처럼 반복함으로써 고객의 말을 잘 알아들었다는 메시지를 전하면서 일치감이 높아진다.

【사례】
(고객) 이 상품의 디자인이 마음에 드는군요.
(세일즈맨) 네, 고객님이 이 상품의 디자인에 마음이 끌리시는군요.

바꾸어 말하기

고객의 말에 대해 같은 뜻을 가진 다른 말로 바꾸어 말함으로써 더 쉽게 일치감을 느끼게 된다.

【사례】
(고객) 이 상품의 디자인이 마음에 드는군요.
(세일즈맨) 네, 맞습니다. 일단 상품의 가치는 시각적으로 마음에 들 때 높아지는 것이죠.

요약하기

고객의 말을 압축하고 정리해서 명확하게 말해줌으로써 대화의 맥락을 잃지 않고 앞으로의 대화 방향을 일치시켜나가는 방법이다.

【사례】

(고객) 그동안 많은 상품에 대한 비교를 통해 가장 좋은 상품을 선택
할 수 있을 것 같습니다. 가격, 성능, 디자인, 가성비 등을 따
져볼 때 최상의 선택이 될 수 있을 것 같은데 아직도 확실하
게 결정이 안 되네요.

(세일즈맨) 고객님의 이야기를 종합해보면 합리적으로 최상의 선택이
될 상품을 찾고 계신 것이군요. 고객님께서 찾는 최상의
상품이 바로 여기에 있습니다. 한번 보실까요?

∴ 공감하기

고객의 이야기 속에 담겨있는 기분이나 감정을 함께 느끼며 고객의
마음속으로 들어가서 고객을 변화시키고 라포를 형성하는 핵심기술이
다. 공감받은 고객은 자신을 진정으로 이해하고 존중하는 세일즈맨에
게 긍정적 느낌을 갖게 되어 라포가 형성된다.

표면 공감

고객의 밖으로 드러난 말과 감정상태를 이해하고 함께 느끼며 표면적
으로 반응하는 공감 방법이다.

【사례】

(고객) 저는 상품의 디자인이 제일 중요하다고 생각해요.

(세일즈맨) 네, 그렇죠. 디자인이 중요하죠.

심층 공감

고객의 말에 신중하게 귀를 기울이고 감정이입이 된 상태에서 깊은 공감을 하는 것이다. 고객이 속으로 생각하고 느끼는 내면의 기분까지 공감하기 때문에 깊은 수준에서의 라포가 형성된다.

【사례】

(고객) 저는 상품의 디자인이 제일 중요하다고 생각해요.

(세일즈맨) 맞아요. 우리가 정보에 반응하고 처리하는데 있어 시각이 70% 이상 담당하고 있다고 하죠. 상품의 디자인을 중요하게 생각하신다는 것은 그만큼 상품의 가치와 완성도를 중요하게 생각하신다는 의미가 아닐까 싶어요.

∴ 맞추기와 이끌기

고객을 변화시키고 상품 구매로 유도하기 위해서는 세일즈맨 자신의 입장보다 고객에게 먼저 맞추기를 해주어야 한다. 고객을 이끌고 싶다면 먼저 고객에게 맞추기부터 해야 하는 것이다.

맞추기

먼저 고객에게 언어적, 비언어적으로 맞추기를 통해 고객과의 라포를 형성해야 한다.

이끌기

맞추기를 통해 라포가 형성되면 고객의 긍정적 변화를 위한 영향력을 행사하고 상품 구매로 유도할 수 있다.

∴ 질문하기

인간의 뇌는 사회화 과정에서의 학습과 경험에 의해 질문에 반응하도록 언어회로가 구조화되어 있기 때문에 원하는 답을 얻기 위해서는 알맞은 질문을 해야 한다.

고객은 세일즈맨의 어떠한 질문에도 답을 하게끔 뇌가 구조화되어 있다. 그래서 어떠한 질문을 하는가에 따라 고객의 마음과 행동이 변화하게 된다. 고객의 상태와 정보를 파악하기 위해 질문기법을 활용하며 세일즈맨이 의도하는 방향으로 고객을 이끌기 위해서도 활용한다.

좋은 질문이 고객의 좋은 반응과 행동을 이끌어낸다. 질문의 수준이 대답과 반응의 수준을 결정하기 때문에 세일즈맨은 상황과 대상에 맞는 다양한 질문기법을 활용할 수 있어야 한다.

폐쇄적 질문

예, 아니요의 대답밖에 얻지 못하는 질문방법이며 제한된 대답과 정보밖에 얻지 못한다.

【사례】

(세일즈맨) 고객님 잘 이해가 되셨지요?

(고객) 네.

개방적 질문

고객의 창의적이고 자유로운 반응과 선택의 자결성을 촉진하는 질문방법이다. 고객의 생각이 구체적으로 표현될 수 있게 유도한다.

【사례】

(세일즈맨) 이 상품의 우수성이 어디에 있다고 생각하십니까?

(고객) 네, 제 생각에는...

이중 질문

고객에게 한꺼번에 두 가지를 동시에 질문하는 방법이다.

고객의 선택을 도와주고자 할 때 사용하며 세일즈맨의 의도가 암묵적으로 전달되어 고객을 속박하기도 한다.

【사례】

(세일즈맨) 오늘 선택하신 상품의 결제를 도와드릴까요?

현금결제가 편하실까요, 아니면 카드결제가 편하실까요?

(고객) 네, 카드결제가 편할 것 같아요.

단일 질문

한 번에 한 가지씩 질문을 하는 것이다. 고객이 차분하게 대답할 수 있게 해주지만 자칫 대화의 맥락이 단절되어 친밀감이나 안정감이 낮아질 수 있다.

【사례】

(세일즈맨) 고객님 상품이 마음에 드시나요?

(고객) 네, 괜찮네요.

왜라는 질문

고객의 선택과 행동에 대한 심리를 알고 싶을 때 사용되는 질문방법이다. 잘못 사용하면 고객이 추궁당한다는 느낌과 불쾌감을 가질 수 있다. 특별한 경우 외에는 사용하지 않는 것이 좋다.

【사례】

(세일즈맨) 왜 고객님은 꼭 이 디자인을 고집하시죠?

(고객) 네, 그건 제가...

∴ 자기노출

세일즈맨 자신의 개인적인 경험이나 생각을 상황에 맞는 소재로 활용하여 드러냄으로써 고객의 긍정적 반응을 유도하는 것이다.

주관적 자기노출

세일즈맨 자신의 입장에서 경험하거나 느꼈던 감정, 기분, 정보 등을 소재로 활용하여 노출을 하는 것이다.

【사례】

(세일즈맨) 저도 이 상품을 사용하고 있는데 기대 이상의 만족감을 느끼게 해줍니다.

(고객) 아, 그래요?

공감적 자기노출

고객과의 공통된 생각, 감정, 기분, 경험, 정보 등을 소재로 활용하여 자기노출을 하는 것이다.

【사례】

(세일즈맨) 고객님의 마음을 충분히 이해합니다.

그 문제 때문에 스트레스 받았을 고객님을 생각하면 입이

열 개라도 할 말이 없습니다.

(고객) 고마워요.

∴ 피드백

고객과의 관계에서 항상 좋은 일만 있을 수는 없다.

때로는 오해와 갈등, 논쟁이 생길 수도 있지만 중요한 것은 피드백을

통해 그것을 잘 활용할 수 있다면 전화위복의 계기가 될 수도 있다.

만약 고객의 말과 행동이 일치하지 못할 때나 잘못된 방향으로 진행될

때 제 3자의 입장에서 객관적인 정보를 제공해주어 고객의 올바른 선

택과 판단에 도움을 주는 것이다. 주관적, 평가적, 강압적인 피드백은

고객의 저항을 불러올 수 있다.

【사례】

(세일즈맨) 고객님께서 말씀하신 상품에 대해서 고객님이 놓치신 정

보를 추가로 말씀드린다면...

(고객) 네, 그렇군요.

∴ 부딪힘

고객의 분명한 실수나 말과 행동의 불일치, 억지, 모순 등에 대해 고객이 알아차릴 수 있도록 지적해주는 접촉과정이다. 이 부딪힘 기법은 고객과의 라포를 전제로 할 때 부작용이 없고 오히려 더 강한 라포가 형성될 수 있다.

【사례】

(세일즈맨) 고객님께서 저희 상품이 다른 매장보다 가격이 더 비싸다고 말씀하셨는데 가지고 있는 가격비교표를 보시면 잘 아시겠지만 저희 매장이 오히려 가격이 더 저렴합니다.

(고객) 네, 그렇군요.

고객과의 갈등해결

고객과의 논쟁이나 갈등을 효과적으로 해결하지 못할 때 불만고객이 생긴다. 그래서 고객과의 논쟁은 이기는 것이 이기는 것이 아닐 때가 더 많고 지는 것이 지는 것이 아닐 때가 더 많은 것이다.

고객과의 갈등상황에서 어느 한쪽의 일방적인 승리보다 고객과 세일즈맨 모두가 함께 승리하는 갈등해결의 지혜가 필요하다.

고객의 요구나 문제, 욕구를 최대한 수용하고 해결해주어야 할 책임과 의무가 세일즈맨에게 있다. 그렇다고 무조건적이고 일방적인 모든 요구를 수용할 수는 없는 것이다. 왜냐하면 세일즈맨도 욕구가 있고 인격이 있는 존재이기 때문이다. 중요한 것은 서로의 욕구를 충족시키고 갈등상황에서 합리적인 해결 방법을 찾아야 한다.

∴ 세일즈맨의 승리

세일즈맨이 이기고 고객이 지는 승-패 전략으로서 우선은 세일즈맨이 승리한 것 같지만 불만고객으로 변해 부정적인 후폭풍을 일으킬 수 있다. 패한 감정이 생긴 고객은 마음에 부정적인 정서가 억압되어 있기 때문에 언제든지 심리적 문제해결을 위해 밖으로 표출시키게 된다. 이때 한 명의 불만고객이 전달하는 네거티브가 100명의 잠재고객을 쫓아내는 부작용이 생긴다.

∴ 고객의 승리

세일즈맨이 지고 고객이 이기는 패-승 전략으로서 고객의 요구와 욕구충족을 위해 세일즈맨 자신의 신념이나 가치까지도 포기하게 되는 경우이다. 고객이 너무 강하게 나오기 때문에 상황과 관계 악화를 우려해 억지로 고객의 요구에 응하는 것이다.

우선은 고객이 만족해하지만 잘못된 태도가 조건형성되어 왜곡, 일반화된 고객의 요구가 계속되거나 원칙이 없는 상태에서 고객에게 일방적으로 끌려가며 손해를 보게 된다. 이러한 관계가 지속되면 세일즈맨은 자신의 감정이 억압되고 스트레스가 쌓이게 되면서 고객에 대한 부정적 감정이 쌓이고 그 감정이 고객에게 표출되어 라포가 상실되는 부작용을 겪게 될 수도 있다.

∴ 모두의 승리

고객과 세일즈맨의 관계에서 어느 한쪽의 일방적인 승리는 장기적으로 모두의 패배가 될 수도 있다. 일반적으로 고객이 갑이고 세일즈맨이 을이라는 고정된 생각 때문에 세일즈맨이 일방적으로 지는 것이 바른 선택이라고 착각하기 쉽다.

하지만 누군가가 일방적으로 이기는 것은 누군가가 져야 하는 시소 게임이 되기 때문에 아무도 지는 사람이 없는 승-승 전략을 사용해야 한다. 서로가 승리하는 전략을 사용하기 위해서 '너 메시지'가 아닌 '나 메시지'를 이용하여 고객과의 갈등을 해결하는 지혜가 필요하다.

아울러 멘탈언어를 활용하여 서로가 만족하는 관계 발전을 만들어가야 할 능력을 세일즈맨이 가져야 한다. 그래서 세일즈는 멘탈에 답이 있는 것이다.

세일즈 멘탈에 답이 있다

초판 1쇄 발행 2018년 10월 16일

지 은 이 박영곤

총괄디자인 맑은샘

편집디자인 차지연

본 문 편 집 강윤정

펴 낸 곳 도서출판벗

주   소 부산광역시 해운대구 센텀북대로 60(IS타워 209호)

전   화 051)784-8497

팩   스 051)783-9996

이 메 일 inlp1305@hanmail.net

등   록 2018년 10월 4일

I S B N 979-11-955753-7-4

정   가 18,000원